毕业就创业

资深创业指导师　实战营销策划人 | 贾昌荣　著

中国社会科学出版社

图书在版编目（CIP）数据

毕业就创业：大学毕业生快速立业法则/贾昌荣著.
—北京：中国社会科学出版社，2010.1

ISBN 978 - 7 - 5004 - 8347 - 2

Ⅰ.①毕…　Ⅱ.①贾…　Ⅲ.①大学生—职业选择
Ⅳ.①G647.38

中国版本图书馆 CIP 数据核字（2009）第 199874 号

责任编辑　门小薇（xv_men@126.com）
责任校对　李小冰
技术编辑　戴　宽
封面设计　李尘工作室

出版发行　中国社会科学出版社
社　　址　北京鼓楼西大街甲 158 号　　　邮　编　100720
电　　话　010 - 84029450（邮购）　　　传　真　010 - 84017153
网　　址　http://www.csspw.cn
经　　销　新华书店
印刷装订　君旺印装厂
版　　次　2010 年 1 月第 1 版　　　印　次　2010 年 1 月第 1 次印刷
开　　本　710×1000　1/16
印　　张　22
字　　数　336 千字
定　　价　37.80 元

前　言

　　十年寒窗苦读为的就是金榜题名，人人都向往那理想中的金字塔。可是，自从国家对大中专毕业生不再进行统一分配以来，大学毕业生的就业压力越来越大了，甚至可以说就业压力陡增。我们不妨看一看来自教育部的最新数据：2008 年，全国高校毕业生数量达到 559 万人，比 2007 年增加 64 万人，增幅接近 13%。而到了 2009 年，全国高校毕业生数量将达到 610 万，这几乎相当于瑞士一个国家的就业人口。除了因高校扩招导致高校毕业生数量急剧膨胀而难于就业外，2008 年爆发于美国的金融危机也波及了中国。由于一些企业经济效益下滑，导致企业对人才的需求量降低，甚至还出现了不同规模的裁员潮，这对大学毕业生就业也产生了不可忽视的影响。2009 年大学毕业生的就业形势更加恶化，甚至有人断言 2009 年将成为改革开放 30 年来就业形势最悲观的一年。中国社会科学院发布的2009 年《经济蓝皮书》，对高校毕业生严峻的就业形势也给予了足够的关注。据该蓝皮书介绍，随着高校逐年扩招，大学毕业生数量越来越多，而公共部门对大学生的新增需求越来越少，大学生求职成功的机会相对而言可能越来越小，大学毕业生的初次就业率由过去的 90% 跌落到 65% 左右。这难免让人为那些刚刚走出象牙塔的莘莘学子捏一把汗，因为残酷的就业竞争将会使他们中的很多人找不到工作机会，更不要说理想工作。

　　通过数据，我们可以清晰地看出大学毕业生就业压力的空前高涨。在这种情况下，很多大学毕业生产生了悲观心理。的确，不读大学难，读了大学照样难，甚至毕业就失业……这种窘况甚至在一定范围里重新掀起了"读书无用论"的论调。其实，无论是大学毕业生，还是家长，都不要悲观。现实就是现实，对于一个理性而富有智慧的大学毕业生来说，不要去抱怨，而是要去思考应该如何应对，以及如何突破就业困局。实际上，由于计划经济时期国家对大学毕业生统一分配、统一安置，导致大学生家长及大学生对"就业"观念根深蒂固，毕业后找一份工作成为绝大多数毕业生的选择。现在看来，这种就业观念在中国已经不合时宜。在现实形势下，大学毕业生应该转变观念，冲破传统就业观念的桎梏，积极考虑自主创业。换言之，与其与人抢"饭碗"，不如自己做老板！

目前，大学毕业就创业已经具备了一定的土壤与氛围，诸如在创业政策、资金扶持、硬件环境等方面，政府部门或高校已为大学毕业生自主创业搭建了舞台。调查显示，在大的就业压力下，很多大学生也都心存创业的想法。《信息时报》发布了这样一组数据：北京市创业指导中心的问卷调查结果显示，72%的北京高校在校大学生有创业意愿。而根据某调查机构对华南师范大学南海校区200多名大学生进行的一项调查显示，有86%的大学生有创业想法，其中有42%的学生愿意接受创业课程指导。但是，虽然很多大学毕业生萌生了创业的想法，但付诸行动的却不多。当然，导致这种情况出现的原因很多，诸如经验因素、资金因素、项目因素、人脉因素等限制，或者出于对创业的恐惧。另外，虽然有很多大学毕业生勇敢地迈出了这一步，但却在创业的路上遭遇了"滑铁卢"，在惨败中收了场。有鉴于此，本书要解决三个问题：一是帮助大学毕业生打破传统就业观念，树立创业意识，建立创业信心，过心理这一关。二是指导大学毕业生正确进行创业起步，进行恰当的理念引导。因为只有起步姿势正确，在创业过程中才能拿得更高的"分数"。三是为大学毕业生在创业路上快速成功并收获创业果实提供技术性、策略性支持。要知道，成功创业一定要讲方法，而不是等到失败了再去找原因。

对于大学毕业生来说，创业是为自己搭建的一个舞台，而主要演员就是你自己。实际上，即便是对那些坚持选择就业或者已经就业的大学毕业生来说，创业也很可能是他们未来的选择。相对于他们，毕业就创业的大学毕业生已经率先起步！如今，社会留给年轻人的成功机会越来越少。因此，对于大学毕业生来说，主动寻找机会、及时发现机会，并快速采取行动已经成为一个关键的成功准则。所以大学毕业生要善于做"先手"，只要有机会就大胆去做，在创业的道路上亦是如此。当然，笔者并不是要做一个鼓动者，煽动大学毕业生盲目创业。在创业方面，笔者始终认为"理性重于激情"，激情固然很重要，但却不能超越理性。在本书中，笔者就是要对读者进行理性引导，理性把关，力争帮助创业的大学毕业生远离创业陷阱，远离创业雷区，提高创业的成功率，早日摘取那令人艳羡的创业果实。

本书的写作采取"观点＋工具＋案例＋点评"的写法，不但让读者学到创业理念、方法、策略与技巧，还要让读者掌握游刃商场的制胜术。可以说，这既是一本创业实务专著，也是一本创业励志读本，还是一部创业培训手册。在内容上，本书力求创新、通俗、实战、实用、实效，特别适合于即将走向工作岗位的大学毕业生，以及已经走上工作岗位两年内正在创业或者准备创业的大学毕业生。同时，高等院校就业指导部门、创业培训机构、就业服务机构亦可将其作为培训教材使用。总之，希望这本书可以成为大学毕业生的枕边书，创业培训师的案头书，能够启迪心智、传递理念、教授方法、丰富技能，使大学毕业生们不但事业上有所成就，在个人成长上亦能有所收获，进而铸就人生辉煌！

由于水平所限，加之时间仓促，书中难免存在不足之处，还望读者朋友及时批评指正。同时，更欢迎读者朋友就书中的内容与我进行沟通交流，我们共同提升、共同受益！

2009 年 5 月 1 日于长春

目　　录

1

第一章
打破就业观念走自主创业之路

滴自己的汗，吃自己的饭。自己的事情自己干，靠人靠天靠祖上，不算是好汉。

——陶行知

一　就业重压之下的人生抉择

从古至今，莘莘学子十年寒窗苦读为的就是金榜题名，人人都向往那理想中的象牙塔。可是，读完大学也未必能为自己谋得一个金饭碗，甚至大学刚刚毕业时连一个"土饭碗"都难以觅得。自从国家对大中专毕业生不再进行统一分配以来，大学毕业生就开始自谋职业，走上颠簸的求职之旅。更令大学毕业生感到雪上加霜的是，从 1999 年开始高校的扩招，使大学生的数量从 2003 年起逐年膨胀。一些学校由于扩招造成学校升格或教学条件下降而导致教学质量滑坡，在一定程度上也加剧了高校毕业生的就业困境。到了 2008 年，金融风暴席卷全球，中国也备受危机影响。由于企业普遍经济效益下滑，甚至破产关闭，导致社会对人才的需求量锐减，甚至还有一些企业出现了小规模的裁员潮，这势必对大学生就业产生很大的负面影响。在这种情况下，大学毕业生就业压力更显突出，甚至可以说就业压力陡增。

至于就业压力究竟有多大，我们不妨来看一看来自教育部的最新数据：2008 年，全国高校毕业生数量达到 559 万人，比 2007 年增加 64 万人，增幅接近13%。而到了2009年，全国高校毕业生数量则达到610万，这几乎相当于瑞士一个国家的就业人口。2009年有超过700万毕业生需要解决就业问题。可见，大学生的就业形势更加恶化，甚至有人断言2009年将成为改革开放30年来就业形势最悲观的一年。中国社会科学院发布的2009年《经济蓝皮书》对高校毕业生严峻的就业形势也给予了足够的关注。蓝皮书指出，"随着高校逐年扩招，大学毕业生数量越来越多，而公共部门对大学生的新增需求越来越少，大学生求职成功的机会相对而言可能越来越小，大学毕业生的初次就业率由过去的90%跌落到65%左右"，还指出"2009年中国的就业压力将进一步加大，实际失业率可能接近10%"。人力资源和社会保障部等六部门在2009年年初，为当年大学毕业生设定了70%的初次就业率目标。但要知道，即便政府相关部门做出努力，实现这个目标也是存在一定压力的。

大学毕业生严峻的就业形势引起了国务院总理温家宝的重视，他曾表示"最担心忧虑的一件事就是大学生就业"。2009年1月7日，温家宝总理主持召开国务院常务会议部署高校毕业生就业工作，会议提出了七项措施，其中之一即"鼓励和支持毕业生自主创业"。

（一） 就业重压下的彷徨与迷失

在就业压力的困扰下，很多大学毕业生变得越来越现实，不再那么"心高气傲"、"挑肥拣瘦"了。同时，更不乐观的一面也显现出来了，一些饱受就业失败折磨的大学毕业生甚至显得慌不择路，在择业、就业上出现了彷徨与迷失，其中有些人甚至人生观、价值观已经扭曲，这绝非危言耸听。

笔者总结了一下，大学毕业生在择业、就业方面已经出现的不良苗头，最为典型的有以下四种：

1. 不求职先征婚

很多女大学生在就业阶段先不忙于求职，而是忙于征婚，力争毕业就当"全职太太"。山东人才网曾针对女大学生求职及择偶意向进行了一次网上调查。调查结果显示，"稳定、没有风险"仍是女性求职者比较看重的因素，有72.2%的被调查女生赞同"干得好不如嫁得好"，其中，选择"非常同意"和"比较同意"的分别占19.4%和52.8%。这并不是局部现象，很多女大学生的择业观已从过去的"先立业后成家"转变为现在的"工作找得好，不如丈夫嫁得好"，这不能不让人感到遗憾与惋惜。

2. "零身价"就业

很多大学生为获得工作机会，在就业重压下，不得不自降身价。即在择业、就业过程中，主动降低条件，包括工作岗位、薪酬待遇等诸多方面，甚至有大学生提出"零工资就业"——先不带工资实习，再上岗赚钱。尤其在急于找"婆家"的大四学生中打出这种"零工资"求职口号，希望能在企业试用期间免费服务，同时，用实力证明自己，以获得一份不错的正式工作的现象最为普遍。实际上，以"实习"的方式切入没有什么问题，但要戒备一些怀有不良用心的企业可能借此机会免费用人，用完了就炒，炒完了再招。这容易在社会上形成一种不良的劳动用工风气，更易使大学毕业生的权益得不到保障。

3. 荒废专业

很多大学生开始放下身价，放弃所学的专业，走出人才市场、走进人力资源市场，甚至走进外来务工人员劳动力市场，开始与农民工抢饭碗。据媒体报道，进入2009年，在武汉、青岛、烟台等很多城市都出现了大学生与下岗职工、农民工抢饭碗的现象，诸如应聘操作工、服务员这一类工作。这种情况的出现并不偶然，在就业形势紧迫的情况下，很多企业在用人上也更趋务实：所招聘人员首先要能干好工作，其次要控制成本。在这种情况下，用人单位则可能不问出处，录用大学毕业生，结果一些大学生荒废了所学专业，甚至干着毫无知识含量的工作。这对于大学生来说，既是一种资源浪费，也是一种专业荒废。

4. "啃老族"

很多大学生因找不到满意的工作，于是放弃了就业的念头，宁愿在家里做"啃老族"，也不愿意出去工作。"啃老族"是一个新概念，也称"吃老族"、"傍老族"。这一人群并非找不到工作，而是主动放弃就业的机会，赋闲在家。不仅衣食住行全靠父母，而且日常花销往往不菲。通常来说，"啃老族"年龄在 23—30 岁之间，虽有谋生能力，却仍未"断奶"，要靠父母来供养。对此，社会学家称之为"新失业群体"。据有关媒体调查发现，目前"啃老族"主要有以下六类人：一是大学毕业生，因就业挑剔而找不到满意的工作，约占 20%；二是以不适应工作等为由而离职者，占 10% 左右；三是"创业幻想型"青年，他们有强烈的创业愿望，却没有目标，缺乏真才实学，总是不成功，而又不愿为别人打工，约占 20%；四是频繁跳槽，最后找不到工作，占 10%；五是辞职的年轻人，他们习惯于用过去轻松的工作与如今紧张繁忙的工作相比，越比越不如意，干脆就离职，约占 10%；六是文化低、技能差，只能在中低端劳动力市场上找苦脏累工作，因怕苦怕累索性呆在家中，占 30%。

（二）回避就业压力是下下策

很多大学生为回避就业压力，还未毕业就开始准备另择他路，诸如考研、留学、考公务员、参军入伍等等。当然，其中也不乏很多在人才市场上屡屡碰壁后而蓦然转身的大学生。某就业网站曾对大学生以"金融危机下你将何去何从"为主题，进行了一项专项调查，结果见表 1—1：

表 1—1　　　　　　金融危机下大学毕业生的出路选择

毕业选择	先就业再择业	留学	考研	考公务员	参军入伍	创业	其他
选择人数（人）	79	12	35	19	52	30	28
选择比率（%）	30.62	4.65	13.57	7.36	20.16	11.63	10.85

学信就业网也针对大学毕业生在 2009 年的打算做了一项调查。截至 2009 年 2 月 20 日，有 626 人参与了调查活动，具体数据见表 1—2：

表 1—2 **大学生毕业抉择**

毕业打算	工作/找工作	边工作边充电	考研	出国读书	在家呆着	其他
投票人数（人）	420	263	76	15	20	36
投票比例（%）	50.6	31.69	9.16	1.81	2.41	4.34

虽然表 1—2 相对于表 1—1 缺乏如创业、参军等选项，但还是可以看出大多数毕业生以就业为主的主流趋势，以及考研、留学等重要选项。

或许大学毕业生会问：我究竟怎样做才算是最正确的选择？笔者认为，这个问题没有标准答案。道理很简单，每个人自身的状况不同，所处背景环境不同，并且各自的机遇也不同，社会发展也不好预期。但有一点是可以确定的，即大学毕业生面对就业重压，应主动应对，而不是消极逃避或回避。回避就业压力不是上策。我们知道，不少大学生考研并非出于学术兴趣，而是为了回避当前的就业压力，为以后找工作增加学历筹码。但是，随着考研热的升温也出现了不少考研的"三朝元老"甚至"四朝元老"，这在时间上无疑是一种荒废。况且，如此下去研究生数量越来越多，就业竞争也会越来越激烈。此外，研究生在中国可以说是一个"尴尬学位"，很容易高不成，低不就，与博士竞争不起，与学士竞争又放不下架子。总之，考研仍难逃就业压力。

再来说说考公务员，2009 年度中央机关及其直属机构公务员录用考试资格审查结束，审查通过的人达到了 105 万，比去年审查通过人数多出了25 万人。这 105 万人要竞争 13566 个招录职位，竞争比例达 78：1，相比 2008 年的 60：1 大幅增长。这可谓千军万马抢过独木桥，98%的人都将成为炮灰或陪练，这对于缓解就业压力来说实在是杯水车薪。

2009 年，金融危机仍将威胁全球经济。在国外，经济可谓一片萧条，导致消费水平大幅度降低。因此，出国留学在签证和资金方面会相对比较宽松。在这种情况下，很多大学生选择了海外留学。这本无可厚非，通过几年的国外深造来躲避一下金融危机带来的就业影响不失为一个不错的选择。但留学终究不是所有毕业生都可以轻松选择的出路。还有很多大学生毕业后争抢着参军，这对国家、对自身来说都是一件好事。在我国，部队每年到某些重点地方大学招收全日制普通应届大学毕业生到部队工作，并且每年的人数指标都有所增加，还有很多优惠政策。但是，毕竟参军是有条件限制的，况且其招募数量有限，能得到这个机会的毕业生为数甚少。基于上述，笔者认为对于大学毕业生而言，考研、留学、参军等选项都不是主流出路，而就业与创业才是主流。

（三）重压之下必有"勇夫"

在就业压力与就业危机下，必然会出现两种潮流或者说两种抉择的交锋，即大学毕业生是"找饭碗"（就业）还是"造饭碗"（创业）。这不仅是两条道路的抉择，更是两种观念的碰撞与对决。根据中华英才网发布的《2006中国大学生择业价值观及求职心理调查报告》，大学生在回答"毕业后的意向"时，79.2%的人选择找工作，选择毕业后创业的仅有4.3%。当然，这个数据体现的只是一种趋势。不同时期、不同环境、不同地区、不同学校同样的调查得出的数据都不尽相同。我们来看下面一份数据：2005年，义乌工商学院工商管理系对最近三届毕业生进行了跟踪调查，在所有毕业生中，就业于民营企业的人数最多，占61%；自主创业的比例是11%；其中，自己当老板的占8%，选择到党政机关、事业单位的不到6%。结论是肯定的，经济较活跃的地区的毕业生选择创业这条道路的会日益增多，尤其在创业环境日趋明朗的情况下。至于为什么大学生选择就业而不选择创业，其中有很多因素，诸如外在因素的影响有：不知道怎么创业、家长不支持、创业风险太大、创业影响正常学习、创业政策不配套等；从大学生自身来说，主要包括其自身专业能力局限、缺乏资金、不了解市场需求、没有足够的时间等诸多原因。

对于大学毕业生，选择创业有主动创业与被动创业两种情况：

第一种，主动创业。很多大学毕业生主动接受创业挑战，放弃择业与就业。在这类人群中，还可分为四种类型：一是拥有强势的家庭背景，家庭资源及社会资源积累丰厚，诸如企业家子弟、干部子弟等；二是技术专长者，手中掌握有专利技术或发明专利，希望通过创业把专利市场化；三是创业竞赛的优胜者，诸如商业计划书大赛的优胜者可以获得创业资金或其他方面的支持，这些优胜者于是借势起飞；四是商机的最早发现者，不甘心商机流逝，通过创业来把握商业机会，以获取成功。

第二种，被动创业。上帝在为你关上一扇门的同时，也必然会为你打开一扇窗，希望大学毕业生相信这句话。很多大学毕业生在找工作的过程中，屡屡碰壁，或者虽然勉强找到了工作，但总不如意。在这种情况下，就很可能会"被迫"走上创业之路。在就业的重压之下，必然会有一部分人被逼到自主创业这条道路上来。压力虽然折磨人的心智，但在很多情况下也是一种动力，恰是困则思变，变则通，通则久。如果实在没有合适的工作或者干脆就找不到工作，很多大学生必然会转而选择创业。更何况，国家鼓励毕业生自主创业，大学生只要找准创业项目，或许就会接近成功的机会。人生就是这样，"狭路相逢勇者胜"，胜利永远属于勇敢者。有一句话说得好："励志照亮人生，创业改变命运。"

无论是主动创业，还是被迫走上创业道路，都值得褒奖。每一个成功者都有一个开始，只有勇于开始，才能找到成功的路。其实，迈出创业这一步并不容易。要知道，在大学生中想创业的人很多，但是能够采取行动的却总是少数。很多大学毕业生把就业希望寄托于所谓的"贵人"身上，无时无刻不期盼能扶携自己的"贵人"出现。得到"前人"的提携、关照固然重要，但更重要的是自己。雨果说过这样一句话："我宁愿靠自己的力量打开我的前途，而不愿求有力者的垂青。"大学毕业生同样不应一味再感叹、抱怨自己命运不好、机缘不佳、时运不济，而应积极行动起来，就业之路不通可以考虑创业。年轻就是资本，在创业的道路上有很多年轻的楷模：大一学生迈克·戴尔在18岁时登记注册了"戴尔电脑公司"，开始投入到自装自销电脑的生意中；19 岁的比尔·盖茨辍学后着手实践他那富有预见性的梦想，创立微软；20 岁史蒂夫·乔布斯在车库里办起了苹果公司。同样，在不到 30 岁时，在车库里开始自己伟大事业的还有谷歌的两位创始人——拉里·佩奇和赛吉·布林，以及他们最新收购的 YouTube 网站的创始人——27 岁的华裔陈士骏和 29 岁的查德·赫利（Chad Hurley）。

二　创业与就业两条道路大不同

2008 年 10 月，为贯彻落实党的十七大提出的"实施扩大就业的发展战略，促进以创业带动就业"的总体部署，全面实施《中华人民共和国就业促进法》的有关规定，人力资源和社会保障部、国家发展改革委员会等部门制定并发布了《关于促进以创业带动就业工作的指导意见》。对于大学毕业生来说，创业与就业之间既是两条迥然不同的发展道路，又有着必然的联系。那么，创业何以带动就业？这体现在两个方面：一是通过鼓励并支持大学毕业生创业"转移"就业人员，从就业群体转为创业群体。二是创业同时会创造就业机会，为社会提供就业岗位，吸纳更多的人就业。创业对就业的带动效果是明显的：据统计，在城市，一人创业可带动 3.5 人就业；在农村，一人创业可带动 8 人就业。另据报道，上海市大学生科创基金运作以来，已在三届毕业生中孵化出 256 家公司，创造了 1600 多个就业岗位。并且，有数据表明每家大学生创业企业平均能为社会创造 7 个就业岗位。可见，"以创业带动就业"的思路不仅是正确的，而且效果显著。

当然，创业与就业之间也存在很大差别，这种差别绝对不只是"给别人干"还是"给自己干"这么简单。对于大学毕业生的个人成长来说，这是两条迥然不同的发展道路。

（一） 思维角度不同

思维，包括逻辑思维和形象思维，通常是指逻辑思维。在认识并改造世界的过程中，思维实现着从现象到本质、从感性到理性的转化，使人达到对客观事物的理性认识，从而构成了人类认识的高级阶段。对于创业与就业来说，由于所接触的客观事物不同，并且认知环境与过程不同，思维角度也自然会有所不同：

1. 创业者主要是一种导向性思维

总体来说，创业者需要具备新视野、大思维，主要体现于以下四个方面：

首先，创业者是战略性思维。创业者需要全局战略思维，要统筹全局，使之成为一盘棋。创业人员必须勤思考、善谋划，培养战略眼光、全局思维、创新能力和实干作风，不断增强驾驭全局的能力。可以这样说，创业者要"走一步，想三步"，即便遇到困难，也要孜孜以求地带领员工去追求自己的愿景。

其次，创业者是主动创新思维。创业者每天都要面对各种新形势、新情况，他们每天都不得不绞尽脑汁去思考如何解决新问题、应对新情况。创业者的创新思维具有前瞻性、主动性与导向性特点。

再次，创业者往往是结果导向思维。结果导向思维也叫"富人思维"。富人思维模式是先设定想要的结果，再创造条件掌控过程，最终得到预期的结果。创业者对目标与结果的要求也很苛刻，多喜欢用明确的数字说话，而不是打折扣地实现预期目标。

最后，创业者是聚焦思维模式。在创业企业出现问题时，创业者往往会自我反省与自我检讨，会成为责任的主动承担者。其实，这也是一种内向思维，内向思维会由于事业的不断发展而变化。

2. 就业者主要是适应性思维

就业，即大学毕业后谋得一份工作，主要是围绕工作的开展而进行的"小思维"，主要有四个方面：

首先，就业者是战术性思维。对于就业来说，在形式上就是获得一份工作。就业者作为一名员工，往往是战术性思维，立足本岗位、本职位做好工作。就业者考虑的是眼前工作绩效与个人利益，虽然也有很多人对单位的发展寄予期望，但亦不乏认为企业的未来与自己无关者。与创业者不同，就业者往往是"走一步，看一步"，以及"到哪山唱哪歌"，甚至得过且过。

其次，就业者是被动创新思维。就业者的创新往往是工作职责范围内的创新，并且多是在所在单位领导及同事的引导、支持与帮助下完成的创新。这种创新往往局限于本职工作，而不像创业者那样去思考如何全面创新、主动创新。

再次，就业者更强调过程导向。创业者对结果的期望值很高，往往追求100%实现预期目标，就业者则不同，能完成预期目标更好，完不成他们也会想办法找原因、找借口。在很多情况下，员工思维是一种穷人思维模式，是先看条件再有过程并顺其自然地得到结果，也许这个结果还不是自己想要的，但既然已经花费了人力、财力、物力，他们就总会找到理由接受这个不理想的结果。

最后，就业者往往具有极强的自我思维。这种思维往往容易更多地维护自身利益，有着严重的自我保护倾向，喜欢推卸责任，而不善于自我检讨与自我批评。

（二）承担的压力大不相同

虽然压力也是动力，但压力并不是每一个人都承担得起的。对于一个创业者来说，必须承担得起压力，否则是支撑不起自己的事业的，创业压力远非常人所想象。而选择一家企业就业，则"背靠大树好乘凉"。虽然也存在工作压力，但与创业者相比则根本无法相提并论。给别人打工，压力大顶多不干了，辞去工作就是了。但创业不行，如果压力大就轻易停下，过去所做的一切努力都将付诸东流，甚至血本无归。尽管如此，还是有很多创业者因为压力大而半途而废，使事业过早地夭折。

1. 创业要承受多方面压力

创业要承担很多方面的压力，并且创业初期这些压力往往只能由创业者自己承担。总体来说，创业压力主要体现为四个方面：

首先，资金压力。创业使用的无论是自有资金，还是贷款，或者创业扶持基金，甚至民间私人借贷，都会给创业者带来压力。创业初期往往需要一定的投入周期，度过投入期的寒冬才能获得相应回报。而有些行业或特定时期的创业者还会遭遇投资资金的"无底洞"，长期投入获利甚微，搞得创业者血本无归。

其次，生活压力。在创业过程中，由于家庭、亲人的不理解、不支持等因素所带来的压力，以及由于投资回报周期长或利润微薄给家庭生活带来的压力，都属于生活压力。

再次，社会压力。创业不是一个人的事，需要与社会方方面面打交道，要承受来自社会各方的压力。诸如来自客户的压力、来自合作伙伴的压力、来自政府相关部门的压力等等。另外，社会给予创业者的荣誉其实也是一种压力，因为很多创业者不仅仅为利润而战，还会为荣誉而战，捍卫自己的荣誉。

最后，管理压力。很多创业者在创业之前可能会这样想：有了自己的事业，就不用再受老板的气了。然而当了老板后才发现，原来老板还要受员工的气。管理员工是一件并不容易也并不轻松的事情，管理的本质就是解决冲突、理顺流程，管理的担子并不轻。

2. 就业压力

对于就业者来说，其工作环境没有创业者的创业环境复杂，自然压力也要小得多。总体来说，就业者主要面临以下四个方面的压力：

首先，生存压力。就业者必须要找到一份工作，但是想找到满意的工作并不是一件容易的事，这在本章第一节已经介绍过。不过，就业与创业相比至少每个月还会有一定的收入，这份收入一般可以保证基本生活需要，这一点与创业有着明显不同。

其次，工作压力。在工作岗位上，工作职责、绩效指标、奖惩制度等都可以构成工作压力。其实，这是就业者所面临的核心压力所在。

再次，关系压力。关系压力主要是，在工作中，同企业内部、外部相关部门及单位之间所形成的人际关系压力。工作关系压力越大，开展工作就越难，实现工作目标也越困难。

最后，发展压力。即便是打工，人们也会追求自我价值的实现，也会追求发展，但是这种"发展"无疑受制于个人素质、能力、机遇等多种因素。因此，如果在工作岗位上停滞不前，随着工作年限的增长，就会产生个人发展压力。

（三）对个人成长的作用不同

就业与创业，可以说是完全不同的两条发展路线。对于这两条道路，没有尊卑可言。对于一名大学毕业生的成长来说，也不好说是福是祸。不过，创业与就业对于大学毕业生的个人成长的作用还是有很多不同的。

1. 创业不意味成大事

大学生创业的成功率很低，据不完全统计，成功率不超过5%。成功率低的核心原因是大学生资源不充分，综合阅历、智慧、才能缺乏以及资金匮乏。大学毕业就创业失败率很高，因此创业只能是值得敬佩，却未必能够使人羡慕。一旦创业失败，还会带来一些负面的东西，诸如个人声誉、形象受损等等。并且，从头再来为别人打工，同样需要一个新的适应过程，这个"弯"也未必好转。

总体来说，大学毕业生通过创业可以在以下几方面获得改善与提升：

首先，心态改善。创业是一个艰险的过程，任何人在走上创业之路前都应该有充分的思想准备。创业之路可谓漫漫，对一个人的心智来说是一种考验与历练，这个过程甚至会很痛苦。创业过程对一个人的心态影响是巨大的，诸如可以改善一个人的情商、智商、逆商。创业过程还是一个心态逐渐调整的过程，诸如从高傲到平和、从张扬到内敛等等。

其次，素质提升。一个人的素质包括道德素质、知识素质、专业素质、身体素质、政治素质等多方面。素质不仅是先天所具备的，更需要后天来培养与塑造。创业过程可以对一个人的素质进行综合历练与提升，对于个人的成长具有重要意义。

再次，能力增强。对于大学毕业生来说，提升个人能力的方法很多，但什么也比不了创业实践。创业实践对个人能力的提升是多方面的，诸如思维能力、语言能力、管理能力、专业能力等等。

最后，资历提升。对于大学毕业生来说，有过做老板的经历，对于大学生来说是一种财富，也是一种资本。无论是成功的经历，还是失败的经历，都是如此。如果下一步选择就业，曾经的创业者也会拥有很多机会，诸如做职业经理人，没有当老板的经历恐怕是做不来的。

2. 就业不代表没出息

对于大学毕业生来说，先就业未必是坏事，就业不代表没出息。所谓"条条大路通罗马"。很多事业有成的人都是先工作再创业或者边打工边创业，这样风险更小。

首先，就业有利于积累经验与资源。对于刚刚毕业就创业的大学生来说，往往容易面临资源不足的窘境。但是，如果工作一段时间，就可以积累一定经验与资源，而这些经验与资源则可能是毕业就直接创业者没有机会获得的。

其次，就业更有利于形成核心优势。通常来说，就业励炼的是一个人的专业能力，更有利于形成核心技能。一个人的专业定位通常要经过四年的工作时间才能确定，在此期间工作岗位可能会多次变换。但是只要个人的专业定位准确，并完成了经验与技能积累，那么同样可以成就大事，诸如出色的经营管理人员，其年薪之高恐怕为一般创业者所不及。据统计调查资料显示，年薪在 11 万—20 万元之间的职业经理人所占比例最高，为31.8%；年薪在 10 万元以下的职业经理人所占比例为 31.7%；而年薪在百万以上的职业经理人所占比例仅为 3.9%。当然还有更高者，如"打工皇帝"唐骏，2002 年 3 月，唐骏出任微软中国总裁时其年薪即超过 1 亿元。转入盛大任职后，唐骏的薪资更是令很多人艳羡不已：500 万年薪和260 万股股票期权，据推测，在盛大的四年中，唐骏的收入超过 4 亿元，成为当时中国最"贵"的职业经理人。而他加盟新华都集团时，则以最少10 亿元的巨额"转会费期权"打破了"天价经理人"的纪录。

再次，就业的同时也可以实现创业。先就业并不影响创业，有很多毕业生边打工边创业也获得了成功。打工的风险小，收入也稳定，而创业的最大好处是未来的回报可能会很高，但风险也大。在对利弊的权衡之下，边打工边创业因其有效结合了打工与创业的优点，越来越受到认可。当然，这种创业模式也存在一些问题，诸如在创业上所投入的时间、精力不足。

最后，就业更有利于未来独立创业。很多专家、企业家都曾呼吁让大学毕业先就业再创业，不鼓励大学生直接创业。道理很简单，刚刚毕业时，大学生的经验、技能、人脉等资本以及资源积累都不足，因而会大大降低创业的成功几率。

（四）责任管理基点不同

对于大学毕业生来说，"为别人做事"与"为自己做事"可能是完全不同的，这往往会在责任心上有着明显的体现，诸如时间管理、成本控制等方面。在时间管理方面，大学生如果作为一名员工，可能非常注重"朝九晚五"的工作时间，以及休息日、节假日等福利。在日常工作中，明明是五点下班，但四点三十分可能就停止了工作，为下班做准备。如果加班，可能会抱怨；即便工作没完成，也会觉得自己尽力了，到下班时间就该下班了。但是，如果自己做了老板，则会大不相同，时间安排要随着客户走，客户需求就是命令，就必须采取行动，否则就可能失去客户。很多员工都觉得老板非常自由，但是这种自由往往是受制于业务与客户，也不是一种绝对自由。作为创业者，每一分钱的支出都是成本，而省下来的就是利润，所以精打细算往往成为老板的习惯性思维，这是创业过程中养成的"精益"习惯，绝对不是用一个"抠"字就能概括得了的。对此，员工则可能看不惯，同时在企业的日常支出中反而表现得"大方"得很，反正花的钱是老板的，只要自己工作方便顺手，浪费点又算什么。其实，员工这种大手大脚的习惯，就是一种不负责任的行为。

当然，也不乏一些责任感很强的员工能够以企业为家，把企业的事当成自己的事。但是，如果让员工主动地像老板那样思考，那样勇于承担责任，可以说很难。道格拉斯·麦格雷戈（Douglas McGregor）提出了有关人性的两种截然不同的观点：一种是基本上消极的 X 理论（Theory X），以人性消极为核心；另一种是基本上积极的 Y 理论（Theory Y），以人性积极为核心。虽然这两种理论都是假设，但人确实具有逃避责任，自我保护的倾向。这就要求企业对员工进行管理，包括建立约束机制与激励机制，以此来强化责任管理。诸如丰田公司美国市场运营部副总裁鲍勃·麦格克雷（Bob Mccurry）就是 X 理论的追随着，他激励员工拼命工作，并实施"鞭策式"体制，在竞争激烈的市场中，这种做法使丰田产品的市场占有份额得到了大幅度的提高。

如今，很多富有智慧的开明的企业经营管理者都努力尝试把员工"老板化"，努力使员工成为一个"责任单位"。诸如安邦保险公司所推行的运行机制是人人成为经营者、人人成为合伙人、人人做老板的成果分享原则。再如，在海尔有这样一种观念，每一个人都有一个市场，每一个人都与市场零距离，每一个人的收入都由市场来决定。也许人人都想做老板，但在海尔却真正实现了"人人是老板"的梦想，即 SBU 创新。SBU 通俗地解释即"人人做老板"。它要求海尔的每一个人都代表海尔做一个SBU，每一个人都是市场，每一个人都要抢订单，每一个人都要为自身的资源升值。有了每个人具体的SBU，无论外部环境如何变化，海尔都有胜算；集团总体战略都会落实到每一个员工，而每一个员工的战略创新又会保证集团战略的实现。这些企业正是认识到了"老板"与"员工"在责任观念及责任管理上的差异，从而通过把员工老板化，使员工能够像老板一样思考和工作。

1. 创业者的责任核心是社会

创业者是一个多责任主体，除了要对投资者（股东）和自己负责外，还要对员工、生活、社会、经营管理等诸多方面负责，尤其企业做大了，那就更是全社会的，而不是某一个人的。马云说过这样一句话，"企业家、商人和生意人有什么的区别？生意人唯利是图、有钱就赚；商人有所为有所不为；企业家必须承担社会的责任、创造价值、完善社会"。创业就要完成从创业家到企业家的转变，从起步开始就学会承担责任：

首先，对企业成员的责任。企业成员主要包括投资者（股东）、经营者（创业者）、员工，创业者要对上述成员负责。创业者作为老板，要对员工负责，包括员工的薪酬、福利、工作环境、身心健康、事业发展等诸多方面，而绝对不是"你给我打工，我付你工资"那么简单。

其次，对生活的责任。对于创业者来说，不能仅仅考虑自己的生活，还要考虑家庭关系人的生活。创业有很多目的，除了让自己富有成就感以外，还要对社会做出贡献，更要让自己及家庭关系人生活得更好，这也是创业者的一项重要的责任。

再次，对社会的责任。创业者必须履行作为一个企业公民所担负的社会责任。企业社会责任（简称CSR）是指企业在创造利润、对股东承担法律责任的同时，还要承担对员工、消费者、社区和环境的责任。企业的社会责任要求企业必须超越把利润作为唯一目标的传统理念，强调在生产经营过程中对人的价值的关注，强调对消费者、对环境、对社会作出贡献。

很多创业者都容易忽视这一点，错误地把股东价值最大化作为经营企业的最重要目标。

最后，对经营管理的责任。创业者作为企业的法定代表人，要承担起经营管理责任。这包括很多方面，诸如创业者要对企业经营绩效、经营行为等方面负责。如果出现问题要承担相应的民事责任。

2. 就业者的责任核心是自身

"责任"从大的方面来说，就是最基本的职业精神；从小的方面来说，也可以理解为一个人做事的基本准则。工作的本质就是责任，没有做不好的工作，只有不负责任的工作者。可见，复杂的工作也好，简单的工作也罢，责任心都至关重要。

首先，对企业的责任。其实，老板与员工在一定程度上是共同利益者，二者之间不应是对立的。但是很多打工者却把自己的老板当成"敌人"，将两者关系视为矛盾体。当然，出现这种敌对情绪并非偶然，薪酬待遇、发展机会、工作环境、员工福利等方面的缺欠都可能引发企业与员工的矛盾。尽管如此，但从员工职责角度讲员工还是应该对本岗位尽责，对本岗位工作绩效负责。

其次，对生活的责任。作为员工，工作最根本的目的就是为了获得生活保障。这一点对于刚刚走出校门参加工作的大学毕业生来说尤为重要，因为首先要解决生存问题，然后才能考虑发展问题。

再次，对社会的责任。说到这里，一些读者可能不理解，社会责任与普通的员工还有关系吗？当然有！当一名质检员忽略了对一件劣质产品的检验，使不合格产品流通到市场上就可能引发大问题，诸如出现重大安全事故、企业被媒体曝光等等。因此，从这个角度来说，工作责任无小事。

最后，对自己的责任。作为员工，对企业负责就是对自己负责。此外，在企业内部的言行也要对自己负责，很多看似损人利己的行为其实自己才是最大的受害者。很多人在工作中敷衍了事，以为偷懒取巧是占了企业和老板的便宜，殊不知对工作的失责也是对自己极大的不负责任。

三 大学生自主创业的三条核心路径

可以说，没有哪个年轻人不觊觎那胜利的凯旋门。其实，在很多大学生心里都有一份创业情结，只是由于种种因素，或者被抑制，或者即时爆发。一项针对全国六省市近万名大学生进行的调查显示，有近八成的大学生表示有创业的意愿。2007 年 11 月 8 日，由共青团中央宣传部、中国青年杂志社、中国青少年研究中心联合主办的"德意杯·中国青年创业论坛"上，由全国高等学校学生信息咨询与就业指导中心完成的《大学生创业和创业教育问题调查白皮书》正式出炉。该白皮书显示，在"你对自己是否要创业的意愿"一项选择中，有 25.93% 的大学生表示"有强烈的创业意愿"，有 53.02% 的大学生表示"有过想创业的意愿"，"根本不想创业"和"没有考虑过"创业的大学生分别占 7.61% 和 13.2%。

可以断言，随着就业形势的日益严峻，以及创业教育的不断普及，想创业的大学生比率还会进一步提升。来自高校的调研数据更是说明了这一点：3G 门户网针对大学生创业现象所作的网络调查显示，参加调查的 1500 余名在校大学生中有近 91% 的学生表示"想创业"。其中，超过六成的学生想创业的原因是"想自己当老板"。另据北大学生创业中心的最新调查结果同样显示了大学生对创业的极高热情，其中有创业意愿的同学占 71.7%，而这之中又有 53.3% 表示会选择全职创业。从这些数据中可以看出，大学毕业生创业已经成为一股潮流，大有不可阻挡之势。

（一） 大学生在校创业

很多在校大学生不甘寂寞，在校读书期间就开始着手创业。即便暂时没有尝试创业的大学生也纷纷积极加入创业兴趣小组或创业社团（如创业协会），还有很多学校举办创业知识或创业计划书大赛，更有高校为大学生提供各类创业实践机会。这些无疑对大学生创业发挥了积极的启蒙教育作用。通过模拟创业或虚拟创业到现实创业，这个试验与体验过程很重要，也很关键。诸如上海对外贸易学院松江校区的"大学生创业实践中心"，整个楼面被隔成几十个单间，每间代表一家学生公司。透过玻璃，可以看见"学生老板"们忙碌的身影。其中既有咨询公司，也有中介公司，甚至还有专门为学生提供的各类电子商务信息，为在校大学生尝试自主创业提供了演武场。在学校的帮助下，"学生老板"走了一批又来一拨，他们在这个相对狭窄的市场里，积累着经验，为日后真正"下海"预先热身。再如，北京联合大学曾对校园餐厅面向学生招标，招标的目的不是赢利，而是要为学生打造一个创业基地，或者说孵化器。此外，很多高等院校还邀请知名企业家或创业专家到校内演讲，与大学生交流创业经验与心得。要知道，来自企业一线的声音最值得关注，最具实战价值。

就在高等院校积极进行创业教育与训练的同时，很多大学生已经不甘于纸上谈兵，而是积极行动起来，开始拓展自己的事业了。从虚拟网店到现实公司，不拘一格，不定一式。在校大学生心存创业冲动其实并不偶然，而且在校创业也确实存在一些有利因素。但是，很多在校大学生由于资金限制而无法展开自己的创业蓝图。一项针对在校大学生进行的创业调查显示，约60%的在校大学生动过创业的念头，但资金和经验成为青年创业的最大障碍。网络上有这样一个案例："挑战杯"中国大学生创业计划竞赛铜奖获得者付某研发了一套软件产品，科技含量高，研究难度大，开发时间长，所以他们计划的起始资金也相对较高。但几次与风险投资家洽谈都无果而终，最后因为无法融资，付某和他的团队不得不放弃创业计划。大学生的创业故事中这种令人惋惜的事例还有很多，所以现在越来越多的高校设立了在校大学生创业基金，像南洋职业学院，不仅在校生可以申请基金，离校未超过三年的毕业生也可以申请，最高一次可获得10万元创业基金。另外，还有一些民间企业愿意为在校大学毕业生提供创业基金支持。从2008年12月起，在全国1000所高等院校里，凡通过创业计划申请的在校大学生将可以获得 10 万元创业基金支持，在未来 3 至 5 年内将有 1 万名大学生获得基金资助。同时，大学生还可以获得网络推广、校园推广和营销管理等方面的培训。

对于在校大学生创业，各方面声音不一。但总体来说，反对的呼声高过支持的声音。阿里巴巴网站 CEO 马云对此曾经这样表态："创业是一辈子的事情，大学里不要创业。讲心里话我反对大学生创业，大学生的创业就是把书读好，因为创业里面有好多好多倒霉的事情，我并不只做过一份工作，我登过三轮车、卖过书、卖过面包、当过老师，中间有太多事情，所以对于一个大学刚刚毕业的学生，我觉得他们最好的创业就是把书读好。其次第二步要做的是做一些社会实践活动，社会实践比创业更为重要，所以我觉得创业是很难的、是一辈子的事情，大学里面不要创业。"中国著名经济学家温元凯做客武汉商贸职业学院时指出，虽然大学生自主创业已成高校里一道亮丽的风景，其中很多校园"小老板"也比其他人更早掘得人生第一桶金；但他对这股自主创业潮并不看好，他认为当好的机会降临尝试一下不是不可以，但盲目追随创业风并非好事，"大学生在校期间自主创业 90% 将会失败"。安利（中国）日用品公司大中华区电脑资讯副总裁杨海鹏为大学生作职业规划时说，学生时段就应该专注于学业。对于有的大学生在学校期间就开始创业，杨海鹏认为会分散学习的精力，使其无法专注于学业。因此大学生在校期间是否选择创业应当谨慎对待，毕竟至今在高校中创业做大的例子还罕有所闻，以影响专业学习为代价的创业的确得不偿失。

（二）大学生退学创业

提起"点子大王"何阳很多人都知道，虽然他因涉嫌诈骗宁夏虹钢实业贸易总公司百万资金而银铐入狱，但是他却曾开启了中国智业服务新时代的大门。关于何阳还流传着这样一个小故事：何阳大学毕业后，有一次带妈妈在北京逛街，他们走进一家大饭店准备随便吃点东西。可一看菜谱才发现饭菜贵得吓人。于是就点了两个最便宜的菜，服务员一看他们点的菜就显出很不屑的样子。为此，何阳很受打击，回到家里，他烧了毕业证书，决定靠自己的本事去赚钱。1988年，何阳创办"北京市和洋民用品技术研究所"并担任所长。后来，又设立"北京和洋咨询公司"担任总经理，通过把"点子"商品化受到了很多企业的青睐。之所以讲这个案列，就是要告诉读者朋友：何阳没有把大学文凭当回事儿！其实，像何阳这样要事业而不要证书的大学生还有很多。

最近几年，大学生退学创业的事件屡见不鲜，已经算不得新闻了。这类中途退学创业的大学生相比那一纸文凭，他们更看重自身喜好与现实机会。2007年3月5日，厦门大学研究生院决定，同意刘方权等6名研究生的退学申请，并对洪一庆等20名研究生作出退学处理。张正东也是这次厦门大学退学研究生中的一员，他三年前考上厦门大学化学化工学院2003级有机化学专业硕士研究生。2006年10月27日，他向学校申请退学，退学理由就是难以兼顾学业与创业。他读研究生期间，自己经营了一家企业，主营石油、化工、塑料、橡胶、煤化工，做的是他的本行。他之所以选择退学，是因为创业需要投入大量的时间和精力，他分身乏术，无暇顾及导师的课题和项目。在创业和学业的衡量中，他最终选择了创业。他认为，"拿了学位也还是要创业的，错过了时机反而不值得"。

在大学期间中途退学创业的例子还有很多。据报载，重庆共凯科技有限公司总经理尹祖杰，21岁时还是重庆工商大学电子商务专业大二的一名学生，然而经过思索和求证，他萌生了创建"博客印书"工作室的想法。2006年，刚读完大二的尹祖杰毅然退学，一门心思搞起自己的事业来。经过努力，他开发出了一套集互联网数据采集整理、智能排版、快速印刷等优势于一身的互联网按需印刷软件，并取得了国家版权局计算机软件著作权证书。有了自己研发的软件，他又找了一家印刷厂作为合作伙伴。很快，重庆共凯科技有限公司注册成立。凭借博客印书个性定制的业务，加之独特的网络营销模式，创造了每年逾50万元的收入，这也是大学生辍学创业中一个较为成功的案例。

盘点起来，大学辍学创业不乏成功者。最为典型的当属从哈佛退学创建微软的比尔·盖茨。32 年前，比尔·盖茨从美国哈佛大学退学创业，一手打造出"微软帝国"。32 年后，功成名就的盖茨终于有机会拿到哈佛大学学位，为自己补上了"文凭"。不过，世界上毕竟只有一个比尔·盖茨，在校大学生不可盲目效仿。毕竟时代不同了，如今的商业环境也发生了深刻的变化，不考虑客观条件和自身能力贸然"下海"也是不行的。

（三） 大学毕业就创业

相对于在校创业和退学创业，可以说，毕业再创业更为理性。为什么这样说呢？主要体现在以下三个方面：一是完成学习任务，完成知识积累，获得相关专业技能；二是大学毕业后，可以有更多时间与精力投入到事业上；三是毕业之后创业能够获得更为优越的创业环境。虽然如此，但也要看到，大学毕业就创业虽然在就业重压下，为政府相关部门所倡导，但确实也存在很多障碍因素。对此，我们将在第二章进行详细探讨。

自 1999 年以来，"创业"就日益成为社会关注的热点。1999 年上半年，清华大学材料系学生邱红云利用自己的一项多媒体超大屏幕技术创办了第一家学生公司——北京视美尔科技发展公司，并获得上海某公司 5000 万元的风险投资。虽然这是在校创业，但是却点燃了大学生创业的火炬，在整个中国掀起了大学生创业的洪流。对此，国家教育部于 2000 年 1 月公布了一项新政策，这项政策规定：大学生、研究生可以休学保留学籍创办高新技术企业。这对大学创业潮无疑起到了推波助澜的作用。到了 2003 年，中国高校扩招后的第一批毕业生毕业，就业市场压力显现。截至 2003 年 6 月，全国普通高校毕业生签约率只有 47%，而教育部直属高校签约率也只有 78%。在这种情况下，国务院办公厅开始鼓励毕业生自主创业与灵活就业。

从 2003 年起，鼓励和帮助大学生自主创业、灵活就业的相关政策不断出台。同时，社会上也启动了创业激励机制和创业教育，诸如各类创业大赛、创业培训课堂，这些都起到了很好的激励与引导作用。不少大学生认为，就业找工作的压力越来越大，如果有创业的条件，当然会选择创业来搏一搏，但是，从普遍意义上看，创业仍不是大学生的最主流选择，最主流的选择仍然是就业。这是因为大学生刚刚走出校园，资金、人脉资源等缺乏，创业资本及社会经验不足。并且，大学生毕业生创业的大环境仍不够成熟，各种措施仍不能够配套完善，注册及政府管理程序繁杂，也使一些创业者望而却步。

　　下面来介绍一下我国大学毕业生创业的基本情况。2004年全国普通高等学校毕业生就业基本情况显示，在已就业的毕业生中，自主创业的毕业生有0.87万人，占毕业生总数的0.31%。2006年，自主创业的应届毕业生达1.9万人，占已就业毕业生的0.46%，比2005年增加了5000人。虽然自主创业的百分比没有增长，但实际人数却在不断增加。根据相关部门评估，2008年毕业生自主创业与灵活就业的比例将达到10%。2008年，为贯彻落实党的十七大提出的"实施扩大就业的发展战略，促进以创业带动就业"的总体部署，全面实施《就业促进法》的有关规定，国务院办公厅转发了人力资源和社会保障部等《关于促进以创业带动就业工作的指导意见》，《意见》就进一步指导、规范和大力推进以创业带动就业工作作出了具体的决策部署。2009年1月7日，国务院总理温家宝主持召开国务院常务会议，部署高校毕业生就业工作，提出七项措施，其中一条是"鼓励和支持毕业生自主创业"。相信大学毕业生创业将成为政府重点关注的领域之一。这对于大学毕业生创业无疑是一个利好消息。尽管2008年以来，中国陷入金融风暴之中，经济受到一定影响；但笔者认为2009年仍可称为"大学毕业生创业元年"，2009年在大学毕业生创业的历程中将显示其里程碑式的重要意义。

四　自主创业或许会使你的人生更精彩

布迪曼说过这样一句话:"最本质的人生价值就是人的独立性。"事实上,大学毕业生通过自主创业最有利于也最有机会实现自身价值,并把个人价值最大化。对于成功,不同的人有着不同的理解,商人可能以聚积财富为成功,官员可能以政绩卓异为成功……实际上,成功并非指金钱、名誉、权力的获得,而是"从事对自己有意义的事,毕生投入其中,创造恒久的影响力"。只有这样的成功,才更持久、更有价值。这个观点是《成功长青》一书中提出的,可以说它颠覆了传统的成功观点。对于大学生来说,只有立足自身所热爱、所擅长的事业领域谋求发展,并创造自己在特定领域内的影响力,甚至缔造百年基业,才是最大的成功。

(一)　毕业就创业的优势点

2006 年年初,中央电视台第七套节目《致富经》栏目、清华大学中国创业研究中心、中国农业大学 MBA 中心和国家发改委中小企业对外合作协调中心联合推出了《中国百姓创业调查报告》。这份报告是从 924 份有效问卷中整理分析而成,问卷涉及 26 个省市自治区,具有一定的代表性。这项调查报告数据显示:26 岁至 35 岁的创业者占被调查者总数的47%,36 岁至 45 岁的占 27%,而 25 岁以下、46 岁以上的创业者分别占18% 和 8%。该报告还显示,26 岁至 35 岁是创业者的最佳时期。虽然人们常说,"有志不在年高"、"成功不分先后",强调在任何年龄都可能获得成功。但是对于创业来说,年轻却是最难得的创业资本之一,而大学毕业生恰恰拥有这项资本。

1. 具有更强势的爆发力

大学毕业生创业，一定要对自己的创业项目有强烈的自信心，有浓厚的兴趣，有激情的投入，这些是成功创业的先决条件。俗话说："初生牛犊不怕虎。"年轻的大学毕业生就如初生牛犊般富有激情，敢于挑战。那么什么是激情？激情是一个人事业发展中的内驱力，是人的一种强烈的感情，一种有巨大感染力的热情，一种洋溢着强大生命力的热情。如果简单地理解，也就是我们所说的"冲劲"，在事业拓展中敢作敢为、能够放下包袱、善于接受各种新鲜事物的挑战。但是，要想拥有激情，首先要做自己喜欢做的事情，激情是一种主动迎接挑战的精神。比尔·盖茨曾在不同的场合建议年轻人创业一定要做自己感兴趣的事情："挑选一个你认为真正能在这里作出独特贡献的领域，你将享受为它而工作的每一天……从非常小的事情开始。"正因为比尔·盖茨喜欢自己的事业，富有做大事业的激情，才成就了他今天的 IT 霸业，恰是"激情成就梦想"。从某个角度来说，年轻人的创业激情要旺盛于中老年人，这对于创业来说是一个优势条件。同时，年轻人又很容易激情过度，其危害甚至可以使一个人失去理性，这对于创业来说则是不利因素。从柳传志的名言中不难悟出其中的道理："鸡孵蛋的最佳温度是 39℃，我们创业那时的温度大概有 42℃。因此，只有生命力极强的鸡蛋才能孵出鸡来。"

2. 具有更强烈的冒险精神

比尔·盖茨说过这样一句话："创业要有一定的冒险精神。"在很多时候，冒险精神体现在敢为人先上，这有两重境界：一是敢为别人所不为，别人不做的要敢做；二是为别人所不敢为，别人不敢做的也要敢做。冒险精神可以解释为四个方面：一是敢做别人难以做到的事；二是敢做存在预知风险的事；三是敢做别人不愿意做的事；四是敢做别人不敢云做的事。《数字化生存》一书的作者、麻省理工学院媒体实验室创始人、著名的预言家尼葛洛庞蒂，在被问到企业家最重要的素质是什么时，毫不犹豫地回答:"是冒险精神。"当然,冒险不是胡来,而是慎重考虑后的决策。对于创业者来说,必须具备冒险精神。虽然很多大学生在就业与创业抉择上,可能缺乏冒险精神,但是一旦走上创业之路,初出茅庐的年轻人思想中潜藏的冒险精神往往会淋漓尽致地发挥出来,这也是大学毕业生创业的一个优势。

通常来说,敢于冒险者甚至有些"疯癫者"创业更容易成功,或者说偏执狂更容易成功,是否具有冒险精神往往成为创业能否成功的第一潜质。敢于冒险,是成功人士的基本素质,也是职场人士应该具有的基本素质。只有敢于冒险,才有成功的可能。20 世纪 80 年代的世界首富萨姆·沃尔顿在谈及自己成功经营的规则时,做了如下总结:"我常为自己能识破常规而感到骄傲;我始终偏爱能对我的规则提出挑战的异己,首先要破除陈规,我们是以倾家荡产起家的……所有知道我以不成熟想法向前行进的人,都以为我是完全失去了理智,没有人敢将资金投向第一家沃尔玛连锁超市时,我们押上了赌注……"现在可以下个结论了——人生最大的风险就是不敢冒险!

3. 更好的悟性与学习能力

对于大学毕业生来说,悟性与学习能力是他们的又一项竞争优势。这对于一个创业者来说,是至关重要的,创业就是学中干,干中悟。要知道,创业是一个对未知事业的探索过程,而大学生创业是边悟、边学、边干的过程。大学毕业生悟性好,学习能力强,能快速接受新鲜事物,这些都决定了他们成为创业人群中最活跃的一个群体。提到悟性,很多人都会简单地给出这样的概念:对市场的分析与判断能力。这样下结论有些偏颇。笔者认为,所谓悟性,就是创业者对企业经营管理的意会力、敏锐力、识别力、预见力、分析力、判断力、决策力及融合力的总和,这些"力"的"合力"也就是悟性。对于具备良好悟性的大学毕业生,通过不断学习很快就能具备一个创业者应该具备的能力,这些能力主要包括以下诸多方面:一是知识能力,即了解行业、产品、消费、营销等方面知识;

二是调研能力，如对市场进行考察、分析、评估等的能力；三是判断能力，如对各种决策方案的选择、判断、决策能力；四是表达能力，能把事情说清楚，做到准确传达与清晰沟通；五是销售能力，即面向客户的劝购与谈判能力，任何一个创业者都必须首先是一个优秀的销售员；六是化解能力，如与各种社会力量发生矛盾，要具备矛盾化解能力；七是管理能力，包括自我管理、企业管理、客户管理等能力；八是服务能力，为员工服务的能力，以及为客户提供售前、售中及售后服务的能力；九是结算能力，如货款管理、商业信用、财务管理等的能力；十是适应能力，诸如对经营环境变化的适应力；十一是进阶能力，要具备不断学习、自我提升的能力等等。对于创业者的学习，马云有着独到的见解："创业者往往是开拓者，你在MBA学了很多知识，未必可以让你去创业。创业者最大的快乐就在于在创业过程中去学习、去提升。"

4. 具有更强的恢复能力

只要选择创业，就有两种结果：一是成功，二是失败，并且失败者众多。相关调查数据显示，美国的创业成功率约为30%，而在中国只有10%左右，其中大学生创业的成功率更是低至1%左右。创业失败对于一个人的打击是多重的，首先体现为精神遭受打击，其次是财产蒙受损失，最后是社会形象受损。如果是一个年龄较大的创业者，可能很难承受失败的折磨，个人压力、家庭压力、社会压力等甚至可以让一个人一蹶不振乃至崩溃。失败者要想恢复元气，时间、精力等因素都可能是巨大的障碍。然而，对于大学毕业生则不然，他们有时间、有精力恢复元气，甚至卷土重来再次创业。要知道，一次失败并不意味着永远的失败。恰恰相反，失败是成功之母，没有失败反而难于成就更大的成功。

（二）毕业就创业的机会点

对于毕业就创业的机会点，笔者认为可以从两个方面来说明：第一个方面是创业环境变化带来的机会，这在本书后面的章节中将逐步进行深入探讨，在此不赘述。另一个方面是指商机，在很多行业领域中有很多项目适合大学毕业生创业，而对于其他群体来说则未必是商机。

创业机会具有偶然性、必然性与相对性。所谓偶然性，即在某些特定条件下才会表现为机会，才会出现商机。必然性是指机会的出现有其必然的内在规律，机会的背后都隐藏着本质上、规律性的东西。机会的相对性则是指机会不可同一而语，诸如对年轻人是机会，对中老年人而言则未必是机会；对男大学生是机会，对女大学生来说却可能不是机会；对已毕业大学生是机会，对在校大学生则可能不是机会……因此，大学毕业生要对创业机会持一种辩证态度。

大学毕业生对身边的创业机会更为敏感。而这些创业机会对于其他社会群体来说，则可能无此敏感，或者根本就不是机会。适合大学毕业生的创业机会往往是大学生的"专利商机"，诸如高科技领域、网上销售领域、时尚经营领域、校园服务领域等等。另外，前文曾指出创业的最佳年龄一般在 26 至 35 岁之间，这个年龄段是创业者创新思维最为活跃、精力最充沛、最喜欢动脑筋、创造欲最旺盛的高峰期。基于此，创意产业是大学毕业生的事业重点。尤其是网络软件、广告、策划、咨询、证券、投资等知识密集型行业，"经验"已经不那么重要，重要的是"创新精神"，而一个人在 30 岁以前是最具创新精神，这一点与大学毕业生的优势相契合。

(三) 毕业就创业的利益点

这里所说的毕业就创业的利益点是相对于就业而言。总体来说，自主创业具有以下五个方面的比较优势：

1. 个人素质提高与能力提升

可以说，对于一个人综合素质与整体能力的提升，任何培训或实践都比不上创业。创业对一个人的锻炼与磨砺远非就业所能比，要知道一个创业者需要承载更多：创业是一种责任，因此必须学会去承担压力与责任，包括对自己、家人、员工、合作伙伴及全社会的责任；创业是一种思维，必须学会站在战略与全局的角度去思考如何打好战术上的每一仗，或者说要学会像企业家那样思考；创业是一种人生态度，更是一种生活方式，人生观、价值观会在创业中有所体现；创业是一场战争，必须整合企业内部及外部资源，打好这场战争，争取在市场上的胜利……对于有钱人来说，创业可以理解为一种"投资"。而对于白手打天下的大学毕业生来说，真正的创业甚至可以说是一个"炼狱"过程，正如古人所说：天将降大任于斯人也，必先苦其心志，劳其筋骨，饿其体肤，空乏其身，行拂乱其所为，所以动心忍性，增益其所不能。

2. 从事自己喜欢或专长的领域

年轻人富于个性，"走自己的路，让别人说去吧"，这是很多大学生所崇尚的人生态度。走自己的路可以，但关键是要走"正确"的路。那么，对于创业而言，什么才是"正确"的路？对于创业来说，选择哪条路要遵循两条最基本的规则：第一条是做自己熟悉的，所谓"生意不懂不做"。什么叫熟悉？就是在这个领域做到"专长"。第二条是做自己喜欢做的事，只有喜欢才能全身心地投入。百度董事长兼首席执行官李彦宏 19 岁就读北京大学信息管理专业，23 岁去美国读计算机专业硕士，31 岁创建百度，37 岁带领公司上市……他为大学生总结的创业秘诀是——要做自己擅长的事情，要做自己喜欢的事情。只有这样，无论创业还是就业，终会有成功的一天。不仅李彦宏持此观点，很多事业上的成功者皆有如此观点：邵易波说过这样一句话："回国创业不是我一时冲动，而是我想了很久才定下来的，最重要的是，感觉自己对这方面感兴趣，愿意在这方面发展……"

3. 获得自由与广阔的发挥空间

对于自由，可以从广义上来理解，包括人身自由、工作自由、财务自由等等。实际上，一个人的潜能能否得以完美发挥，施展的空间与舞台至关重要。往往是束缚越紧、规矩越多、管理越严，就越容易捆绑一个人的创造力，甚至"天才"也会变成"蠢材"。可以这样说，自由与潜能的发挥存在正比关系，这一点已经为国外的学者所证明。对于创业者来说，虽然也要遵守游戏规则，虽然也要承担责任，但是身为创业者却拥有灵活的决策空间、开拓空间、创新空间，这种主观能动性的解放对于释放一个人的潜能的作用非常大，让人更容易成功。从这个角度来说，作为创业者，不但要"解放"自己，还要善于"解放"自己的创业伙伴，这样才能众人划桨开大船。

4. 快速转化摆在眼前的商机

很多大学毕业生手里掌握着发明专利，这些专利不管是直接转让还是自主开发市场，对于大学生来说都是创业机会。由于专利存在保护年限问题，并且人类的科学文明不断进步，如果不能快速加以转化，那么专利技术就有可能由"宝"变"废"。而转化过程很可能就是创业机会。诸如中国地质大学的赵温才，在学校读书期间被同学们称为"发明疯子"。大学四年，他的小发明、小创造不计其数，其中六项获国家专利。2007 年 1 月 12 日，即将毕业的赵温才靠专利的转让收入和平时的积蓄，筹资 10 万元注册成立了自己的知识产权咨询公司。除此之外，也有很多大学毕业生以敏锐的目光发现了市场上潜藏的商机，而商机往往稍纵即逝，也就是说商机只有在先手那里才能称得上是机会。正如西蒙所说："机会对于不能利用它的人又有什么用呢？正如风只对于能利用它的人才是动力。"

5. 更容易实现自我价值

相信很多读者都知道马斯洛（Abraham Maslow, 1908—1970），他是美国著名的社会心理学家、人格理论家和比较心理学家。马斯洛坚信人有能力创造出一个对整个人类及每个人来说都更好的世界，坚信人有能力实现自己的潜能和价值即达到自我实现。在心理学上，他的最大贡献在于他领导了著名的第三思潮运动。他的需要层次理论和自我实现理论成为人本主义心理学最重要的理论之一。马斯洛理论把需求由低到高分成生理需求、安全需求、社交需求、尊重需求和自我实现需求五类。其中自我实现需求的目标是自身价值得以实现，或者潜能得以发挥。

格林伯咯和塞克斯顿（Greenberg&Sexton，1988）通过研究指出，创业者之所以想要创业，可能有下列六种原因：一是在市场上发现机会；二是相信自己的经营模式比前人更有效率；三是希望将拥有的专长发展成为一项新企业；三是已完成新产品开发，而且相信这项新产品能在市场上找到利润空间；四是想要实现个人梦想；五是相信创业是致富的唯一途径。戈什与关（Ghosh&Kwan，1996）针对新加坡及澳洲的创业者进行研究，发现引发创业的心理动机有下述七项：希望得到个人发展；喜欢挑战；希望拥有更多自由；发挥个人专业知识与经验；不喜欢为他人工作；受到家庭或朋友影响；家庭传统的承袭。

实际上，很多大学毕业生进行创业就是为了追求自我价值的实现。但在中国的创业者中，约有60%的创业者以赚钱、解决生存问题为创业缘由和目的。对于大学毕业生创业来说，就业压力当然是创业的主要驱动力之一。也确实有很多大学毕业生喊出了"就业难，我们创业去！"的口号，不过，如果把创业仅仅作为应对就业难题的解决方案，那么对于创业者来说其结局很可能是悲哀的，因为抱着这种目的去创业很可能会把某些不适合或不具备条件的大学毕业生赶进失败的沼泽地。

五　毕业就创业的大气候日趋成熟

基于就业形势严峻的现实，中国各级政府及社会各界都在努力帮助大学生走出传统就业思维的樊篱。为此，社会各界做出了种种努力，而很现实、很有效的途径之一就是帮助与支持大学毕业生进行自主创业，以创业带动就业。尤其是进入2009年以来，鼓励支持大学毕业生创业的呼声日高，相关政策也纷纷出台，毕业就创业甚至已成为大学生毕业去向的主旋律之一。

中国政府及社会各界已经认识到大学生毕业就创业，不仅需要大学毕业生转换思想，颠覆传统就业观念，积极提升自身经营素质与创业能力，还需要政府及社会为大学毕业生搭建创业舞台，包括活化政策环境、创造物质环境等诸多方面，为大学毕业生创业打造良好的"软环境"与"硬环境"。只有从根本上解决了创业环境问题，大学毕业生才能在这个舞台上唱好创业戏，才能真正解决大学毕业生的就业危机。

进入 21 世纪以来，虽然政府相关部门切实采取了一系列行动来支持大学毕业生创业，但还是远远不够。鉴于政府的大力提倡和社会各界的支持，我们有理由相信，今后几年，大学毕业生的创业环境会得到本质上的改变。大学毕业就创业的大气候将更加成熟。这对大学毕业生来说无疑是最大的激励！作为大学生，也要认识到毕业就创业正在成为一种现实，要树立信心、把握机会，勇敢地走上创业之路，为自己的事业闯出一片蔚蓝的天空。

（一）创业教育已走进大学课堂

1989 年，联合国举办的"面向 21 世纪教育国际研讨会"正式提出了"第三本教育护照"概念，即"创业教育"，这次会议要求"把事业心和开拓技能教育提到目前学术性和职业性教育护照所享有的同等地位"。1999 年 4 月，联合国教科文组织在韩国汉城举办了第二届国际职业教育大会。这次会议明确提出，"就世界范围而言，21 世纪有 50% 的中专生和大学生要走自主创业之路"，会议建议应把大学生的"创业能力"作为"核心能力"加以培养。实际上，这为全球高等院校开展创业教育奠定了基调，同时也拉开了全球高等院校创业教育的帷幕。

时至今日，创业教育已经成为世界性的高等教育新理念。各高等院校通过开展创业教育，旨在培养大学生的创业意识、创业能力和创业人格，以适应知识经济时代对创新精神、创新能力的需求，满足社会和经济结构调整时期人才变化的需要。

1. 国外高校创业教育情况

国外高等院校早已将创业教育纳入教学体系。美国目前已经形成了涵盖从小学、中学直到本科、研究生的相当完备的创业教育体系。美国至少有 400 个学院和大学为学生提供一种或多种创业课程，许多顶尖大学还提供创业方面的学位。著名的哈佛商学院亦在这股潮流压力下，将必修的"一般管理学"改为"创业精神管理学"。在加州大学洛杉矶分校，创业相关课程更是多达 24 门。而巴布森学院是专门的创业管理 MBA 商学院。其他如芝加哥大学、麻省理工学院、斯坦福大学等名校也都专注于这一领域，以求在新经济的趋势中站稳脚步。可以说，硅谷的兴起与美国创业教育的发展不无关系。德国早在 1999 年就提出"要使高校成为创业者的熔炉"，其目标是每届有 20% 至 30% 的毕业生能独立创业。英国教育部门从中学开始就开设商业课程，培养学生的创业意识与创业能力。

在亚洲，日本在 1998 年就提出从小学开始实施就业和创业教育。印度 1996 年提出"自我就业教育"的概念，鼓励大学生毕业后自谋出路。目前，亚太地区在创业教育方面走在前沿的是新加坡南洋理工大学，该校在 2004 年英国《泰晤士教育增刊》的全球高校排名中名列第 50 名。这所学校还设立了科技创业中心，将创业学由管理教育中的一个分支发展成为一门硕士专业，教学重点放在如何创办企业，如何把中小企业做大做强上。该校的课程设置可以帮助学生了解如何解决创业过程中需要迫切解决的问题，诸如融资、财务管理、知识产权的评估、领导力、资本运作、收购兼并等等。尤其值得一提的是，他们在教学方法上非常注重实践，一方面在采用计算机实战模拟；另一方面，将学生直接导入创业的环境，为学生提供与成功企业家、政府官员、风险投资人、发明家、知识产权律师直接对话的机会。同时，在课程上也有一套帮助学生培养团队协作能力，提高逆商指数（即面对逆境的承受能力和克服困难的能力）的独到方法。

2. 中国高校创业教育情况

创业教育是对传统教育模式的挑战，创业教育从以教师为主、以课堂为主、以书本为主转变为以学生为主、以实践为主和以能力培养为主。这一转变是对传统教育模式的颠覆，使创业教育更具实用性、价值性。从本质上来说，高等院校通过创业教育，旨在揭示创业的一般规律，传授创业的基本原理与方法，以实现下述目标：培养大学生的创业意识与创业精神，培养大学生的企业家思维，提升大学生的经营素质与创业能力。或者说，创业教育的主要目的是帮助大学生建立创业理念，使其具备创业的基本素质与基本能力。

在中国，创业教育也得到了国家教育部门及高等院校的充分重视。早在 2002 年，教育部就确定了中国人民大学、清华大学、北京航空航天大学、黑龙江大学、上海交通大学、南京经济学院、武汉大学、西安交通大学等八所高校率先进行创业教育的试点工作，这些高校有步骤有层次地进行创业教育的探索，形成了"课堂式创业教育"、"实践式创业教育"以及"综合式创业教育"三种比较典型的创业教育模式。同时，国内其他高校也开始以不同形式大胆地进行创业教育方面的探索，诸如北京航空航天大学开设了创业管理学院，华中科技大学开设了科技创业选修课，浙江大学城市学院开设了创业孵化班……

尤为可喜的是，国际劳工组织还为中国大学生提供了创业教育项目（Know About Business，简称 KAB 项目）。这是为培养大学生的创业意识和创业能力而专门开发的新项目，它以在校大学生为主要对象，通过选修课的形式教授有关企业和创业的基本知识，帮助大学生树立企业家精神。另外，中国青年创业国际计划组织还推出中国青年创业国际计划（Youth Business China，简称 YBC 项目），这是由团中央、全国青联发起的一个旨在帮助中国青年创业的国际合作项目。YBC 项目参考总部在英国的青年创业国际计划（Youth Business International，简称 YBI 项目）扶助青年创业的模式，动员社会各界特别是工商界的力量为青年创业提供咨询以及资金、技术、网络支持，以帮助青年成功创业。

目前，这两个教育项目在中国高校都有很好的推广。截至 2007 年 10 月，KAB 创业教育（中国）项目已培训了来自 22 个省份 149 所高校的 300 名师资，在清华大学、中国青年政治学院、浙江大学等 50 多所高校开设了《大学生 KAB 创业基础》课程。从 2007 年起，已有千所高校在三年内推行 KAB 创业教育。YBC 项目自 2003 年 11 月正式启动以来，通过对创业青年的资金扶持和指导老师的创业辅导，走出了一条扶持青年成功创业的模式。根据 YBC 全国办公室最新统计，截至 2007 年 12 月，YBC 共扶持创业青年建立了超过 200 个中小企业，项目涉及广泛，包括中式餐饮、手工工艺、家政服务等 13 个行业，带动就业人数 3000 多人，其中 90% 的企业在正常运行。

上海交通大学的创业教育也很有特色：2007 年 5 月，上海交通大学推出的一门全新选修课程——"创新与创业"课，陆续引来了 1800 名学子报名，成为近几年来该校最热门的选修课。这个创业课程请来柳传志、江南春等一批业界风云人物担当讲师，讲述创业经历。同时，还请投资专家传授创业技巧，开设如何制定商业计划、如何融资等技巧性课程。学生的考试题目就是要完成一份创业方案。对于其中的优秀方案，学校还将牵线投资公司对项目给予资金支持。

（二）社会性创业培训与指导

大学毕业生走出校门后，社会性创业培训与指导也很重要。这对于毕业后的创业来说，往往更具针对性。劳动和社会保障部门制定了相应的扶持政策，对有自主创业和自谋职业愿望的高校毕业生，劳动和社会保障部门将提供包括项目开发、专家指导、创业培训、融资服务为一体的创业指导，以增强高校毕业生自主创业和自谋职业的能力。其中最为典型的是 SYB，这是中国劳动和社会保障部与国际劳工组织联合举办的一个培训项目，即"创办你的企业"（Start Your Business，简称 SYB）。SYB 面向那些

有创业想法并确实打算创办企业的人，为他们介绍开办企业的步骤，以及怎样完成开办企业的各项可行性调研。SYB 培训项目的目的就是让有创业意愿的人自己来演练实施创业的各个步骤，完成自己的创业计划书，并为其提供后续支持服务，帮助他们创建有生存能力的微小企业。SYB 将着力帮助创业者解决以下问题：一是帮助创业者了解就业形势和创业环境，掌握申办各类微小企业的方法和有关政策法规，激发自主创办微小企业的信心。二是使创业者掌握企业经营和管理的必备知识，提高自身创业综合素质。三是对符合贷款条件的创业者免费提供咨询指导，协助办理小额贷款手续。四是在开业过程中，积极为创业者排忧解难，提供相应帮助，协助创业者顺利创业。目前 SYB 的培训对象已扩大到高校及中专技校毕业生等新增劳动力，正逐渐成为大学毕业生创业之前的必修课。

另外，对于大学生的创业培训，各级政府的很多相关部门都在积极推进。诸如共青团长春市委在其举办的创业大讲堂活动中，邀请创业专家及企业家为青年传授有关市场调查、创业项目选择、创业计划书撰写、企业注册、运用法律知识及初创企业管理等方面的秘诀。活动还引入 SYB 培训项目，聘请具有培训资质的教师进行系统讲座，帮助青年形成科学的创业理念。在进行创业培训的同时，还向具备相应条件的创业青年发放 1 万—5 万元不等的小额担保贷款。

（三）创业的政策环境日渐向好

招商引资往往会强调软环境与硬环境。大学毕业生自主创业同样要关注创业环境。创业环境就是事业的土壤，而事业就如小苗，环境不好，小苗就会枯死，甚至被人为地连根拔起。创业环境可以总结为三大平台，即政策平台、服务平台与创业平台。总体来说，2009 年大学毕业生的整体创业环境要比从前优越得多，这对于大学毕业就创业来说是一个利好消息。

创业环境主要体现在以下五个方面：

1. 在开办手续方面的政策

很多大学毕业生在开创事业之前，往往会考虑是注册公司还是注册个体私营执照。不同的注册方式，在注册资金、开办程序、内部治理等方面有着不同的要求。通常来说，注册成有限责任公司要复杂一些，而个体私营执照则相对简单。所以，在这方面，大学生希冀最多的就是政府相关部门简化手续、放宽限制、提升效率，并在手续费用上能给予减免支持。

很多大学毕业生在创业开办上，既要求简单，又要求体面。要知道，好的企业形象有利于开展业务。在过去，这可能是个难圆的心愿。但是，现在这个问题却可以解决了。为了鼓励更多大学毕业生创业，很多省市都对创业企业注册降低了门槛，诸如长春市从 2009 年起，对近三年毕业的大中专学生、就业困难人员，政府将允许其以普通合伙的方式，试办承担无限责任的居民服务类、科技服务类企业，核发资金数额为 1 元、带有"公司"字样的营业执照；根据企业或个体工商户经营需求，允许在名称中冠以"长春市"、"长春"的词语；对高校毕业生从事个体经营符合条件的，将免收行政事业性收费，并提供税收优惠、小额担保贷款及贴息等政策扶持。

2. 营业税费等方面的优惠政策

大学生创业多以赢利为目的，但创业初期很可能根本没有利润，却需要不断地、持续地支付诸如日常营业成本、员工工资、工商费用、税金等方面的费用。在减免税费等方面，政府相关部门完全可以采取"放水养鱼"的思路，制定适度的优惠政策来扶持青年创业，帮助大学生奠定事业起步的基础。

我们有理由相信，全国各地各级政府会在未来几年中加大政策支持力度，大力扶持大学生创业。例如，为支持大学生创业，辽宁省各级政府出台了许多优惠政策，大学生自主创业可享受到税费减免、贷款贴息、政策培训甚至无偿使用办公场地等政策。

3. 资金方面的政策扶持

对于很多大学毕业生来说，资金是他们创业过程中最大的难题。2009年，国家相关部门又推出了关于对大学毕业生创业的资金扶持新政：在当地公共就业服务机构登记失业的自主创业高校毕业生，自筹资金不足的，可申请不超过 5 万元的小额担保贷款。对合伙经营和组织起来就业的，可按规定适当扩大贷款规模；从事当地政府规定微利项目的，可按规定享受贴息扶持。对于有创业意愿的高校毕业生参加创业培训的，按规定给予职业培训补贴。

总体来说，通过贷款政策扶持大学生创业的政策是利好的，这主要体现在以下两个方面：一是可加速大学生手中持有的科技成果或专利技术转化，快速解放科学技术这一生产力，使科技成果获得更多的市场机会；二是可解决一部分具有自主创意项目的大学生创业资金短缺的问题。所谓自主创意项目，是指那些由大学生自主开发的规模小、创意新、生存于市场缝隙中的经营项目，并且这类项目往往能够填补市场空白。帮助大学生解决部分资金，其意义不仅从物质上解决了大学生创业难题，更从精神上对大学生创业形成激励，激发大学生的创业意识，并培育大学生创业的市场氛围。

总体来说，大学毕业生创业扶持资金主要有以下四个来源：

第一个是政府相关部门的资金支持。中国各级政府财政部门、劳动及社会保障部门、就业服务部门、团委等部门会成为大学生创业扶持基金的协调者与落实者。全国各城市的上述相关部门纷纷落实了大学生创业小额贷款的服务业务，并且对大学生创业资金支持的力度还在不断加大。以长春市为例，为鼓励更多人创业，2009 年长春市加大了小额担保贷款扶持力度，新发放小额贷款 5000 万元。对劳动密集型小企业，当年安置符合贷款条件人员达到在职职工总数 30%（100 人以上为 15%）以上，并符合小额担保贷款有关规定的，小额贷款最高限额将由 100 万元提高到 400 万元。

第二个是来自职业院校的创业资金支持。很多高等院校在大量招生且面临就业压力的情况下，也开始从资金上扶持毕业生创业。2009 年 1 月，我国第一所美容高等学校——北京中国驻颜美容学院宣布，启动大学生零风险创业计划，设立扶持金 100 万元。这项计划得到团中央全国青年就业创业培训服务中心的支持，并且也是中国第一笔由民办高校出资设立的学生创业扶持金。这项计划旨在培养创新型人才，支持在校大学生创业，并以创业带动就业。为此，该学院还专门组建了创业管理办公室和创业指导顾问团。在这种模式下，创业学生与学院签订合作协议，以劳动承担创业风险，并与学校共享创业赢利。

第三个是专项基金支持。专项创业基金往往限于资助特定专业领域的创业者。在 2009 年上海市出台的促进毕业生就业举措中，"大力鼓励扶持自主创业"被放在优先位置，这与从前明显不同。不仅位置提前，而且新政频出，加大了对毕业生自主创业的扶持力度，拓宽了资助范围。原先上海市大学生科技创业基金项目的资助对象为应届毕业生，如今"扩大到毕业两年之内的高校毕业生"。这样就可以吸引更多年轻人创业，涌现出更多高质量的创业项目，创造更多就业岗位。此外，成功创业的高校毕业生在 18 个月的初创期内，符合条件的还可以享受房租补贴、社会保险费补贴、贷款担保及贴息的扶持，这也体现了政府部门对创业学生"扶上马、送一程"的理念。上海市大学生科技创新基金会还采取分类资助的方式，保持原有的一类资助，即根据学生申请的科技创业项目实际情况给予 10 万元至 30 万元不等的资助，但学生必须筹得高于资助金额的资金；此外，基金会还推出一种体验式创业，即学生只要有好的创业想法，通过评审后，即可获得 3 万元至 5 万元不等的资助，这一补充政策也是为了鼓励毕业生大胆探索创业之路。

第四个是民间企业出资。目前，很多企业纷纷出资设立"大学生创业基金"或"高校创业基金"。实际上，这已经成为企业履行社会责任的一个重要层面，同时也有利于企业树立其良好的社会形象。这样的例子很多，诸如青海利智达公司出资 200 万元建立"青海利智达青年创业基金"；七台河市宝泰隆（集团）倡议成立新兴区创业基金会，并带头出资 50 万元人民币；江苏金升实业股份公司与当地市妇联达成协议，出资 100 万元建立巾帼 SYB（"创办你的企业"）创业基金；网易在奥运期间举办"创业奖励大赛"，出资 100 万元建立创业基金奖励优胜者。

4. 创业辅导上的智力支持

应该承认，大学毕业生创业的成功率并不理想，究其原因是缺乏"选项"常识以及强大的业务拓展能力。很多大学生未经过市场调研就盲目投资，并且缺乏实战经验。大学毕业生想要成功创业，事前准备工夫必不可少，应先请教专业创业咨询机构或顾问，进行创业项目论证及业务拓展规划。并且，在创业过程中，同样也需要智力帮扶与指导。

过去很多城市缺乏大学生创业咨询指导机构，对于大学生创业来说是一个不利因素。不过，这种情况正在得到改观。为解决这个问题，为青年创业大学生提供一对一的智力帮扶，一些地方政府相关部门也开始行动起来，像就业服务机构、创业指导中心、团委等相关部门开始组建创业咨询专家团，为创业者提供创业咨询服务。比如辽宁省各市共青团组织及中小企业服务中心面向大学生开展了免费创业培训课程，聘请有丰富实践和教学经验的教师及工商、税务部门的专家，讲授创业认知、市场营销、项目选择、店面选址及工商注册手续办理等课程。

大学生创业指导专家团通常由热心创业教育、乐于为大学生成功创业进行指导与帮助，有丰富社会经验的各界人士组成。在创业专家团成员中，既有成功创业的企业家、企业中的高层管理者、投资及金融界人士，也有高校就业创业指导教师、政府相关部门的干部，还有咨询策划领域的实战专家，以及职业经理人等。创业指导专家团通常可以为创业者提供在线咨询、一对一辅导（电话、电子邮件、面对面等）、培训授课、专家会诊（案例分析、专题研讨）、项目分析、校园巡讲（公益讲座、现场咨询等）、模拟创业机会及创业实习实践场所等一揽子服务。

大学毕业生还可以借助网络的力量获取智力资源，如创业网、中青在线创业频道、天搜创业网等专业网站都设有专家咨询专栏，这也是一个集思广益的咨询平台。一些创富类平面媒体也设有创业咨询台，为创业者答疑解惑。可见，大学生创业已经有了台前幕后各式各样的智慧推手，渴望创业的大学生应当充分利用这些资源。

5. 创业硬件环境上的支持

硬件环境通常是指创业所需的基础设置，如营业、办公、仓储、交通、电力、供水等方面的基础设施及相关配套设施。这里的创业硬件环境，主要是指政府相关部门为扶持大学生创业而打造的创业园。打造专业的创业平台，不仅有利于政府相关部门管理，也利于帮助创业者降低创业成本、规避创业风险，并解决初创阶段的突出困难，扶植一批优秀的青年创业项目。

如今，很多地方政府都开始为大学生打造经过统一规划、统一管理的创业平台，诸如天津市的大港区滨海青年创业中心，建筑面积 1500 余平方米，设有 36 个独立办公空间，办公面积从 20 到 60 平方米不等，主要为开办中小公司的年轻人提供办公场所。该创业中心还面向大港区生态高教园区各院校在校大学生举办大规模的"大学生专场招聘会暨创业咨询会"，免费提供创业政策咨询，发挥创业孵化器的作用。再如，辽宁省政府斥资 1500 余万元，改建了 1.1 万平方米的省级大学生创业孵化基地。这个基地于 2009 年上半年正式启用，常年提供创业孵化间 80 间，向每个入驻的大学生初创企业提供 40 余平方米的配有电话线、网络和简捷装修的办公经营场地，仅收取低廉的物业费用，并且辅以政策咨询、业务培训等各项扶持服务项目，待一两年后企业成长稳定即予以放飞。政府相关部门通过上述这些政策栽下的梧桐树，必将有利于引来金凤凰，同时起到激发大学毕业生创业热情，使其安心创业的良好作用。

【阅读思考】

1. 就业压力重重，大学毕业生该如何抉择？你认为哪条路更适合你？

_____

_____

_____

2. 创业与就业这两条发展道路有何不同？主要体现在哪几方面？

_____

_____

_____

3. 大学生创业有哪三条路径？这三条路径各自的优势与劣势有哪些？

_____

_____

_____

4. 大学生毕业就创业的优势点、利益点与机会点有哪些？

_____

_____

_____

5. 什么是创业环境？具体来说，创业环境主要包括哪些方面？

_____

_____

_____

第二章
毕业就创业绝非易事

创业起始就像从几乎无路可通的丛莽中斩棘披荆，寻觅一处可能发现金沙的所在，然后淘尽了数千斤沙石，希望至少找到几粒金屑。

——［苏］斯坦尼斯拉夫斯基

一　创业与否要根据具体情况做出取舍

虽然本书以毕业就创业为主题，但并不鼓吹每个大学毕业生都选择创业。笔者认为，有理由支持20%的大学毕业生勇敢地走上自主创业之路。

有人说，创业是一个激情洋溢、充满乐趣的过程。在此过程中，人生价值会最大化地予以体现。实际上，并非完全如此。创业过程中固然充满了乐趣，但创业更是一个挑战不确定性的抉择过程。这个过程往往是艰难的，甚至是痛苦的。或者说，创业过程充满了苦与乐，而更多的是苦。阿里巴巴集团董事长兼首席执行官马云有句话说得很好："今天很痛苦，明天很痛苦，美好的总在后天。很多人在明天晚上就会死掉，大部分人可能今天就死了。"的确，第一章曾指出，大学生创业的成功率很低，据不完全统计，成功率在3%—5%左右。马云在谈及创业艰辛这一问题时，还说他和阿里巴巴每天的痛苦和郁闷远远超过了快乐。不仅马云有此观点，原盛大网络创始人陈天桥在谈及创业心得时，也坦承"盛大吃大苦换来大成功"。可见即便是企业已经获得了一定的成功，仍然要不断经历痛苦的磨难。要知道，在企业发展、改革与转型过程中，以及市场的冬天到来之时，其创建者、经营者难免会遭遇痛苦的袭扰。

大学毕业生如果想创业，就要对创业过程的艰辛与可能失败的创业结果有充分的思想准备。既要确认自己能够承受得起创业过程的艰辛，也要承担得起失败的结果与责任，这是进行创业的基本前提。在此基础上，大学毕业生还要围绕四个"三要素"，充分评判自己是否能够独立创业、是否适合独立创业。

（一）素质、能力、性格

苏格拉底总是说自己"一无所知"，他有一句名言，那就是"认识你自己"。每一个人都觉得很了解自己，其实并非如此。一个人想要真正认识自己很困难，所认识的往往是局部的自我。每一个人所完全认识的只是自己的面孔而已或者只是主观的自我，而并非自己的全部。克里希那穆提是印度著名的哲学家，他在《重新认识你自己》一书中有过这样一段精彩的论述：你认识你的脸孔，因为你经常从镜子里看到它。现在有一面镜子，在其中你可以看到完整的自己，看到自己心里所有的事情，所有的感觉、动机、嗜好、冲动及恐惧。这面镜子就是关系的镜子：你与父母之间的镜子，你与老师之间的镜子，你与河流、树木、地球之间的镜子，你与自己思想之间的镜子。实际上，这位著名的哲学家是想告诉我们一个道理：一个人只有在复杂的关系环境中，才能体现出真正的自我。因此，一个想走上自主创业之路的大学毕业生应当试着把自己放到一个复杂的创业环境与关系中去测量一下，这样才能获得关于自我的真知，确定自己创业成功的可能性。对于大学毕业生，自身的素质、能力、性格这三大要素是最重要的测量项目，这三个项目可评价一个人内在条件是否符合创业水准，更是决定创业成败的最基本要素。

1. 自身素质

翻开《辞海》，你就会看到"素质"一词有如下定义：①人的生理上的原来的特点；②事物本来的性质；③完成某种活动所必需的基本条件。笔者认为，素质应该是一个人的体质、品质和技能素养。对于大学毕业生来说，素质应采第三个定义，即大学生从事社会实践活动所应具备的基本条件与综合素养。总体来说，一个人的素质可以分为思想素质、文化素质、政治素质、身体素质、心理素质、审美素质和劳动技能素质等诸多方面。对于大学毕业就创业来说，创业素质可以理解为大学生进行创业活动所需要的基本条件与综合素养。

至此，本书始终未提及创业的概念。国家劳动及社会保障部等部门所倡导的创业概念是，创业是劳动者通过自主创办生产服务项目、企业或从事个体经营实现市场就业的重要形式。对于创业，经营者的素质很重要。那么，创业者要具备哪些素质要求呢？创业者要有适应创业环境的身体素质，身体是创业的最大本钱；创业者要具备应对挫折与挑战的心理素质，这样才能挺过难关，解决困难；创业者要具备拓展业务所需要的基本文化素质，知识是财富的源泉；创业者要拥有适应国家及社会形势发展的政治素质，商业活动也要遵循政治导向；创业者要具备经营领域的专业能力，这也是前文提到的从事自己所长的要义……

2. 个人能力

个人能力包括思维能力、行为能力和语言能力。思维能力包括思维组合能力、组合速度、思维行为沟通能力、思维语言沟通能力、语言行为沟通能力、理解力、判断力、分析能力、综合能力、记忆力、观察力、想象力等；而行为能力则包括模仿能力、灵敏度、力度、耐力、速度、听力、注意力、感知力等；语言能力包括语言速度、语言运用、字词组合、场合运用、提炼概括等。上述三种能力密切相关，其中思维能力起主导作用，其他两者又可以刺激思维能力的不断发展。对于创业者来说，最关键的就是三大能力：战略思维能力、战术执行能力和沟通融合能力。对比，为清晰起见特以表格的形式加以说明，见表2—1：

表 2—1   创业者应具备的基本能力

能力项目	具体构成分解
战略思维能力	战略思维能力、战略规划能力、战略组织能力、战略创新能力
战术执行能力	战术执行能力、策略谋划能力、策略实施能力、总结提升能力
沟通融合能力	语言文字能力、选人用人能力、沟通协调能力、社会交际能力

3. 内在性格

我们常说"性格决定命运",其实这话一点都不假。一个创业者要具备自我管理能力,最基本的、最关键的就是管好自己的"性格"。否则,可能会坏大事。那么什么是性格呢?所谓性格,就是一个人在对人、对事的态度和行为方式上所表现出来的心理特点,诸如英勇、刚强、懦弱、粗暴等等。另外,性格与人相关的还有以下诸多方面:态度、理智、情绪、意志。

从性格角度来说,性格外向、热情奔放、善于社会交往、敢于冒风险的人适合创业。当然,只要找到适合自己性格的事业领域,只要能够克服自己性格中的短板,不同性格的人都可以获得成功。或者说,不同性格的人,只要找到自己的合理定位都能够获得成功。当然,也有一些性格特征相对于创业而言是不利的,甚至具备这样性格特征的人不适合创业:一是惰性、依赖性极强的人,这类人往往缺乏激情与主动开拓的精神。二是容易感情用事、情绪容易冲动的人,要知道坏脾气很容易坏了好事。三是患得患失却又容易自满自足的人。这类人往往稍有收获便欣喜若狂,一旦遇到挫折就一蹶不振,情绪大起大落。四是缺乏主见、唯唯诺诺的人,作为创业者需要大智慧、大思维、大决策,这类缺乏主见的人容易迷失,甚至错失良机。五是固执己见又骄傲自大的人,这类人听不进别人的意见,容易被眼前的胜利冲昏头脑。六是胆小怕事又患得患失的人,创业需要冒险精神,每一次决策、每一个抉择都存在风险,患得患失的人会丧失很多成功机会;七是自私自利、利己主义严重的人,创业需要事业伙伴,业务拓展也需要合作伙伴，如果创业者自私自利，不愿意与员工、客户、合作伙伴及其他社会力量分享事业成果，那么事业迟早会垮掉。蒙牛集团的创始人牛根生说过一句话"财聚人散，财散人聚"，讲的就是这个道理。八是牢骚满腹且极度放纵的人，人人都会发牢骚，人人也都会有牢骚，但是牢骚不能发给员工、客户、合作伙伴，那样的话也会坏事。

还好，社会学家研究证明，性格是可以改造的。任何人都可以在实践中克服性格缺陷，战胜性格弊端，改变性格类型，丰富和完善自我。如果大学毕业生在性格上存在上述缺陷，但还是想创业，或者已踏上创业之路，则需要学会重用人才，借助他人智慧与性格来弥补个人的不足，并进行自我性格改造。

（二）机遇、商机、机会

成功绝对不是偶然的，而是在恰当的时间、恰当的地点，由恰当的人以恰当的方法做了恰当的事。或者说，成功要讲究天时、地利、人和。我们常说"谋事在人，成事在天"，指的就是一项事业的成功与否取决于两方面因素：一是主观努力；二是客观机遇。那么，通过主观努力能做什么呢？那就是大学毕业生要准确敏锐地捕捉商机，并在恰当的时机开始创业行动。同时，大学毕业生要努力提升自身的素质与能力，在机遇到来时才能够有所作为。

实际上，这里是在强调成功创业的另一个重要的"三要素"：发现商机、利用机会、把握机遇。

1. 外部机遇

所谓机遇，就是指事先所未料到的偶然性事件或机会。机遇的主要特点是其具有意外性，也可以用我们常说的"喜从天降"来理解。机遇的出现也有客观原因，偶然性背后有必然性和规律性。诗云："好风凭借力，送我上青云"，机遇发挥的正是助力的作用。有人做了这样一个调查，调查对象涉及 100 多个机构的 180 余名管理人员。其中有个问题是"对于企业及个人发展，机遇和努力哪个更重要？"结果有 81% 的被调查者认为"机遇与努力同等重要"，13% 的被调查者认为"努力更重要"，也有 6% 的被调查者认为"机遇更重要"。具体到企业的发展，问卷问"机遇对企业发展的意义如何？"有 71% 的人回答"意义重大"，27% 的被调查者认为"有意义"，只有 2% 的被调查者认为"意义不大"。可见，人们对机遇的认识和重视程度已普遍提高。但是，机遇出现之后能否把握，还要看创业者的素质与能力，恰如巴斯德所言："机遇只光顾那些有准备的头脑。"

如今，大学毕业生创业正面临着历史性机遇，诸如创业环境在 2009 年豁然开朗，这是"大机遇"，是所有创业者都可以获益的历史性机遇。对于不同创业者还会有各自的"小机遇"，这种"小机遇"则是个人独享的。当然，机遇可以来自社会（如政府、协会、社团、企业等），来自某个人，也可能来自市场。2009 年 2 月，《重庆晚报》刊载了这样一则新闻，身家 500 万的女孩蒋开平破产后回家养猪。她之所以创业两年就赢得 500 万身家，是源于创业中的一次机遇。2003 年，蒋开平职高毕业后，以 3 万元人民币作本钱在永川城区开了一家小服装店，但生意一直不好。2006 年，一次闲聊中，同学说有个亲戚是广州一家服装厂的高级管理人员，该厂生产的服装有一部分工序需拿到外厂加工，如绣花、缝制装饰品等。蒋开平敏锐地嗅到了其中的商机——当地农村有大量中老年妇女，她们都能做针线活，要是自己把技术学会，再回来教会她们，她们不是就可以替自己打工了吗？于是，蒋开平只身到广州学艺。半年后，她学成归来，与三人合伙经营创办了一家服装珠绣工厂。她负责技术，出任厂长。由于她对技术要求高、把关严，获得了大量业务，厂子很快由仅有几名工人发展到员工 50 多人。次年，蒋开平到厦门参加服装发布会。出人意料的是，她加工的产品吸引了新加坡、马来西亚、韩国等厂商的青睐，纷纷与之建立直接业务往来。不久，她成为工厂最大股东，并将厂子迁址更名，扩建为拥有工人 500 多名，专做外贸生意的大厂。她的服装厂当年产值就突破了 500 万元。

2. 市场商机

商机是指商业机会或市场机会，商机是财富之本。商机转化为财富必定满足五个"合适"：合适的产品或服务、合适的客户、合适的价格、合适的时间和地点、合适的渠道。商机具有很多特征：一是时间性，在某个时期是商机，在某个时期则已经商机不在，甚至有些商机是稍纵即逝的，转瞬即不复存在；二是规模性，具有一定的市场容量与市场潜力，或者具备一定的市场规模，而这种潜力足可以满足企业生存需要；三是现实性，通过创业可以捕捉并获取商机，同时还要可以通过商业运作获取商机带来的价值与财富；四是相对性，很多商机具有不可复制性，不可复制就是因为市场区域差别、经营者身份差别、经营环境差别等因素导致的商机存在的相对性。因此，对于大学毕业生来说，要想创业必须首先根据上述特征来识别商机，并判断这种商机对自己的价值。基于此，大学毕业生创业应尽可能捕捉独特的、现实的、成规模的、符合自身特征的市场机会。如此行事，创业后才能获得更好的商业回报。

3. 行动机会

对于"机会"，《辞海》中有两种解释：第一种解释是，行事的际遇时会，即时机。韩愈《与鄂州柳中丞书》："动皆中于机会，以取胜于当世。"陆游《感兴》诗："诸将能办此，机会无时无。"其中的"机会"都是"时机的利用"。对于创业，要谋时而动。所谓"时"，即时机，或者说在恰当的时间做正确事，也可以说是在有利的时机开始创业。机会也还有另一层含义，即事物的关键。《三国志·蜀志·杨洪传》："汉中则益州咽喉，存亡之机会，若无汉中则无蜀矣。"好机会总是易失难逢，因此创业者把握机会对成功的意义是重大的，可以说事半功倍。

机会也不是任何人都能够把握的，这要立足于一个人的素质与能力，或者说要有"实力"。并且，在把握机会的过程中，也必然会涉及必要的取舍，这就涉及机会成本的问题。机会成本是指为了得到某种东西而所要放弃的另一样东西。机会成本小的具有比较优势。简单地讲，可以理解为把一定资源投入某一用途后所放弃的在其他用途中所能获得的利益。因此，选择并把握机会成为创业制胜的关键。

（三）资金、资源、资本

创业是需要物质条件的，而不是"拍脑门"就能拍出财富，更不是拿脑袋去撞市场。我们通常所说的"没有投入就没有产出"说的就是这个道理，这也是创业再生产的基本规律。就如参加一场战斗一样，要想赢得战斗，必须拥有充足的武器弹药。资金、资源与资本这"三资"对于创业者来说，就发挥着武器弹药的作用。

1. 资金充足

可以说，资金是创业者最基本的武器弹药，也是企业得以持续运营的血脉。资金利用于企业再生产，支撑企业基本运营。但是，资金却成为横在众多创业者面前一道的最大障碍。因此，如果大学毕业生想创业，就必须围绕资金问题多问自己几个问题：我做这项事业需要多少资金支持？我如何获得这笔必需的创业资金？……如果缺乏自有资金，那就要考虑自己是否具有融资能力、是否有融资渠道。现在很多人往往喜欢凭借自己的自有资金滚动，哪怕难以筹措也不愿意"借钱"。实际上，创业完全可以从借钱开始。

那么，创业究竟需要准备多少资金呢？除了要拥有足够的启动资金，还要拥有足够的预备资金，以应对特殊情况。创业的总体资金准备要预留足够走过创业冬天的资金，否则很容易因资金链断裂而中途夭折。很多时候，创业初期的坚守就是对创业者毅力与资金实力的考验，如果没有充足的流动资金来支撑局面，可能等不到事业蓬勃发展就不得不提前关门了。实际上，资金不足已成为创业失败的最主要原因之一。

2. 资源丰富

所谓资源，就是指一切可被人类开发和利用的物质、能量和信息的总称。资源广泛地存在于自然界和人类社会中，是一种自然存在物或能够给人类带来财富的能源；或者说，资源就是指自然界和人类社会中一种可以用以创造物质财富和精神财富的、具有一定量的积累的客观存在形态，如土地资源、矿产资源、森林资源、海洋资源、石油资源、人力资源、信息资源等。对于创业者来说，不一定要拥有足够的自然资源，但却要有必要的创业资源。关于创业资源，可能包括原料资源、生产资源、商品资源、人力资源、人脉资源、技术资源、渠道资源、信息资源等等。如果创业者无法通过自有资金获得资源，那就可以考虑合作交换资源或者共享资源。创业者只有善于扮演资源整合者的角色，才更容易获得成功。如果做不到这一点，创业的结局则可能是可悲的。经营过程中如果缺乏有效资源，事业恐怕将无以为继，很容易断炊。

3. 资本雄厚

从广义上来说，资本是在复杂的经济和社会关系中，个人或企业拥有的货币、物品、技能、信息、特征、权力、声誉、形象等力量，凭借这些力量可以占据相互关系中的支配或主导地位，进而获得并拥有财富。对于初次创业，大学毕业生也要考虑自己有哪些创业资本，这些资本是否可以满足创业需要。有些大学毕业生创业是因为有家族资本支持，而有些是因为有很好的社会人脉资源，还有些大学生创业则是因为拥有独有核心技术……这些都是资本，都是成功的得力武器！

（四）毅力、耐力、定力

创业者只有信心与激情就想起跑还不行，还需要毅力、耐力与定力，这样才能跑完全程并取得好成绩。可以说，创业不是短跑而是一场马拉松，不仅需要毅力持久坚持，还要有耐力挺住痛苦，更要在比赛过程中专心致志、全力以赴。对于很多创业项目来说，如果没有1—3年甚至更长的时间，是难于见到明显回报的。因此，创业者能否度过这个严冬期至关重要。

1. 毅力坚强

毅力就是一个人坚定持久的意志和力量，即为实现既定目标而克服困难与障碍的能力以及坚持力。通往成功的道路往往充满荆棘，坎坷不平，会有许多障碍、险阻。毅力是实现理想的桥梁，是驶往成功彼岸的渡船，是攀上胜利巅峰的阶梯，恰是成功贵在坚持。有一年高考语文试卷出了一篇漫画作文，漫画表现的是一个人在挖井找水。他挖了很多井，有深有浅，但没有一口挖到水。原因是他每次即将挖到水时，他都以为这个地方不会有水，因而提前放弃了。于是，又寻找其他地方重挖新井。结果可想而知，他很可能永远也挖不到水。这个挖井人就是缺乏意志的典型代表。与此道理相同，创业者必须具有极强的毅力，否则在创业过程中就很难挺住。可见，毅力包括两个层面：一是坚持力，很多创业者都是在极其艰苦的情况下，苦撑到峰回路转转机重现的；二是突破力，要有极强的意志力去攻坚、去突破、去解决问题。

2. 耐力持久

耐力就是忍耐的能力，或者说承受力；不仅是身体上，还有精神上。创业要耐得住寂寞，禁得起诱惑。做企业就是要有这种坚持前行、不骄不躁的平常心。居里夫人有一句名言，"持久的耐力造就成功"，实际上这也是她自己成功的写照。居里夫人在丈夫去世后，没有放弃自己的研究，仍旧坚持不懈地努力和勤奋地工作，终于成功证明了镭的存在，取得了举世瞩目的成就。

对于创业来说，在失败与成功之间有一个临界点，我们可以把创业者容易遇到的这个令人痛苦和恐惧的"极点"称为"临界点"。而对付这个

"极点"，就更需要创业者懂得坚持的重要，而且还要学会非常聪明地坚持才行。一位创业者在回顾十几年前一次失败的创业经历时就很惋惜当时没有再坚持一下。当年，这位创业者和朋友合资开了一家小饭店，由于饭店需要追加的投资让他们觉得难以承受，所以他们在饭店将要度过难挨的成长期时，便把它转手盘给了别人。结果，让这位创业者痛心不已的是，他们手里的"吃钱机器"变成了别人手里的摇钱树。看来，百米短跑，需要冲劲；万米长跑，需要耐力。

3. 定力十足

定力其实就是一个人对物欲的克制力，这需要精神上具有极强的意志力。在许多情况下，都需要创业者具有保持平静心态的能力，以及自我控制能力。面对种种诱惑，一定要敢于说"不"。创业就如同驾驶一艘大船，如果掌舵者摇摆不定，就很容易翻船。也就是说，创业者在创业道路上不要左顾右盼。在没有完全做好第一件事的情况下，就不要轻易地去尝试另一件事情，这就是创业的"聚焦法则"。这无疑要求创业者具有一定的定力，在创业途中不能见异思迁，更不能见利忘本。马克思曾对资本的本性有过深刻的阐述：对一些唯利是图的资本家而言，如果有50%的利润，它就会铤而走险；为100%的利润，它就敢践踏一切人间法律；有300%的利润，它就敢犯任何罪行，甚至绞首的危险。也就是说，人的本性是贪婪的，或者说具有趋利性，很容易因利而变。对此，创业者必须勇于"禁欲"，在创业路上切勿花心而拈花惹草，否则企业必遭惨败。

二 毕业就创业的门槛究竟有多高

目前，虽然社会各界对大学生"毕业就创业"呼声很高，媒体也不断热炒，但实际上大学毕业生创业还是有很多门槛的，这也是大学生创业的障碍与困难所在。当然，这要因人而异、因项目而异。尤其值得一提的是，很多大学毕业生在人生观、价值观等方面还不成熟，这不仅说明大学生可能存在人格缺陷，而且也是一个不容忽视的创业障碍。本节将对大学毕业生创业的障碍问题进行深入探讨。

（一）毕业就创业的门槛

如果说大学生毕业就创业存在门槛的话，那是因为刚刚走出校门的大学生缺少一些东西，而这些东西可能与自身的基本素质、先天能力有关，也可能与外部资源有关，更可能与后天的历练有关。正因为缺少这些，才给大学毕业生创业增加了障碍，或者说会给大学毕业生创业之路增添几分曲折：

1. 资金短缺

资金对于创业者来说，就是下锅之米，要知道巧妇难为无米之炊。柳传志曾经说过这样一句话：联想在选择发展机会时，一向是考虑项目、资金和人三要素，有了好项目，投不起钱不能干；有了好项目，也有了资金，但是没有合适的人才也不能干。可见，资金是事业起步的最基本要素之一。然而，资金问题却是大学毕业生创业的最大障碍，很多想创业的大学毕业生缺乏必要的创业启动资金。在创业过程中，不可预见的情况随时都可能出现，因此还要准备必要的应急资金。笔者认为，创业者至少要按预算的125%准备资金，以应对经营之需。这就如战争中为确保战斗的胜利，要事先准备好预备队一样。

说到这里，读者朋友或许会问，不是有很多人白手创业、白手起家吗？在此，笔者建议大学毕业生不要迷信白手创业、白手起家，因为对于大多数创业者来说，白手创业与白手起家只是一个"神话"而已。现在流行"零资金创业"、"零成本创业"等口号，那么真正存在"零资金创业"、"零成本创业"吗？实际上，这样的成功案例很难找到。大学毕业生一定要保持清醒的头脑，不要轻信所谓的"零投入"、"零成本"，以防止在选项过程中上当受骗。

2. 经营管理经验严重缺乏

古语云：读万卷书，不如行万里路。这句古语正是在强调实践经验的重要性。大学毕业生刚刚步入社会，刚刚从校园里走出来。虽然在大学里也学习了一些经营管理知识，并且可能参加过社会实践、专业实习等，但是这点经营管理经验积累对于创业来说是微不足道的，无法满足创业管理之需。即便是选择就业，到了具体工作岗位上，刚毕业的大学生还要从头学起，更不用说自主创业了。因此，对于刚刚毕业的大学生来说，用不谙世事来概括虽然有些刻薄，但却很能说明问题。即便是那些在事业上功成名就的成功者，对自己创业后工作经验上存在的缺憾仍感叹不已。爱国者（aigo）的老总、年轻的企业家、清华大学的高才生冯军曾说："我最大的遗憾就是没有在大的外资企业工作的经历……"可见，大学毕业生要想创业，如果连项目规划、组织设计、财务预算、人员管理、销售管理等基本经营管理能力都不具备，那一切也就无从谈起了。

3. 人脉关系网络资源缺乏

人际关系专家卡耐基说过这样一句话：成功来自于85%的人脉关系，15%的专业知识。对于创业者来说，人脉关系就是生意，人脉关系就是财富！在创业阶段，由于企业的知名度不高、影响力不大，诚信形象也没有建立起来，要想获得生意并不是一件容易的事情。但是，如果拥有良好的人脉关系，则有利于改变这种被动局面。对于大学毕业就创业来说，最有"价值"的人脉关系不在大学同学之中，而存在于社会之中。大学刚刚毕业，同学间的人脉关系网络都处于构建之中，所以暂时恐怕可借力的关系并不多。也就是说，缺少人脉资源还涉及一个信用障碍问题。要知道，创业必须以"信"打天下。

4. 个人能力有待后天提升

能力包括思维能力、语言能力和行为能力，这是一个人的基本能力。大学毕业生否具备"创业细胞"，要看其是否具备创业思维与创业能力。对于创业者来说，要具备以下三种能力：第一种能力是专业能力，专业能力是指在创业过程中，与经营项目密切相关的专业知识、技术与管理能力；第二种能力是方法能力，方法能力是指创业者在创业过程中所需要的工作方法，是创业的基础能力；第三种能力是社会能力，是指创业过程中所需要的行为能力，与情商的内涵有许多共同之处，是创业成功的主要保证，也是创业的核心能力。大学毕业生先天具有的和大学里形成的只是基本能力，行为能力还需在后天实践中不断提升，并且实践是提升能力的最佳办法。当然，能力可以通过专门训练得到大幅提高，创业前可以对此进行训练专门加以提升。但如果在起步阶段就缺乏良好的基础能力，对创业来说不是一件好事。

5. 人生观与价值观尚未成熟

对于大学毕业生来说，其人生观、价值观对于创业的成败有着重要的影响。这直接关系到具体的处事态度。要知道，"态度决定一切"，自然也关系到事业的成败。刚刚走出校门的大学毕业生其人生观、价值观对于创业来说很可能是不正确、不成熟的。以下几种典型的人生观与价值观，对于创业来说就未必有利：第一种，追求享乐；第二种，追求安稳；第三种，个人利益至上；第四种，回避竞争……在创业态度上，只有做到以苦为乐才能成功。阿里巴巴集团董事长兼首席执行官马云在谈到创业的艰辛时说，他和阿里巴巴每天的痛苦和郁闷远远超过了快乐。但是，马云每天都把痛苦当作快乐，每天都在痛苦中煎熬，每天都不断与痛苦斗争。实在挺不过去，就睡一觉，醒来后再从头开始。正是因为有了这种对待痛苦的方式才能不断刺激创业者奋勇前进，最终获得成功。

（二） 跨越门槛并非不可能

罗曼·罗兰说过这样一句话：天才免不了有障碍，因为障碍会创造天才。确实是这样，在一个人成长与发展的道路上不可能一马平川，各种各样的问题会接踵而至，而有些人之所以成功，就是因为他能够成为一个问题解决高手。对于大学毕业就创业的青年来说，问题、困难、障碍也必然不少，但这些都可以想办法加以解决。

要知道，很少有企业是在万事俱备的情况下才开始着手创业的。面对创业门槛，可以拆除障碍或者跨越壁垒，当然也可以绕道而行。尽管方法与过程不同，但都可以解决各种创业障碍。

大学毕业生欲跨越创业门槛，可以考虑以下四种思路，并在创业过程中加以灵活运用：

1. 拆除——让障碍彻底消失

创业过程中的障碍，很多都是完全可以解决的，或者说可以彻底让障碍消失。就拿资金来说，大学毕业生可以有多种途径获得资金，只要对创业项目有信心。目前，对大学毕业生创业，各种小额创业基金都提供了相应的资金资助和解决方案。小额创业资金主要有四个来源，一个是政府设立的基金；二社会组织及社团的创业扶持基金；三是来自企业援助的创业基金；四是来自高校的创业基金。如果看准了一个项目，而缺少启动资金，就可以发动周围人，诸如向亲朋好友借钱。创业，完全可以从借钱开始。在此，可以明确地告诉读者朋友，只要不是"大投资"，只要项目能够让人看到前景，尽可以采取借贷或融资的方式获得原始资金。

2. 跨越——无视障碍

对于一些确实无法解决的创业障碍，可以视障碍为不存在，这是一种"冷处理"思路。对于创业，有哪些障碍可以这样处理呢？诸如创业遭到了亲朋好友的反对，而你短期内又无法向这些亲朋好友展示你已经过充分论证得来的对事业前景的预测，此时你就可以自作主张了。再如，有些创业项目可能过于超前，市场不认可。这就需要创业者进行市场启蒙教育，这可不是一件容易的事。在这种情况下，不要把其视为难事，只要努力去做就行了。洛阳春都的火腿肠曾经风行全国，但在最初起步时，消费者却不认这种产品，销售人员不得不拿着产品到市场上去搞品尝活动、去开发零售活动，最终叫响了市场。虽然后来春都因产品质量、资金等因素败落，但其市场启蒙教育的过程却值得创业者学习。创业者要拿出战胜困难的勇气，视创业阻力与障碍为无物，这样也可以有效解决很多问题。

3. 绕道——寻找其他路径

对于创业，有很多障碍即便再努力也无法直接解决，诸如一些法律、法规方面的政策壁垒。创业必须合法，也必须守法。这时大学毕业生可以考虑不再走"直线"，而是采取"曲线"之路——绕过它。诸如想做药品生意，手里有医药产品专利技术，而自己却无力投资建厂生产，更遑论通过 GMP 认证了。在这种情况下，可以采取贴牌加工的办法，委托具备资质与能力的工厂去生产，这样就可绕过 GMP 壁垒。再如，如果想做药品保健品零售生意，自己无力通过 GSP 认证，那么可以采取加盟具有经营与认证资质的连锁药店的办法来解决问题。在创业或经营管理过程中，自己解决不了的问题还可以想其他办法。诸如创新能力不足，可以延请技术人员；销售能力不强，可以聘用销售精英……总之，只要头脑灵活、信心坚定，很多障碍根本就不会成为问题。

4. 学习——以成功者为榜样

大学毕业就创业还会遇到很多软障碍，即创业观念滞后、创业知识匮乏、缺少实战经验等障碍。实际上，这些都可以通过学习与培训来解决。一个准创业者或正在创业者必须是一个善于学习的人，并且要做到"实时学习"。不仅要学习新的经营管理理念，还要研究其他企业及创业者的成功方法与失败经验。要知道，成功一定有方法，失败一定有原因。正如马云所说，创业者要"花时间去学习别人失败的经验"。如此行事，一定会有所斩获。毛泽东主席说得好，"把别人的经验变成自己的，他的本事就大了"。

三　正确理解专家关于创业的不同声音

对于创业，有三类专家的声音值得大学毕业生倾听：第一类专家是企业家。这些企业家对创业有切身体验，他们经历了企业由小至大的全过程，作为践行者自然有发言权。第二类专家是创业咨询专家。这类专家长期服务于创业企业，为企业创建发展提供顾问服务，对待创业问题能够理性、客观、多视角地予以分析与把握，并且具有丰富的实战经验。第三类是高等院校或研究机构的学院派创业教育专家。这类专家对创业理论往往有着很深的造诣，在创业理论上有着较为深刻的把握。这类专家适合给予大学毕业生创业启蒙教育。

对于上述三类专家的声音，大学生必须予以足够重视。否则，"不听专家言，吃亏在眼前"。不过，也不要因为上述专家发出"大学毕业不宜立即创业"的声音而捆绑了自己的手脚。只要做好了充分的创业准备，就可以独立创业，而不用畏惧不前。

（一）专家对毕业就创业的顾虑

专家对大学毕业就创业的顾虑不无道理。笔者盘点了一下，创业专家的主流观点是"先就业再创业"。

1. 大学毕业生与企业家相距甚远

大学生首先要成为一个创业家，然后才能成为企业家，这其间有很长的路要走。那么，什么是创业家？在西方权威的词典里，创业家被定义为"组织、管理一个生意或企业并承担其风险的人"。当然，在西方被认为创业家的角色有很多种，诸如单干户和小业主、关键合伙人、创业团队、专业人士、发明家、劳务工头、事业开创人、商业概念放大者、企业购并者、投机分子等等。斯坦福大学社会心理学教授卡洛尔·德维克（Dr. Carol Dweck）在《思维模式》一书中，为创业家下了一个很独到的定义：那些"见人所皆见，想人之未想，并使之发生"的人。这位教授还认为，"在改变世界、创造新产品和市场的过程中，困难和挫折是难以避免的。而面对这些挫折的态度，可以真正体现创业家的精神。认为每次挫折都是提升自身能力的机会，是通向最终成功的必经之路的人，才是真正的创业家。而抱怨'弃掉几十万年薪，选择创业，半年倒闭'的固定型思维模式拥有者，充其量只能算是创业投机分子，就算能获得侥幸的成功，也难以重复"。

企业家则是那些能够成功经营管理企业的创业家。对于大学毕业生来说，成为创业家不易，想成为企业家就更难了。网易创始人丁磊在一次校园演讲中，被问到对大学生毕业就创业这一现象有何看法，丁磊严肃地表示，"非常反对毕业后马上创业"，"因为成功率非常低，中国目前的教育体制还不足以使大学生一毕业就能成为一个成功的企业家"。这里，专家担心的是大学毕业生连创业家都做不了，更难于成为企业家，又何谈成功经营管理企业？

2. 大学毕业生应先就业再创业

前文已经谈到大学毕业生创业的障碍问题。正是因为这些障碍的存在，才有很多专家建议大学生毕业工作两三年后再去创业。2008 年 12 月，谷歌（Google）全球副总裁、中国区总裁李开复在杭州给大学生进行演讲时，就大学生提出的毕业就创业问题明确提出了自己的观点："我不赞成刚毕业就创业……刚毕业的大学生千万不要认为毕业后就可以创业了，可以去开公司了，可以去改变世界了。也许在1000个想创业的学生里面只有1个合适创业，999个都不合适。为什么？你还没有足够的经验。在任何一家大公司工作的人，他90%的知识是在工作中学到的，只有10%是在学校里学的，所以你们的学习在毕业之后才刚刚开始。先就业，学习企业运行方式，积累人脉和经验，再去创业也不迟。而且现在是金融危机，融资很困难，不如在这段时间里先锻炼，等低潮过去，经济复苏更适合创业。"

无独有偶，2006年11月，分众传媒董事长江南春在南京某论坛上也谈及对大学生创业的看法。江南春说："就我个人而言，首先不赞成退学创业。同时，我也不赞成大学生比较盲目地一毕业就创业。"其理由是："首先，创业仅仅有激情还不够，激情不等于能力。虽然激情是一种催化剂，它能调动创业的综合素质与各方面的潜能用于创业。但激情过多容易对创业过于乐观，加之没有工作经验，在其内心还没有建立一套个人经验判别体系，导致对创业项目难有全面、客观评价。在此情况下，对于社会关系简单的大学生来说，创业基本上等于空手打'江湖'，成功率低。"江南春还建议大学毕业生，"如果没有适当的贮备，那就选择就业，而保持创业意识。大部分刚出校门的大学生，不仅行业知识、管理经验、社会阅历等诸多方面都有所欠缺，而且对自己的认识也往往不够彻底，更不知道自己能干什么、适合干什么、喜欢干什么。因此，大学生在创业之前，最好是先找一家公司或组织打工，体验别人的创业过程，积累管理经验。对一个行业熟悉之后，创业的成功率就相对较高"。

（二）"不提倡"不等于"不行"

很多专家对大学毕业就创业发出了"不提倡"、"不鼓励"的声音，大学毕业生对此必须予以理性对待，要充分理解专家的本意。

1. 专家是在创业环境不成熟的情况下提出的建议

实际上，这些专家除了忧虑大学毕业生自身的素质、能力、经验、资源等要素外，更忧虑的是创业环境。大学毕业生在创业人群中是一个弱势群体，而过去很长的一段时间内，政府及社会对这个弱势群体创业缺乏相应的政策支持，或者说缺乏具有针对性的政策倾斜。大学生创业不应仅享受普通的政策，确实需要有特殊的优惠政策。不过，从 2007 年以来，大学毕业生创业政策环境日趋好转，尤其是 2009 年更有大幅突破。

2. 专家是针对 80% 大学毕业生作出的建议

要知道，这些专家的观点针对的是"通常情况"，而不是"特殊情况"。或者说，专家的声音对 80% 的大学毕业生可能有益，而对于 20% 已经做好充分准备的大学毕业生来说，尽可以按自己的商业计划进行创业。事实上，无论是国外还是国内，大学毕业生中能有 20% 的人成功创业就很了不起了。对自己的创业项目有信心的大学毕业生应当勇敢地行动起来，走上自主创业的道路，争取成为那 20% 中的一员。

3. 专家提出反对是因为其体验到了创业艰难

提出反对意见的一些专家即是创业的早期践行者，即那些成功的企业家。他们不但感受到了创业的艰辛，也了解创业需要哪些必备条件。因此，他们会利用自己的经验与教训，针对大学毕业生创业提出中肯的建议。但由于这些专家与拟创业大学毕业生的创业环境、创业项目、市场趋势等要素皆可能存在很大差异，因此很多情况已是时移势易，不可同一而语了。时代不同了，很多东西都变了。在这种情况下，建议大学毕业生做出理性的比较与鉴别，然后再判断是否采取创业行动。

4. 请专家为你的创业进行量身测评与评估

由于大学毕业生经验、能力、资源等创业要素不足，因此创业行动更需要谨慎。大学毕业生创业可以邀请创业指导专家，与其结成帮扶对子。除了帮助大学毕业生对创业项目进行测评与评估外，还可进行一对一的指导与帮扶。这种指导与帮扶最好是全程性的。如果专家能够长期跟踪某一创业项目，就可以为创业者提供更大的帮助。

四　激情固然重要　理性更为关键

俄国生理学家、心理学家、高级神经活动学说的创始人巴甫洛夫说过这样一句话："当你工作和研究的时候，必须具有强烈的激情。"19世纪法国杰出的批判现实主义作家司汤达对激情的作用描绘得更是出神入化："在热情的激昂中，灵魂的火焰才有足够的力量把创造天才的各种材料熔于一炉。"那些对创业激情有着深刻体会的成功企业家对此同样深有感触：新浪的创始人王志东、阿里巴巴的创始人马云都这样认为，创业的首要条件是"创业激情"，或者说那种"这件事如果不做，你会很不甘心"的情绪。比尔·盖茨曾说过这样一句话，"我们公司的核心文化就是激情文化，员工需要有激情才能全身心地投入到工作中去，而技巧是可以培养出来的……"微软公司的创办正是源自于比尔·盖茨的"不做就一辈子都不会甘心"的创业激情，为此他放弃了学业，全身心地投入到了软件创业的理想中，最终成就了举世闻名的微软公司。实际上，专注地投入就是激情的最核心体现，只有这样才能获得成功。

2004年4月9日，王志东作为大学生心目中的创业英雄，在南京大学商学院与同学们进行即兴对话时，有大学生提到了创业条件问题，王志东指出可以通过六项指标衡量创业条件是否具备，包括：对确定的业务是不是有足够的创业激情与信心；相关技术与市场是不是基本成熟了；能不能充分地利用原有的资源，"最好能把我出道十几年的经验都用上"；项目有没有足够的难度，以便"把后来者挡在门外，也让自己更难退出"；有没有一个志同道合的团队；等等。其中，是否有足够的创业激情是很重要的一点。对于大学毕业生来说，创业的核心优势就是富有激情，因为他们正处于"激情燃烧的岁月"。不过，大学生创业普遍存在理性不足、冲动有余的问题，这个问题值得大学毕业生特别加以注意。

（一）缺乏激情事业将成为死水

对于创业者而言，做事业需要轰轰烈烈，需要富有激情。创业者的激情不仅对自己起到激励作用，对于其他追随者来说，亦具有很强的感染力。在电视连续剧《亮剑》中，体现了这样一个主题：指挥官的精神对士兵精神有着重要影响，乃至对整个部队的战斗力产生重要影响，这种精神就是一种激情。一个富有激情的创业者会带动整个创业团队以最激昂、最饱满的热情投入到到战斗中去，使创业团队战斗力最大化，这样的企业岂有不胜之理？反之，如果创业团队缺乏活力，事业必成一潭死水。

1. 解读激情的真正内涵

对于创业者来说，激情内植于创业者的精神骨血中，且它是追求成功过程中最为珍贵和稀缺的因子，拥有激情的创业者永远都会走在为创业而奋斗的路上，并享受创业所带来的乐趣。那么，什么是激情？激情就是对一切事物充满积极情绪的心态和行动。也可以这样说，激情是一种态度、是一种精神、是一种动力，激情是热情、是执著、是投入、是梦想。当然，这是对事业而言，而非生活。需要强调的是我们通常说的"三分钟热情"绝不是真正的激情，真正的激情富有持久性，这才是一个真正的创业者所应具备的。这里，借马云的话与青年创业者们互励共勉："短暂的激情是不值钱的，只有持久的激情才是最赚钱的。"

2. 激情成就创业梦想

大型电视创业节目《赢在中国》有这样一句口号：创业改变命运，励志照亮人生，激情成就梦想。的确如此，激情可以点燃创业的火种，甚至让事业的明灯永不熄灭。激情就像不灭的火焰，一次又一次在年轻创业者的心中燃烧，激励着他们为之赴汤蹈火奋力前行，直至成功的彼岸。对此，那些成功的企业家最有发言权，每个企业家都有自己的创业故事。这些故事或奇迹往往都具有以下共性，即激情、冒险，甚至是疯狂。而这些企业家回首往事时，大多会表示：要成功，坚定的信心和创业的激情不可或缺。

在此，我们来看几位成功的企业家如何理解与看待激情：相信很多读者朋友都知道孙正义，在1981年，23岁的他成立了软体银行（以下简称软银），走上了自主创业的道路。迄今为止，软银投资过约800家互联网中小企业，在过去十年中的投资回报达九倍之多，是网络业中全球投资回报率最高的企业。在孙正义投资的互联网企业中有100家已经破产，但绝大多数生存了下来，相当一部分诸如阿里巴巴、雅虎等互联网企业更取得了超级成功。在他看来，失败的企业与成功的企业相比，除了运气以外，主要的区别在于管理层是否有创业激情。那些成功的企业凭借创业激情，总是能够吸引人才，找到解决困难的方案，渡过难关。其实，这不仅是孙正义的观点，更是他创业的体验。孙正义的创业方式就是先有激情，然后设立愿景，最后确立战略。如今，他又有了新目标：让自己的企业成为全球最大的移动互联网企业，亚洲第一的互联网企业。虽然营商环境复杂多变，战略的不可确定性也在增加，但是孙正义有信心用激情、意志不断挑战自己，相信最终他仍会收获丰富的成果。马云也有类似的创业心得：虽然阿里巴巴取得了很大的成功，但仍然不断面临挑战，马云自言觉得郁闷的时候比起快乐的时候多得多。但他认为，为了这一点点快乐，值得付出激情。看来，还是泰戈尔说得好："激情，这是鼓满船帆的风。风有时会把船帆吹断，但没有风，帆船就不能航行。"

3. 要激情不要冲动

并非所有的激情都是有益的。如果激情超越了现实，那么激情就成为魔鬼——冲动。需要说明的是,冲动是激情的一种表现形态,是一种非理性的情绪。或者说,激情也有两面性,有其天使的一面,也有其魔鬼的一面。法国著名的思想家卢梭说过这样的话:"所有的激情都是有益的,只要我们是它们的主人。所有的激情都是有害的,如果我们成为它们的奴隶。"可见,只要激情不超越理智,没有践踏理性,激情对于创业者来说就是有益的,否则就表现为其极限状态——冲动。相信读者朋友都知道"冲动是魔鬼"这句话,冲动往往产生不理智、不理性的行为。冲动是人的情感特别强烈、理性控制特别薄弱的一种心理现象。冲动既可以表现在思想意识上,也可以表现在行为上。在大多数情况下,冲动是一种对创业者无益的负面行为,诸如在行为上表现为做事不假思索、感到厌烦、草率鲁莽、不计后果、急于求成,或行为具有挑衅性等诸多方面。因此,创业者只有远离冲动,才有可能取得成功。

(二) 创业:理性第一,激情第二

尽管不同创业者的初次创业背景不同,但所经历的创业道路却大同小异:事业之路坎坷,心理之路波折。对于初次创业能否成功,创业者在思维与行动上的理性程度至关重要。关键一点,就是理性要优先于激情。否则,风险与危机或许会接踵而至。

1. 非理性创业危机

根据多年研究实践,笔者认为非理性创业主要体现为 11 种情况:一是冲动型创业。没有经过认真酝酿便心血来潮开始创业行动,创业需要激情但不需要冲动。二是"红眼"型创业。看别人赚钱,于是自己也要创业做老板,不考虑自身素质条件或时机是否成熟,执意模仿。三是宽泛型创业。创业起步便同时操作多个项目或者跨行业经营,没有核心项目或核心产品,做市场时不讲策略四面出击。四是模糊型创业。认为企业小或者企业内都是熟人,不需要讲规则、定制度。五是超限型创业。创业超越自身能力，包括资金能力、资源调度能力等等，或违背国家政策，诸如从事国家限制或不鼓励的产业领域或项目。六是依赖型创业。创业者不具备主营业务拓展能力，而过度依赖于他人，诸如依赖于职业经理人、知识产权持有者等，要知道初次创业最需要创业者独立决断。七是惰性型创业。做"坐商"而不努力做"行商"，主动开展业务、拓展市场的意识弱，或者仅凭广告等待业务上门。八是完美型创业。凡事追求完美，却不知完美也需要成本，过分注重企业基础建设，总想一鸣惊人，而导致蓄势周期过长。九是情绪型创业。创业者情绪波动剧烈，影响工作气氛与战斗力，或常被表象迷惑。十是短视型创业。目光短浅、行为短期，总是看着眼前的蝇头小利，甚至施展小伎俩欺骗合作伙伴、客户、员工，殊不知"小胜靠智，大胜靠德"。十一是自恋式创业。创业者过高估计自己的项目，不积极改进反而总担心产品或服务供不应求。

2. 初次创业的常见问题

为什么要强调理性？就是因为初次创业经常会产生上述非理性行为，并遭遇一些难缠的问题，以及各种潜在的、突发的风险。下面的问题有很多是初次创业者容易遭遇的：一是失败或其他坏消息。创业者的思想、观念往往经过失败才能有所醒悟并改变，创业也是一个否定之否定的过程，不经历风雨怎能见彩虹？二是遭遇人事危机。包括来自合伙人、股东、员工的人事危机，如退伙（股）、跳槽、利益纠纷等等。三是资金周转困难。因资金准备不足或资金占用导致的资金暂时断流，甚至短期内难以支付员工工资。四是遇事难于决策。因为害怕决策风险，以及由此带来的后果，不敢轻下结论，越是企业发展的关键时刻越容易出现这种情况。五是新的事业机会诱惑。如果创业者心猿意马、三心二意，总是无法抵御来自市场或合作伙伴的利益诱惑，就很可能前功尽弃。六是遭遇不公平竞争。诸如在工程、材料、招投标等方面存在的很多暗箱操作的"潜规则"很可能成为创业者成功的障碍。七是来自竞争对手的暗算。竞争对手的恶意竞争手段很多，诸如向客户传播流言、刊登负面新闻等等。上述所有问题都不可怕，关键是以积极、理性的心态去面对就能够解决问题。

3. 非理性创业风险暗藏

大学毕业生初次创业自然也暗藏着巨大的风险，这不同于二次创业（或内部创业），因为二次创业是企业为了寻找新的市场机会与经济增长点而开拓新领域，此时企业已经完成了资本的原始积累和资源的积累。而初次创业很可能资金也不充分、资源也不完备，这大大降低了初次创业的"免疫力"，经营风险也就容易找上门。那么，初次创业主要有哪些特征性风险呢？主要有五大风险：一是政策风险，诸如国家及地方性法律法规、产业政策的限制，特别是临时出台的法规条令，对创业企业的打击更大。二是决策风险，不同的决策方案有不同的机会成本、不同的机会风险。三是市场风险，这是核心风险，如更强势的竞争对手出现导致竞争加剧，市场形势变化。四是扩张风险，诸如企业规模扩张、经营领域扩张、项目扩张等。如果扩张盲目，不能与企业能力、市场需求合拍，是极其危险的。五是人事风险，其实人事风险不仅表现在使企业组织不能正常运行上，还表现在当员工被企业弃用时，转投竞争对手所带来的危害。

4. 理性创业的核心规则

大学毕业生初次创业所面临的问题必须解决，风险也要尽量规避，这就是理性创业的理由。关于理性操作，核心建议如下：一是初次创业必须确定利润模式，找到利润点，要有明确的利润来源；二是要做最糟糕情况下的运营预算，而不是以理想的数据来做预测，要防止投资预算偏差、市场预测失准、成本估算偏低等现象，过于理想化必然导致预期效益偏高或备用资金不足，出现问题时措手不及；三是要有整合资源的能力，初次创业要团结一切可团结的力量，打造优势互补的利益共同体，以此降低成本，提升运营效率，使企业运营事半功倍；四是各种资源链条不能断裂，这里的资源是指原辅材料、人才、产品、资金、渠道等要素，为做到这一点企业必须降低对某些资源的依存度，或者具备调动、牵制资源的能力；

五是产品潜力，无论是有形产品还是无形产品都必须具备市场潜力与市场价值，这关系到市场成长性，产品成长性差创业也就难于成功；六是创业所依凭的技术应为成熟技术，不应是伪科学技术、实验室技术、淘汰技术，或者政府禁止或不鼓励采用的技术，否则创业很难成功。

或许一些读者朋友会问，初次创业有没有捷径可走？不能说没有。其实所谓捷径就是借助外力或外部资源降低创业成本、加快企业成长速度、提升企业运营效率，最终提高企业创业成功率。初次创业企业有很多起步于特定的发展模式，诸如特许加盟、代理知名品牌产品、贴牌生产产品、为大企业配套、利用已被认可的市场形象或概念开发新项目等等，所谓捷径也不过如此而已。但是，走这些创业捷径也有其艰辛的一面：上述模式下，创业企业都依赖于其他企业主体（或者说合作伙伴），万一"皮之不存"，到时"毛将焉附"？同时，尽管不同模式对合作伙伴的依存度不同，但必须具备足够的应变能力。更为关键的是，这种依存式创业一旦出现合作危机，风险是致命的，甚至有可能被彻底"断奶"。因此，对于创业企业而言，最好的办法就是快速成长，快速学会独立行走。

同时，大学毕业生也应看到，这些所谓的创业捷径也需要跨越很高的门槛，需要付出很大代价。对于初次创业，走不走捷径并非能否成功的决定性因素，关键是理性：理性思考、理性规划、理性执行。

五　创业不要被别人的成功故事所迷惑

每一个企业都有属于自己的创业故事，不管企业是大是小，也不论企业是成还是败。可以说，每一个企业都有其各自的酸、甜、苦、辣。创业是一段精彩的故事，或凄婉，或悠扬，或低沉，或高亢。但更多的是悲喜交加，因为创业本身就是喜怒哀乐组成的交响曲。蒙牛被誉为中国市场上高速成长企业的楷模，但蒙牛的成功背后却隐藏着无数耐人寻味的故事，要不怎能有那么多揭示其创业艰辛与经营密钥的畅销书问世？马云如今成为中国乃至世界的创业英雄，但他也有过多次创业经历，几经成败才有了今日的辉煌。正因其来路艰辛，创业故事才更加丰富多彩，才更加婉转动人，甚至催人泪下。对此，马云说了这样一段话："外人看到的都是企业家光辉灿烂的时候，其实他们付出的代价，谁知道？我们所经历的，大家看到辉煌的一面只占20％，艰难的一面达80％，五六年以来，我们都是一路挫折走过来，没有辉煌的过去可谈。每一天、每一个步骤、每一个决定都是很艰难的。别人看来，我们这一年发展这么快，其实是这一年内我们积累了五年的经验，而且我们付出的比人家十年的还要多。"

很多读者朋友都知道周鸿一，他是一位年轻有为的职业经理人，曾任职于方正集团、3721公司、雅虎公司、IDGVC（国际数据集团风险投资基金）。对于想创业的青年，周鸿一有一个善意的提醒："不要被成功企业所编写的创业故事所迷惑，因为那里讲的都是一个企业成长过程中过五关斩六将中最精彩的部分。"或许看了下面的故事，读者朋友从中会有所感悟：一位富于传奇色彩的白手起家的千万富翁在接受电视记者的采访："嗨！我叫比尔，我是乡下人，我刚来华盛顿的时候，就拿着一个行李箱和我的烟斗，于是我有了今天的成就！"观众席人声鼎沸，人们用掌声、欢呼声来表达对比尔先生的敬意和崇拜。比尔微笑着享受鲜花和掌声……采访结束，有记者心有不甘私下问比尔"你的行李箱里真的只装了那些东西？"比尔得意的小声回答："我的行李箱装的是200万美金。"……

（一）别人的故事是"魔法书"

别人的成功故事就是一部神奇的魔法书：在有些人那里是一本励志书，而在有些人那里则会成为催命书。为什么这样说？别人的创业故事如同一针兴奋剂，如果创业者因受到激励而过度亢奋，就很可能盲目起跑。这种情况下的创业很容易因冲动而惨败。因此，我们说别人的成功故事如同一部魔法书，既有营养，又有毒性。

那么，创业的大学毕业生如何去读这部魔法书呢？

1. 别人的成功可借鉴

对于别人的成功经验熟视无睹肯定难获成功。因为那是别人用金钱甚至是血泪换来的宝贵经验，肯定有值得大学毕业生学习与借鉴之处。无疑，这可以让大学毕业生在创业途中少走很多弯路，前车之鉴不可不知。作为初次创业者，要知道弯路意味着财务成本、时间成本、机会成本的损失……那么，大学毕业生应该学习借鉴哪些内容呢？主要有以下几个方面：一是学习创业精神，用以励志；二是学习商业模式，用以做事；三是学习创业经验，用以省身……不过，学习不是目的，关键是消化、吸收，乃至理性应用，这都需要创业者很好地予以把握。

2. 别人的成功不可简单模仿

相信很多大学毕业生都看过名家创业类的访谈节目，现场很多主人公在谈及创业历程时往往会潸然泪下，或是悲伤的眼泪，或是幸福的眼泪，可谓感人至深；创富类报刊上更有很多"白手起家"的传奇致富故事让人心潮澎湃、跃跃欲试；企业家传记类图书多年来的持续热销，也说明读者希望从中觅得创富真经的需求有增无减。不过，需要注意的是，大学毕业生千万不要误读这些创业故事，不要被主人公的创业经历误导，更不要轻易地模仿与复制。因为创业背景、政策、市场都发生了剧变，很多东西已无法复制……况且大学毕业生所了解的别人的创富故事可能只是一个侧面或局部，而全貌你可能永远不会知道。因为有些事情将永远埋在成功者的心里，诸如资本积累过程中的"原罪"不便于公开，创业企业内部的矛盾与斗争可能永远无法披露……这一切都将注定，模仿别人去创业很难获得你期望的辉煌。

（二）真正把握别人的故事要领

改革开放30年来，中国几代创业英雄的传奇一次次被人们记起，张瑞敏、柳传志、马云、牛根生、史玉柱、潘石屹……关于这些创业成功者的图书多达数十种。读着他们的成功故事，无数青年的创业热情也被激情点燃。对于别人的创业故事，大学毕业生不仅要知其然，还要知其所以然，真正把握别人的创业故事要领。这样才能做到去粗取精，有批判地吸收与借鉴，进而做到为我所用。因此，初次创业者应该正确理解别人的创业故事，而不是盲目崇拜成功者或者对前人经验完全采取"拿来主义"：

1. 把别人的创业精神当成励志书

什么是创业精神？对于真正的创业者来说，创业精神就是从零开始创造财富的拓展精神。创业精神包括三个层次：创业意识、创业勇气、创业毅力。对于大学毕业生来说，是否具备创业精神，要看其是否有创业的想法，还要看其是否有勇气行动，更要看其能否在困难重重的创业道路上坚持前行。

在中国，自古以来不同地区的商人都有其独具个性的商业精神，这也包括创业精神。诸如对于创业，潮商体现出来的是"敢拼敢闯"的创业精神，浙商体现出"敢于冒险犯难"的创业精神，而晋商所体现的是"勤俭吃苦"的创业精神，徽商在创业精神上则更显得"灵活善变"。再来看看最善于赚钱的犹太商人，他们的创业精神则是"勤俭敛财"。不同的成功商人由于个性不同、环境不同、经历不同，所体现出的创业精神也不相同，如马云的创业精神体现为狂热、专注、执著，牛根生的创业精神体现为逆境突破、永不服输、积极进取，史玉柱的创业精神则体现为大动作、甘冒险、重豪赌。因此，对于创业者，关键是学习他们的创业精神，用来激励自己在艰难困苦面前不断前行。

2. 把别人的创业历程作为参照物

在《战国策·赵策一》中，有这样一句话："前世之不忘，后事之师。"这句话可以解释为"记取从前的经验教训，作为以后工作的借鉴"。对于任何一个成功者，成功必然有方法，而对于失败者则一定有失败的原因。可以这样说，别人的成功故事都是历史，而历史却是一面镜子。创业者要从别人的创业轨迹中勾勒与规划自己的创业计划。这样创业者就不会盲目乐观地着手创业，在遭遇困难与挫折时也可以以正常心态冷静对之。这样，一切都在有精神准备与物质准备下进行，遇到突发问题也可泰然处之，这对于创业者来说至关重要。

3. 把别人的创业思维作为模拟器

创业关键在于谋局、布局、控局，创业者必须具备全局性、战略性的"老板思维"。所以，不要把别人的创业思维当成自己的创业路线图，那样做根本行不通。不同的人思维方式不同，有些人的客观，有些人的主观；有些人的中正，有些人的偏激；有些人的缜密，有些人的粗豪……但不管是哪类思维模式，作为创业者都要具备以下特征的思维能力：战略性思维、创新性思维、跳跃性思维、成长型思维等。在此，强调一下成长型思维，成长型思维与固定思维不同，它是由斯坦福大学社会心理学教授卡洛尔·德维克在其著作《思维模式》中提出来的。对于初创的企业来说，要乐于拥抱而不是忽略外界的舆论批评，去接受而不是抵制外界环境的改变。所谓"投诉你是投资你"，正是创业企业应该具有的成长型思维模式的体现。思维方式是可以训练、可以学习、可以改造的。对于初次创业者来说，在思维方式上很难做到"成熟"，因此学习其他成功创业者的创业思维至关重要。

4. 把别人的创业问题作为演武场

别人的创业故事中最值得关注的不是结果，而是过程、细节与方法。因此，大学毕业生要积极探寻别人创业过程中的优势点、劣势点、机会点与问题点，认真研究成功创业者是如何利用优势点、把握机会点、消解劣势点、解决问题点，才能学到别人创业的真功夫。实际上，这也是MBA创业课堂上经常出现的教学内容。也就是说，大学毕业生把别人的创业过程理解为MBA教材就离成功不远了。

（三）专心写好自己的精彩故事

在"开复学生网"更名为"我学网"的仪式上，网站创办者、谷歌前全球副总裁李开复说了这样一句耐人寻味的话："我最担心的是'创业明星'的经历会误导很多大学生，让他们走上不该走的路。"无疑，这提醒着准备创业的大学毕业生不要盲目崇拜成功者，否则容易把自己弄得走投无路。"走别人的路，让别人无路可走"，这是人们的一句戏谈，但在事业领域却经常可以看到这种情况，其结果却很可能是使自己无路可走。对于大学毕业生而言，你的道路可能与那些成功者的道路迥然不同。不一样的道路就是不一样的人生，我们没有必要也不可能生活在别人的影子里，走出自己的路，才能拥有自己的精彩。

大学毕业生初次创业一定要写好自己的三本"书"：

1. 创业计划

创业计划书（也称商业计划书）是创业者的事业蓝图，也是创业者敲开投资者大门的敲门砖。一份优秀的创业计划书应当包含以下四个方面的内容：一是创业项目概况信息；二是项目可行性研究与分析；三是创业企业及项目战略规划蓝图；四是创业项目的战术执行纲要。创业者制定缜密、严谨、科学的创业计划书，有利于降低投资与经营风险，有利于筹资融资，有利于提升创业项目的成功几率。

很多创业者的创业计划是为了获得筹资融资或者政策支持而拟订的，这种计划书是给别人看的，而不是给自己用的。除了作为筹资融资或争取政策的工具外，根本就是中看不中用，没有实际操作意义。对此，笔者认为，初次创业者一定要有一份"真实"的创业计划书，撰写这份计划书除了自己进行调查研究外，还要邀请相关领域的专家进行指导，使其真正成为自己创业的纲领性文件。如果确实出于争取政策或筹资融资需要也可另拟一份以供使用。良好的商业计划书往往被称为企业吸引投资的敲门砖或金钥匙，安达信（Arthur Andersen）公司通过调查发现，拥有商业计划书的企业比没有商业计划书的企业平均融资成功率高出100%。对于缺乏资金的创业者，创业计划书是很好的融资工具，更是不可不做的基础工作。

对于创业计划书的写法，读者朋友可查阅专门的书籍，在此不赘述。

2．创业日志

作为创业人员，真的需要"每日三省吾身"。过去的东西虽然是历史，但也是一面镜子。相信读者朋友一定会有这样的感觉：很多事情发生后，当我们回过头来重新审视，就会发现当初的行为存在很多不完美之处，甚至会觉得幼稚可笑。如果创业、经营的过程也有这样的感受，就说明创业者在事业打拼的过程中逐渐成熟理性了。此时若能坚持写创业日志，你就会拥有自己的创业故事，并且你会发现你的创业故事与别人的故事大不相同。

写创业日志绝对是一个好习惯，但要知道怎样写才有意义、有价值。创业日志一定要写清楚以下要素：时间、地点、事件（起源、过程、结果）、方法、效果、反思等诸项内容。当然，创业者可以像写日记那样写，也可以参考表2—2，在表格上面"填空"，并装订留存。

表2—2 创业日志

时间		地点			
主要事件	起源				
	过程				
	结果				
处理方法					
处理效果					
问题反思					

3. 创业传记

如果经过艰苦创业获得了成功，那么其间必有可歌可泣之处。如果有所感悟，创业者不妨写出来，甚至可以出版发行。其实对于企业来说，这既是一张情感营销牌，也是一张文化营销牌。说其是情感营销牌，是因为创业者的创业经历可以打动很多人，创业者的经营理念也会征服很多人，这些人很可能就是创业者的现实客户或潜在客户。而说其是文化营销牌，是因为创业传记可以帮助企业打造品牌，文化营销力是潜移默化的，恰是"润物细无声"。举例来说，现在图书市场上关于蒙牛牛根生、阿里巴巴马云、巨人集团史玉柱的图书多达数十种，这些图书无疑为传主及其企业发挥了很好的文化传播作用。可能读者朋友会问，大企业有知名度，小企业影响力有限，有什么好写、好传播的？非也！大有大的气派，小有小的精彩，只要其中有道、有法、有术，小企业亦可为之。也就是说，小企业也可以出版创业传记，这绝对不是大企业的专利。

【阅读思考】

1. 并非所有大学毕业生都适合创业，请对你是否适合创业做一自我检核：
_____
_____
_____

2. 大学生毕业就创业存在哪些障碍？谈一谈如何消解这些创业障碍。
_____
_____
_____

3. 为什么创业专家"不倡导"、"不鼓励"大学生毕业就创业？
_____
_____
_____

4. 什么是创业激情？对于初次创业，为什么说理性重于激情？
_____
_____
_____

5. 作为创业者，应该向成功的企业家学习什么？要注意哪些问题？
_____
_____
_____

第三章
创业者要树立科学的事业发展观

尊重真理就是聪明睿智的开端。

——〔俄〕赫尔岑

一　走好从创业到立业的成长之路

作为创业者，无不希望自己在事业上快速取得成功。然而，欲速却难达。对于大多数创业者来说，过分追求速度恐怕会事与愿违。创业难，立业更难，守业则难上加难。要知道，企业和人的生命一样，都有其周期规律。企业也要经历出生、成长、成熟、老化、死亡等不同阶段，这也是一种自然法则。

或许读者朋友会问，可口可乐、阿尔卡特、飞利浦等跨国公司的历史均已超过百年，如今却依旧保持着旺盛的生命力，这不是对企业生命周期理论的一种否定吗？实际上，这并不矛盾，也并不是对企业生命周期理论的否定。2003 年初，中国有 352 年历史的老字号"王麻子"剪刀厂宣布破产。然而，有此遭遇的老字号又何止"王麻子"一家？根据相关统计资料显示，中国国内老字号企业在商海沉浮中，已有 70% 的企业破产，幸存下来的经济效益乐观的不到 20%，而形成规模经济的更是凤毛麟角。可见，面对未来不可确定的经营环境，再优秀的企业恐怕也不敢说自己会永远基业长青。根据美国《财富》杂志的调查数据，美国大约有 62% 的企业寿命不超过 5 年，只有 2% 的企业能存活 50 年，中小企业平均寿命不到 7年，大企业平均寿命不足 40 年；一般的跨国公司平均寿命 10—12 年；世界 500 强企业平均寿命 40—42 年，世界 1000 强企业平均寿命 30 年。另据日本《日经实业》的调查显示，企业的平均寿命为 30 年。我国改革开放以来，企业"死亡"的速度快得吓人：企业集团公司的平均寿命为 7—8年，小企业的平均寿命为 2.9 年，每年有近 100 万家企业倒闭。

　　笔者认为，可以这样界定一个企业生命历程的三大阶段：第一个阶段是创业阶段，即企业成长期。在这个阶段，企业既可能体现出一定的成长性，经营业绩不断增长，也可能会徘徊不前或起伏不定。在这个阶段，创业企业最艰难，也最容易死亡。第二个阶段是立业阶段，即企业成熟期。在经营业绩上达到高峰期，企业运营平稳，并且有可能开始了新一轮的创业与扩张。第三个阶段是守业阶段，即企业衰老期。在这个阶段，经营业务日渐老化，经营业绩处于衰退之中，甚至处于垂死挣扎的边缘。不过，并非每一家企业都有机会经历创业、立业与守业这三大阶段。很多企业在创业过程中就倒下了，没有赚到钱，更没有经历过辉煌与巅峰时刻。当然，也有企业因意外而死亡，诸如因突发危机或意外事故所导致的企业倒闭或破产。

　　每个创业者都希望自己的企业能够成为百年老店，这就需要创业者首先走过创业的艰难期，迈好最关键、最基本的一步——成长期。否则，一切都将是空中楼阁。

（一）创业阶段经营业务的成长规律

　　前文明确了企业也有生命周期。而一家成功的企业往往要经历四个阶段：启动期、成长期、成熟期和衰退期。对于这四个阶段，如果从经营业务角度来划分，也可以概括为惨淡期、上升期、高峰期与低潮期。我们知道，企业的生命体征体现在经营项目上，这就要求创业者尤其关注项目的经营业绩。可是，作为创业者，你知道创业启动期与成长期的经营特点与成长规律吗？所谓创业启动期，即从创业项目正式开始运营及至实现盈亏平衡这一特定的经营阶段。在这个阶段，新项目刚刚上市，市场刚刚启动，往往困难重重，这也是创业的破冰期。创业成长期，即创业项目启动后，已经在经营上实现了盈亏平衡，并且创业项目也呈现出良好的成长性，或者说项目处于持续成长阶段。

总体来说，在这两个阶段，业务成长与经营业绩可能会出现六种模式。对此，创业者必须做好心理准备。

1. 直线式成长

创业企业在经营业绩上如果处于一种直线式成长态势，则很容易突破盈亏平衡点，进而快速从创业启动期步入创业成长期。这种情况主要是项目定位准确，契合市场需求，因而能够快速得到市场响应。这种情况需要创业者处理好企业对市场需求的满足能力，或者说提升市场供给能力，实现市场供给与市场需求之间的平衡。否则，市场机会很容易被跟进的竞争对手分享，客户也会出现流失，并大大降低客户满意度。

2. 螺旋式成长

虽然经营业务及经营业绩在成长，但是速度却相对缓慢，即渐进式成长或螺旋式成长。这对于创业者来说这也应该是一件喜事，企业成功的几率也极大。这种情况需要创业者加大市场拓展力度，或者说加大市场推广投入。要知道，业务增长的趋势就是信心所在，所以创业者不能在经营投入上畏首畏尾。另外，创业者及整个创业团队要拿出耐力与毅力来，准备好足够的资源与资金，以满足经营过程中的长期消耗。

3. 波浪式成长

这种情况的出现很可能是由于项目市场具有周期性，即产品或服务购买具有一定的周期。这往往是由客户需求所致，而并非季节等因素所致。只有一个购买周期再次到来，才会出现新的市场需求。在这种情况下，创业者要考虑增加客户的数量，尤其是购买周期具有一定差异性的客户。只有积极发掘新的有效客户，经营业绩才能提升并获得平稳增长，进而使企业呈现出良性成长态势。

4. 振动式成长

振动式成长体现为经营业绩大起大落，经营业绩狂涨或狂跌，出现很大的波动。这种情况可能由两个原因所致：一是季节性项目。在旺季启动市场，很快又步入淡季，故市场大幅下滑。另一个原因是项目品质存在问题或缺陷，推向市场时受到了热捧，但是却因品质不佳，没有人愿意第二次光顾，并形成不良口碑向市场散布。如果这种振动式成长并非品质问题，创业者就要考虑反季促销策略，以做旺淡市。

5. 台阶式成长

台阶式成长常见于服务于商业客户（或者说组织型客户）且客户数量有限、客户需求稳定的创业企业。在这种情况下，每增加一个新客户，创业企业的经营业务就会上一个新台阶。否则，经营业绩则会处于一个相对平稳的状态。为实现经营成长，创业者要根据自身的市场供应能力，积极联络新客户，增加市场购买规模，提升企业整体运营效率。

6. 依赖式成长

如果创业企业是依附于某个组织或经济实体生存，那么在业务上只能是与客户兴衰与共了。在这种情况下，创业企业没有别的选择，只有通过帮助客户获得更大的成功来实现自身业绩的增长。这种类型的创业企业应与客户建立战略合作伙伴关系，强化合作价值链。否则，合作价值链一旦断裂，创业企业将面临断炊的风险。

（二）充分准备提速业务成长

很多想创业的大学毕业生都觉得自己还没有准备好。那么，要准备到什么程度才算真正准备好了呢？实际上，大多数成功的创业者都是在没有完全准备好的情况下上路的。要知道，机会是不等人的。如果一定要等到自己觉得"万事俱备"了，可能好时机也就溜走了。当然，创业确实需一个合理的创业准备期。那么，在创业准备期内都要准备什么呢？创业者主要应做好如下准备工作：思想准备、项目准备、资金准备、客户准备、硬件准备、手续准备、人才准备等。

创业准备期要多长才合理呢？这个问题没有一个标准的答案，但却有其必须坚持的原则：

1. 先准备项目再注册手续

很多创业者最容易犯的一个毛病就是在立下创业的决心后，便匆匆忙忙地办理注册手续。这种类型的创业者想法很简单，觉得寻找项目不是一件难事。然而，事实却并不像想象的那样简单。很多创业者在注册手续办好后才发现，想找一个真正的"好项目"可谓难上加难。因此，笔者建议创业者一定要先找好项目，再办理注册手续。并且，注册手续还涉及企业名称登记。要知道，注册名称就是企业品牌，个性化的企业名称就是最好的广告。并且，个性化的企业名称一定要与项目特色相关联，能够最大化的传播项目特色。可见，先找好项目再注册很重要，可以为创业者带来很多利益。

2. 先选好项目再投资硬件

还有一些资金较充裕的创业者盲目投资建设硬件，如建设装饰办公场所、投资建设车间厂房等等。可是，当资金投进去了，基础建设也完成了，在选项上却又遇到了难题：这么好的硬件环境该干点什么好？对选项的不重视很可能会造成硬件资源的浪费，即便后来选好了项目，也需要对硬件重新进行改造。作为创业者，选项一定要优先于硬件投资建设。千万不要本末倒置，让投资建设占用了资金，而与优秀的项目失之交臂。

3. 先获得业务资源再创业

大学毕业生如果有创业的想法，并已选择好项目，就可以到同类企业或者具有相似客户群体的企业去实习"试水"。这样做的好处是学习经验，同时可以积累客户，甚至为自己争取业务资源。在创业之前，创业者一定要选定明确的创业方向，再投入创业。具体到大学毕业生，可以选择某一个行业，在这个行业领域内"选项"。创业之前，一定要尽可能多地积累该行业的经验，收集相关的资讯。如果创业者在行业知识、客户资源、赢利模式等方面都做足了准备，那么成功创业的进程必然会大大加快。

（三）创业者要强化速度意识

作为创业者，无不希望自己快速成功、快速致富。尤其是资金、资源不足的创业者，更希望自己的企业早日开始赢利，并步入良性的经营循环。但也确实有这样的创业者，觉得自己有足够的资金、资源以度过创业的艰危期，即创业启动期。于是，在经营上有所松懈并缺乏足够的速度意识。作为创业者，如此行事的结果是可悲的，如果缺乏速度意识，很可能会把市场机会变成死亡机会，把原本可能属于自己的成功变成失败。

在速度意识上，创业者要学学韩国三星集团，这家公司的首席执行官尹钟龙提出了独到的"生鱼片理论"，这个理论大意如下：当你第一天抓到高档鱼，在一流的日本餐馆里能卖个好价钱。如果等到第二天再卖，就只能以一半的价格卖给二流餐馆。到第三天，你就只能卖到1/4的价格。如此下去，就变成了"干鱼片"。显而易见，尹钟龙是在强调企业把优秀的产品快速推入市场，以确保卖出的是"生鱼片"而不是"干鱼片"，从而获得更高额的利润。实际上，这已经成为三星公司速度领先战略的精髓。如今，已不是大鱼吃小鱼的时代，而是快鱼吃慢鱼的时代。可见，创业者必须意识到市场留给自己的创业时间与机会并不多，在经营上必须做到争分夺秒，以速度制胜。

在创业阶段，创业者要努力做"三快"，这是成功创业的基础与前提：

1. 快速开局

所谓快速开局，即创业者要快速踢开"头三脚"，快速启动项目市场运作，尽快使企业步入运营常轨。这既是创业团队信心所在，也是创业企业良性经营循环的需要。为快速启动市场，作为创业者可以考虑预热市场：在项目正式入市前，即进行市场预热。在项目上市前1到6个月就可以考虑预热市场，充分做好前期营销，而不是把项目营销视为产品上市后的工作。项目上市通常有两种操作手法：一种是渗透式，在新产品上市之前，即把营销融合到工作中去，稳扎稳打，点滴积累。另一种是叫卖式，即新产品上市采取爆破的手法，获取轰动效应，追求不鸣则已，一鸣惊人的营销效果。创业企业通过把营销工作提前，可以为项目成功营销争取更多的机会与时间。

2. 快速立足

所谓快速立足，即快速收获经营"平局"，实现盈亏平衡，快速在市场上站稳脚跟，这是创业企业生存之道。企业为利润而战，赢利是第一要务，让项目早日实现赢利是每一个企业的基本追求。只有早日赢利，才能快速收回投资成本，快速进入经营上的良性循环状态。所谓盈亏平衡，要求新产品的销售量或销售额达到一定规模，这个量值可称为盈亏平衡点，又称零利润点、保本点、盈亏临界点、损益分歧点、收益转折点，通常是指企业全部销售收入等于全部成本时（销售收入线与总成本线的交点）的产量。企业利润以盈亏平衡点为界限，当销售收入高于盈亏平衡点时企业赢利，反之，企业就亏损。盈亏平衡点可以用销售量来表示，即盈亏平衡点的销售量；也可以用销售额来表示，即盈亏平衡点的销售额。所以，突破盈亏平衡点、实现赢利往往成为创业经营的第一个目标，这一目标的实现可以使创业项目快速度过危险期。

笔者认为，创业项目入市后6—12个月达到盈亏平衡为最佳状态，

1—2 年为可承受状态，超过 3 年几乎难有企业可以承受。据相关调查显示，中国的创业企业每 100 家中只有 20 家到 30 家可以熬过一年，而熬过三年的企业只占其中的 30%。

3. 快速外侵

快速外侵，即快速占领预期中的目标市场，进而完成预期的整体市场布局，这是创业企业布局之本。市场份额，即一个企业的销售量（或销售额）在市场同类项目中所占的比重，这个指标直接反映企业的经营项目在市场上所处的地位。市场份额越高，表明企业经营、竞争能力越强。创业者要认识到，虽然很难通过调查评估拿出一个非常准确的数字，但市场容量与市场机会总是有限的。在经营日趋同质的时代，很多创业企业在推出新项目时可谓接踵而至，甚至出现了扎堆现象。这是竞争对手之间谁也不愿放弃特定目标市场的体现，也是市场难于高度细分的结果。在这种情况下，优先抢占市场份额比攫取眼前的利润更重要，谁先占有了市场，谁就拥有了未来扩张的根基。实践证明，只有一个新项目的市场份额快速跨越 5% 这个指标，在市场上才能相对稳定与安全。当市场份额达到 10%—15% 时，则基本可以树立龙头大旗了。

二　创业企业生存与发展的"六大铁律"

在 20 世纪的改革开放初期，中国改革开放的总设计师邓小平同志就提出了"发展才是硬道理"的观念。国家的发展依托于城市的发展，而城市的发展依托于企业的发展，企业是社会经济发展的细胞。可是，企业想在激烈的市场竞争中存活下来并不容易。根据相关统计资料，中国中小企业平均寿命不到 8 年，民营企业更只有 2.9 年，甚至更短，短得令人痛惜。实际上，大多数企业都是在创业途中夭折的。总结那些失败的创业企业的教训，其主要死因往往并非项目因素，而是思路与方法因素。对于创业者来说，具有正确的商业逻辑至关重要，而这种基于生存与发展的商业逻辑恰恰体现了创业者的经营思路。我们常说"思路决定出路"，其道理就在于此。

（一）铁律一：先生存后发展

对于创业企业来说，生存第一，发展第二。处理好企业生存与发展的关系，是每个做企业的人都必须面对的问题，它直接关系到一个企业能走多远、能走多久。企业的生存和发展，有相互促进的一面：有生存才有发展；反之，有发展才能更好地生存。同时，又有相互矛盾的一面：从生存的角度讲，企业就得控制费用，练好内功，规避风险；从发展的角度讲，企业又必须增加投入，扩大规模，同时这种投入也会带来更大的经营风险。这种矛盾给创业者带来很多焦虑与痛苦。马云曾言："每个成长型企业都会碰到成长中的痛苦，几乎所有以销售为导向的企业都会遇到先求生存后求发展的问题。一旦生存好了之后，就忘记了自己是为了生存。初创企业都希望迅速做大做强，但生存下来的第一个想法应该是做好，而不是做大。"

创业经营的路线图应该是先生存，再发展；先优先强化主业，把主业做强，再搞副业，甚至永远不搞副业只专注当初选定的主业。否则，创业企业即便度过了创业艰危期，但受一些非核心的新业务的拖累，企业这座大厦也可能随时倾覆。

（二）铁律二：先市场后生产

对于新创企业来说，市场就是一切。只要有市场，很多问题都可以解决。如果没有市场，解决了其他问题也没用。我们都知道的蒙牛乳业就是在一无所有、两手空空的情况下起步的。当时，如何运作、如何启动，是一个不小的难题。但牛根生有其独特的办法，他大胆地将自己"先建市场，后建工厂"的奇思异想付诸实施，让蒙牛找到了出路与生路。面对"一无市场，二无工厂，三无奶源"的窘境，蒙牛跳出先有工厂后找市场的窠臼，创造性地提出"先建市场，后建工厂"的战略。再如，TCL最初主营电话机，并没有生产彩电需要的设备，更谈不上生产线和厂房。同时，自有资金也很有限，又缺乏生产彩电的技术，但就是在这种不利条件下TCL进入了彩电领域。当时，李东生抓住了城市家庭对彩电需求由小屏幕转向大屏幕的契机，抓住了中国彩电市场短缺时代将要结束而现有彩电厂商尚未完全觉悟的机会，开始实施他"先做市场，后做工厂"的竞争策略。TCL像耐克那样委托有生产能力的厂商为自己加工TCL品牌的彩电，自己则把有限的资金和人力全部投入到做渠道、做品牌、做服务的工作上。就这样，终于成功登陆了彩电市场，并开拓了属于自己的天下。再如，靠虚拟经营起家的杜国盈，从代理产品"英姿带"开始，在洞悉市场并牢牢地把握市场之后，开发了自有品牌"背背佳"。结果，一炮走红，产品畅销全国，获利自然丰厚。

（三）铁律三：先少数后多数

刚刚开始创业，创业者不能野心太大或过于贪婪，否则会耽误大事。既要快速打开局面，又要步步为营、稳扎稳打。要知道，"欲速则不达"的右训在创业过程中同样适用。这看似矛盾，其实并不冲突。诸如在业务拓展上，绝不可为了扩大市场而处处点火、村村冒烟，相反却要守住一地精耕细作。企业刚刚出兵市场，集中资源与力量打几场漂亮仗至关重要。这样做有两大好处：一是树立团队信心。创业团队的信心与士气从哪里来？靠企业文化？靠励志培训？这些措施虽然可以起到一定作用，但是如果企业在市场上老是打败仗，还何谈信心与士气？相反，如果能打几场漂亮仗，那么必定军心大振，士气高昂。二是树立市场信心。所谓树立市场信心，其本质是建立起目标客户的信心。客户的购买行为通常会体现出跟随效应，要看看别人怎样做，看看别人的满意度。因此，如果创业企业能够征服几个典型客户或大客户，那么对其他客户自然会产生积极影响。

（四）铁律四：先数量后质量

刚刚开始创业时，往往会"眉毛胡子一起抓"。对于创业者来说，欲启动项目市场，必须拓展客户。在起步阶段，由于企业缺少"下锅之米"，业务不足，可能见到客户就想一把揽到怀里。这时选择客户不分大小，重数量没问题。创业在客户开发上应该有这样一种思路：先占有，获得数量，再梳理，做到质量。要知道，不同的客户对于创业企业来说，可能发挥着不同的作用："养家型客户"，这类客户为创业企业贡献利润；"充数型客户"，这类客户虽然利润贡献很少，但可以提升创业企业的产销规模；"竞争型客户"，这类客户可能不赚钱，但是出于竞争目的，对它们的掌控却可以使竞争对手感到饥饿；"形象型客户"，这类客户就是创业企业的活广告。创业企业一旦度过艰危期而步入良性发展的轨道，就应该重新审视这些客户了。同时，要根据客户的价值或"抓大放小"有所侧重，或根据客户的利润贡献优胜劣汰。在创业初期，企业根本就没有资格做这件事，但企业做大后，这就成了一项必做的功课了。

（五）铁律五：先借船后造船

创业者在刚起步时，最重要的是借船出海，而不是自己造船。通过挖掘、整合外部资源，可以有效减少投资支出，降低风险。这不但有利于解决资金不足问题，还有利于把有限的资金省下来用在急需之处，同时更是降低经营风险的办法之一。创业者要牢牢记住，自己是要"做大"而不是"大做"，创业初始千万不要把摊子铺得太大。如果创业初期就急急忙忙地大搞扩张，不仅会增加资金占用，而且也加大了投资风险。当然，借船包括很多方面：首先，靠别人的项目赚钱，自己不生产项目，诸如特许加盟、代理、经销等等；其次，资产、设备、设施租赁，诸如办公场所、车间厂房、生产设施、运输车辆等等；再次，分享外部资源，诸如不购买专利技术、专利项目，而是以股份或分红方式回报专利持有人；最后，业务外包，把没有必要自己做或自己不擅长的高成本业务委托给专业公司。

（六）铁律六：先战术后战略

对于创业企业来说，战术第一、战略第二。实际上，对于创业者来说，自己苦心创立的企业能否生存下去或者生存多久都是未知数。尤其大学毕业生的创业规模总体偏小，更没有必要把事业蓝图勾勒得多么宏大，而更应关注的是现实的路线图。当然，这并不是说创业不需要设定战略目标、战略方针、战略步骤。创业是一个探索过程，在这条路途中充满了未知与变数。同时，创业过程还是一个否定之否定过程。即便最终成功创业，事业的轨迹也将是一个螺旋式上升的过程，不可能一蹴而就。基于此，对于创业者来说，最关键的就是积小胜为大胜，这样事业的发展轮廓就会日益清晰了。实际上，把战略放在首位的企业通常是具有一定规模与实力的企业，因为这些企业具有足够的资源与能力驾驭市场，甚至主导市场，控制市场走向。而创业企业多数是刚刚起步的小企业，在市场上根本没有话语权，所以在这个阶段去勾勒那些大战略为时尚早。第一件事还没有做好，又去想第二件事甚至空想将来做大了后该怎么办，这显然是不切实际的，白白浪费时间精力。从这个角度来说，创业者应该是具有战略思维但却更善于策略运作的高手，能够带领创业企业在市场上闪转腾挪，并经得住市场的考验。

三　开放式合作提速创业企业成长

如今，开放与共享已经成为一股势不可挡的全球化潮流。可以这样说，地域不分南北，规模不论大小，没有任何一家企业可以置身于这股潮流之外。创业企业整个运营过程与所有经营环节都贯穿着各式各样的合作，甚至可以说创业经营就是一门合作的学问：从内部合作到外部合作，从行业内合作到跨行业合作，从区域性合作到全球性合作，从战术性合作到战略性合作……对于创业者来说，如果不懂合作、不善于合作，那么创业企业将难于在市场上前行，甚至根本无法存活。

任何一种合作在某种意义上来说也都是一种竞争，即与合作伙伴之间永远存在于博弈与制衡之中。或者说，所有合作都是一种竞合关系，即在竞争中合作，在合作中竞争。美国商界有这样一句名言："现代竞争，不再是'你死我活'，而是更高层次的竞争与合作，现代企业追求的不再是'单赢'，而是'双赢'和'多赢'。"过去，"零和游戏"思维曾长期统治企业经营者的头脑。所谓"零和游戏"，即一项游戏中，游戏者有输有赢，一方所赢正是另一方所输，游戏的总成绩永远为零。但现在很多企业经营者都意识到企业间的角逐大可不必你死我活，利己不一定要建立于损人的基础上。相反，却可以获得双赢或多赢的结果。因此，创业者必须有一种宽阔的胸襟，这样才能在合作中获得最大的收益与价值，才能使创业进程大大提速。

（一）打开开放式经营的天窗

在合作的主旋律下，封闭经营或半封闭经营的时代已经过去，历史已步入开放式经营的时代。开放式经营也可以理解为经营民主化。当然，这种经营民主化包括内部民主与外部民主。通过经营民主化，创业者可以获得很多利益，如获得信息、技术、人才等资源。开放式经营的概念，最初是由亨利·伽斯柏教授提出的。但是，他对这一概念的界定主要停留在技术研发方面。他指出，企业要挥别独自研发的做法，走向联结开发（Connect & Development），这才是企业创新的王道。其本质是要调动社会上的技术、人才等研发资源，服务于企业的产品及技术创新。实际上，开放式经营的内涵绝不仅如此，合作可以由外而内，也可以由内而外，合作环节可以包括从研发到销售的整个价值链，诸如采购、生产、销售、物流等诸多环节，而绝不仅是研发环节。

创业者要想真正实现开放式经营，要从以下三个方面着手：

1. 开放式经营理念

我们知道，经营有开放式经营、封闭式经营和半开放式经营三种。创业者创业起步就要树立开放式经营理念，并力求在企业内部把这种理念文化化，或者说使其成为企业文化的核心理念之一，以利开放式经营理念开花结果。只有上升到企业文化层面，这种思想才能深植于创业团队之中，这种思想的影响才能够深远，最终才能在行为上形成一种良性的经营习惯。

2. 开放式经营机制

上文强调了把开发式经营理念化，把它上升到企业文化的高度，使其成为企业经营的思想纲领。如何保证这种思想纲领得以坚持并被完美执行，这就需要创业者在企业内部建立开放式经营机制。所谓机制，原指机器的构造和动作原理。而企业经营机制则表现为企业这个生命体的结构和原理。它包括两个方面：一方面是企业的经营管理体制，如所有者、经营者和劳动者之间用制度确定的相互权责结构、利益结构、决策组织结构等，创业者要在体制上确保开放式经营的实现；另一方面，就是由该具体体制所产生的具有某种必然趋势的机能。所以开放式经营机制需要组织、流程、制度等管理要素的保证，创业者必须在创业起步阶段，就着手制定这些方面的基本"游戏规则"。

3. 开放式经营平台

如果创业者已经把开放式经营理念化、机制化，建立起了执行的组织、流程、制度环境，那么还需要搭建具体的开放式经营平台，或者说开放式经营的舞台。在这个舞台上，创业团队的内部成员之间以及与外部合作伙伴之间，可以进行资源与能力的交换或共享，从而汲取创业企业所需要的营养。

（二）合作让企业的成长如虎添翼

一滴水如何永不枯竭？答案就是把它放进大海。同样道理，企业要想基业长青，就要融入社会、融入市场、融入到整体运营环境之中，开门办企业，广泛地进行有价值、有意义的合作。美国乔治·华盛顿大学著名管理学教授威廉·哈拉尔在《无限的资源》一书中，明确指出在21世纪企业单靠自己有限的资源进行经营是不够的，必须最大限度地利用一切可利用的资源。他还指出，企业协作是当代商业活动中最重要的发展趋势，它使知识和构想得到更大范围的交换和共享，信息和资源得到更大范围的合理利用，从而大大提高了商业活动的效率。成功的企业都是合作的践行者与受益者。大名鼎鼎的宝洁公司即是以开放式经营为理念的典型。宝洁就合作做出如下总结：适应能力最强、反应最灵敏的企业往往是那些最愿意与别人联系的企业；而愿意与别人联系的企业往往是最擅长合作的企业；最擅长合作的企业，往往是最擅长创造、发现并运用伟大思想的企业，也就是那些能保持长期增长的企业。可见，合作是多么重要。

创业阶段，通过开放式经营可以使创业企业在以下四方面受益：

1. 低成本创业

可以说，成本控制是创业者最为头痛的问题，诸如生产成本、管理成本、销售成本。如果创业成本过高，不但容易使企业资金紧张，也容易影响到项目的竞争力。那么，创业运营为什么会出现高成本现象呢？原因很多，诸如增加投资、资源浪费、使用高成本的替代资源等等。其实，通过合作或许就可以找到解决成本难题的方案：生产与销售规模上不去，生产与销售成本自然降不下来。如果把产品委托给专业生产商进行贴牌（OEM）生产，生产成本就会下降；把产品或服务销售外包给专业销售商或服务商，那么销售成本也可以下降。相反，若原辅料零星采购，没有形成批量，自然采购成本就会高……可见，降低创业成本是合作的主要目标之一。诸如戴尔电脑就一直致力于与英特尔的结盟。英特尔为此向戴尔提供折扣极低的处理器，帮其在竞争激烈的全球个人电脑市场获得良好的成本来源。

2. 高效率创业

可以说，通过合作能够有效提升创业效率。我们都有这样一个常识：一个人做不了的事，两三个人来做就可以做到；一个人做不好的事，由两三个人来做就可以做好；一个人做不完的事，由两三个人来做就可以提升几倍的效率。通过合作，在效率方面创业企业将受益良多，诸如通过与专业研发机构合作，提升新产品开发效率；通过与经销商合作，提升产品或服务推广效率；通过与合作伙伴捆绑销售，提升产品或服务销售效率……

3. 可持续经营

对于创业企业来说，经营就是掌控资源，即整合企业内外部资源，向市场输出，最终获得回报。然而，有些资源可能永远无法自给自足，只能从外部获取。在这种情况下，掌控外部资源就成为了企业可持续经营的关键。尤其是那些关系企业运营的关键性资源，一旦失控，创业企业将会断炊。在这种情况下，创业企业就需要与外部资源提供商建立战略合作伙伴关系，以获得稳定、可持续的资源支持，这是企业持续发展的需要。

4. 专注化经营

对于创业来说，很关键的一点就是专业化、专注化经营，立足某一专长领域争取把自己做大做强，甚至成为领域内的"第一"。这就要求创业者及其企业有所为有所不为，把时间、精力、资源等都放到自己的专长业务上去。创业者把一些冗余或者自己不擅长、不方便开展的业务交给合作者来做，利用合作者的专长来提升业务质量，这绝对是一种明智之举。

（三）经营合作必须坚守一定之规

在创业阶段，企业要想找到理想的合作伙伴并不容易。要知道，创业企业要想与人合作，就要有让潜在合作伙伴垂青的资本，或者说通过合作能给对方带来益处。正如马云所言：商业合作必须有三大前提：一是双方必须有可以合作的利益；二是必须有可以合作的意愿；三是必须有共享共荣的打算。只有具备坚实的合作基础与前提，合作才能开花结果。

那么，创业企业在合作上要坚持哪些原则呢？

1. 选择性

创业者为实现某一合作目标，可以把潜在的合作伙伴名单列得很长。但是，能够真正适合的却要仔细遴选，做到优中选优、适中择适。有些潜在的合作伙伴可能你有情，人家却无意；人家有意，却未必适合你。因此，挑选合作伙伴应选择最有可能的、最合适的。合作伙伴不一定是最优秀的，但一定要是最匹配的。通常来说，创业者选择合作伙伴要注意以下三点：一是关联性，合作对象要与创业者想要实现的商业目标相关联；二是互补性，包括资源互补、能力互补，这样才能发挥合作效力；三是对等性，指合作伙伴之间在利益上的对等性，双方利益平衡才能走得远；四是相彰性，通过合作对对方的发展能够有效提升。

2. 独立性

合作不是依赖，合作伙伴之间谁也不是谁的附属品。因此，创业者要注意，在合作过程中应保持以下两方面的独立性：一是经营方面的独立性。在经营管理上，不受合作伙伴影响，并且离开合作伙伴时同样可以生存，经营上不会受到大的影响。二是产权方面的独立性。在合作过程中，除非特殊情况之外，要保证产权的独立性。丘吉尔的名言说：没有永恒的敌人，也没有永恒的朋友，只有永恒的利益。这句话揭示了竞争与合作的辩证关系，竞争不排斥合作。创业企业就如刚刚脱离襁褓的婴儿，总是要人扶持。但随着时间的流逝，企业不断成长，它必须学会独立行走。否则，过度依赖合作伙伴，必然会大大降低自己的生存能力。更何况"天下没有不散的筵席"，总会有曲终人散时。所以，在合作解除之前，创业企业就要准备好独立行走，要能扔掉合作伙伴这个拐棍。

3. 竞合性

合作也是一种竞争，即合作伙伴之间也存在博弈与制衡关系，或者说要在双方利益上寻找平衡点。耶鲁大学管理学教授拜瑞·内勒巴夫（Barry J. Nalebuff）和哈佛大学企业管理学教授亚当·布兰登勃格（Adam M. Brandenburger）在他们的代表作《合作竞争》中指出，企业经营活动是一种特殊的博弈，是一种可以实现双赢的非零和博弈。企业的经营活动必须进行竞争，但也要有合作，从而提出合作竞争的新理念。1997 年，玛丽亚·比格特森（Maria Bengtsson）和苏伦·科克（Soren Kock）也将既包含竞争又包含合作的现象称为合作竞争。合作竞争不仅仅存在于同行业竞争企业之间，还存在于互补企业之间。迈克尔·波特提出的"五力竞争模型"也明确了这一点：供应商、客户（渠道商）、顾客等虽然是企业的合作伙伴，但也都是企业的竞争者。

创业者要敢于、善于与直接竞争对手合作，即与同行并肩战斗。要知道，竞争对手也可以坐在一起，为整个行业谋利益。如果创业企业在竞争对手面前真到了"只有招架之功，而无还手之力"的地步，那么也可以尝试考虑一条出路：加入竞争对手。商界有这样一句名言：打不过它，那就加入它。美国商界也有类似的名言："如果你不能战胜对手，就加入到他们中间去。"道理虽然如此，但情况却总是复杂的。要知道，竞争对手收编你的企业未必是无条件的。其中，很可能暗藏玄机。

4. 价值性

合作是为了进步，合作是为获得某种既定价值与利益。因此，合作价值就是合作的标杆。通过合作，创业者能够获得的价值可以分为以下五类：一是获得机会。创业者往往缺少机会，而通过合作则可以获得更多的机会。二是提升形象。俗话说："近朱者赤，近墨者黑。"选择一个具有良好形象的合作伙伴，可以有效提升自身的身价。不但有利于提升知名度，还有利于树立良好的企业形象。三是获取有效资源。创业者很可能资源不足，通过合作可以实现资源整合共享、资源互换、资源借用等目的。四是降低成本。五是提升效率。关于这两条前文已经阐述，在此不赘述。六是减少风险。合作本身就强调"风险共担，利益共享"，合作就是一种风险转移过程。因此，作为创业者，在创业之前一定要明确为什么而合作。

四 创业要学会"正确赚钱"与"恰当用钱"

创业可以概括为三重境界：第一重境界是为了生存，创业是为了赚钱养家糊口；第二重境界是为了赚钱，获取利润是为了增加自己的财富；第三重境界是为了自我实现，获取利润是为了更多的实现自身价值。很多创业者最初创业时，往往都是为了要赚很多很多的钱。可是企业做大后他们才发现，创办企业不仅是为了赚钱，而是要实现自身的社会价值。可以说，小企业是自己的，大企业是社会的。最初是为自己办企业，最终是为社会办企业。或者说，财富属于全社会，而不属于某一个富豪。我们来看看那些著名的大富豪最终怎样处置自己的财富：2006 年 6 月 25 日，股神沃伦·巴菲特宣布，捐出 85% 的个人财富用于慈善事业。巴菲特总资产高达 440 亿美元，这也就意味着这次他将捐出 370 亿美元，这个数字对于很多中国富豪来说还是个天文数字。2008 年 6 月，微软创办人盖茨接受英国 BBC 电视节目《新闻之夜》访问时表示，将把 580 亿美元的个人财产全数捐给名下的慈善基金——比尔及梅琳达·盖茨基金会，一分一毫也不会留给子女。2009 年 2 月，在"2008 福布斯中国富豪榜"排名第 53 位的"福耀玻璃"董事长曹德旺宣布，将曹氏家族持有的"福耀玻璃"股份的 70% 用来成立慈善基金，约折合人民币 43 亿元……由过去家族世袭传承财富转变为财富社会化，这不能不说是一个历史性的转折。这些富豪的举动无疑契合了财富的社会化脉搏。

创业者一定要认识到，企业处于不同的发展阶段，财富有着不同的意义与价值。如果创业者非要做守财奴，结果注定是可悲的，企业必然为社会所抛弃，财富也终将烟消云散。恰如牛根生所说："让认识你的人受益，还不算好；让不认识你的人也受益，那才是真好。"

（一） 创业者要树立正确的利润观

企业为利润而战，企业是投资制造更多利润的工具。在企业价值观中，最主要、最核心的是企业利润观。从这个角度来说，创业者带着赚钱的目的上路无可厚非。正如华尔街的名言所说："获取利润总不会有错。"管理大师彼得·德鲁克也曾一针见血地指出，"即使换了天使做 CEO，她也会变着法地去赚钱"。原通用电气 CEO 杰克·韦尔奇也指出，"一切以利润为导向，一切以效益论英雄"。SOHO 中国有限公司创始人潘石屹曾表达过这样的经商信条："不赚钱的商人是不道德的。因为不赚钱你就只能确保自己的生活，不能给员工好的工资福利待遇，不能给国家上缴利税，不能给客户带来实惠。"利润代表了企业创造的财富，利润越多说明企业的财富增加越多，越接近企业的经营目标。作为创业者，首先应该树立正确的利润观，形成正确的利润文化理念。创业者要坚持以下五方面的利润观：

1. 股东导向原则

创业者可能是全资投入创业企业，也可能是企业的股东之一。一些高科技创业企业多会吸纳风险投资，寻求资本大鳄的支持。在这种情况下，创业者作为经营者，更需要对经营业绩负责，更直白是说要赚钱，要使企业资产保值增值，对投资人负责。马云有过这样一段精彩的论述："永远不要让资本说话，让资本赚钱。让资本说话的企业家不会有出息，最重要的是你让资本赚钱，让股东赚钱。如果有一天你拿到很多钱，你坚持今天的原则，做你认为可以赚钱的，我相信有一天资本一定会听你的。"可见，赚钱的最根本目标是对股东或投资人负责，这对于小企业来说尤为适用。

在创业起步阶段，创业者无需把社会责任看得很重，创业企业本身也很可能没有承担过多社会责任的能力。除非把履行社会责任作为一种重要的业务营销手段，否则可以在不违法违规的前提下不去或少去考虑企业社会责任。因此，在创业阶段坚持股东价值导向是初创企业正确的选择。股东创立企业的目的在于扩大财富，投资人是企业的所有者，因此企业价值最大化就是股东财富最大化，创业者或者说经营者就是要给企业所有者带来未来报酬。

2. 有限风险原则

企业界有这样一句习语："利润与风险成正比。"在创业起步阶段，要尽量规避风险，赚取适度利润，而不是追求极限利润。这包括两个方面：一方面，对于初次创业不能抱有大赌大赢的心态。虽然有很多成功企业曾经走过这条路，但对于大学毕业生来说却并不适用。中国的企业家圈子里流传着"大赌才能大赢"的说法，但在目前的现实环境中，大赌通常不是大赢，而是大败。另一方面，一定要控制利润率指标，利润率指标过高未必是好事，诸如除了限制市场放量外，更容易把更多的竞争对手放进业务领域里来。创业企业要通过有限利润为竞争对手及潜在进入者设置壁垒，这样可以有效遏制业务领域内劲敌入侵的速度。不过，在创业初期，还是要保证一定的利润率，只要将其控制在一个合适的范围内，不过高即可。因为随着市场竞争加剧，利润率会逐渐下滑，要为应对未来竞争预留足够的价格操作空间。也就是说，拓展市场初期利润率不宜过低，否则后期没有降价余地。

3. 双管齐下原则

企业赚钱不能仅仅通过扩大业务规模或拓展新业务来实现，还要通过降低成本来实现。对于前者，我们称之为"开源"，而后者则可以称为"节流"。要知道，"省到就是赚到"。"省"的意义并不在于所"省"多少，更关键的是它代表着企业的市场竞争力，以及管理内功。正如美国钢铁大王卡耐基说过的一句话："密切注意成本，你就不用担心利润。"这在业界堪称名言。中外著名的成功企业无不注重降低成本，节省每一分不必要的开支也是对企业利润的另一种贡献。

4. 经营第一原则

企业的经营过程在本质上是一个资金的循环过程，企业需要一定量的流动与周转资金。流动资金是企业在生产经营过程中占用在流动资产上的资金，它具有周转期短、形态易变的特点。当然，也可以将其理解为项目运营后，为进行正常生产运营，用于购买原材料、燃料，支付工资及其他经营费用等所必不可少的周转资金。企业拥有较多的流动资金，可以在一定程度上降低财务风险。流动资金管理是企业理财工作的一项重要内容，它要求掌握现金、应收账款和存货等主要流动资金项目的管理方法，以达到既能节约合理地使用流动资金，又能加速流动资金周转，提高资金使用效率，降低风险的目的。所以，一旦企业赚了钱，创业者也不能急于分配、共享和再投资，而是要优先保证企业再生产与扩大再生产的需要，这是第一准则，或者说经营第一原则。

5. 适度共享原则

李嘉诚说过这样一句话："有钱大家赚，利润大家分享，这样才有人愿意合作。假如拿10%的股份是公正的，拿11%也可以，但是如果只拿9%的股份，就会财源滚滚来。"这和牛根生所说的"财聚人散，财散人聚"有着异曲同工之妙。牛根生的名言说："人不能把金钱带入坟墓，但金钱却可以把人带入坟墓。"那么，李嘉诚所说的这个"大家"都包括谁呢？主要包括合伙人、员工、客户及其他合作伙伴。要知道，企业以员工为本创造利润，员工是企业最重要的资产，员工就是创业者的摇钱树。迈阿密城市国民银行总裁阿贝斯将出售银行股权所获资金中的6000万美元分发给了自己的员工，其中包括399名在职员工和72名已经退休的员工，平均每人12.7万美元。这也是与员工分享企业成功的一个显例。

对于企业财务管理的目标，具有代表性的观点有三种：一是利润最大化和每股盈余最大化；二是企业价值最大化或股东财富最大化；三是利益相关者价值最大化。其中，第三种观点意指企业的成功不仅惠及创业者、股东、员工，还包括整个社会，都应实现各自的利益最大化。

（二）"正确赚钱"究竟是什么含义

可能很多读者朋友都会这样认为：我赚到钱了，就说明我会赚钱！其实，并非如此。创业的目的不只是赚眼前的钱，而是要永久赚钱。有时恰恰因为创业者要小聪明或急功近利而失去长远的赚钱机会。牛根生有这样一句座右铭："小胜靠智，大胜靠德。"赚钱首先要合法，其次要合德，再次要合理，最后要合情。

1. 赚钱要围绕主业

在创业初期，为了养活自己的企业，很多创业者想尽一切办法赚钱，大钱也赚，小钱也赚；业务范围内的钱赚，业务外的钱也赚。创业一定要注意，千万不要不务正业。有这样一个小例子，一位大学毕业生创办了设计工作室，一次在为客户设计宣传手册的过程中，客户出于信任委托这位大学生代为联系印刷厂，并谈定价格。但是，这位大学生却打起了这笔生意的主意，和印刷厂密谋共同提高印刷价格，以赚取业务提成。虽然当时如愿了，但后来终于露了马脚，最终失去了这位客户。

2. 赚钱要遵守规则

古时有"君子爱财，取之有道"的说法。对于创业者来说，这句古语同样适用。

这里的规则包括：一是不破坏行业生存空间。很多创业者为了获得业务，在争取业务过程中不惜采取不正当手段，诸如破坏行业秩序的价格竞争手段，虽然获得了业务，但利润低下，从长远角度来说对企业不利。二是不要采取不正当竞争手段，诸如商业贿赂、制造流言等，把别人的订单变成了自己的钞票。不遵守经营上的基本游戏规则，虽然暂时可以牟利，但从长远来说不仅无利，而且有害。

3. 赚钱要注重持续

赚钱可以，但不要透支。所谓透支，就是掠夺式经营，其结果会破坏经营系统的生态平衡。我们来看这样一个故事：有一个做水果生意的商人，为劝说客户大量采购，他编造谎言将明明只有一个月的保质期说成两个月。结果，客户购进一个月后，大量水果腐烂，损失惨重。此后，这个客户再也没有光顾这个水果商的生意。因此，创业者千万不要为追逐这种短期利益而损害自己的商誉，这样做简直是丢了西瓜，捡芝麻。

（三）正确合理支配赚到手的钱

马克思有一段著名的形容资本家贪婪追逐利润的名言：一旦有适当的

利润，资本就会胆壮起来；有 10% 的利润，它就会到处被使用；有 20%，就会活泼起来；有 50%，就会引起积极的冒险；有 100%，它就会不顾人间的一切法律；有 300%，它就敢冒绞首的风险。很多创业者普遍存在一个问题，那就是"投资狂热"，挖到一座金矿，还想获得更多的金矿。对于创业者，如果有朝一日已经看到"回头钱"了，就必须学会有效节制自己的投资欲。

可是，作为创业者，你知道该怎样支配赚来的钱吗？

1. 为企业再生产预留滚动资金

对于企业来说，发展是永恒的主题，发展永远是企业的第一要务。因此，创业者一定要为再生产准备出足够的资金，以确保企业正常、持续运营。西方企业界多年来流行着这样一句名言："一个企业没有利润或亏损是令人痛苦的，而没有现金或没有支付能力则是致命的。"

2. 为搭建员工发展平台而投资

在创业企业已经获得一定回报的前提下，创业者要适度考虑为创业伙伴改善综合条件。这里的综合条件包括员工工资、福利、工作环境等诸多方面。由于尚处于创业阶段，这些开始创业时就跟随自己的员工都是企业的宝。因此，创业者要尽可能地留住他们。其实，创业者要换位思考，当自己的事业有了发展，员工的心理预期自然也会水涨船高。如不予以解决，那么员工就有可能流失。尤其当企业还未完全模式化、流程化的情况下，"创业元老"的流失很可能会给日常经营带来一定的波动。因此，创业者不可不顾及这些"创业元老"的内心感受。

3. 为履行企业社会责任而投资

从理论上来说，履行企业社会责任不分企业大小。但是创业企业多为小企业，履行企业社会责任的能力与空间可能有限，操作点也很少。在这种情况下，只能尽力而为。创业者一定要研究企业与社会责任各方面的关联性。如果确需履行，那就不要犹疑，不要把履行企业社会责任的投入当成负担。就如惠普创始人戴维·帕卡德指出的那样："一个企业对社会的责任远远重要于对股东的责任。"这位亿万富翁住在一栋简朴的房子里，却为许多大学和公益基金捐赠了无数款项。不过，这句话对大中型企业更适用，小企业只要量力而行就可以了。

4. 为形成核心竞争优势而投资

对于创业企业，只有核心竞争优势真正形成，才能具有相对稳定的市场地位。在此之前，创业企业要积极寻找自己的经营短板，为打造核心竞争优势而努力，为打造核心竞争优势投资。在核心竞争力形成之前，创业企业就如破旧的茅草屋一样，四面漏风，难御严寒侵袭，很容易在竞争中倒下。因此，企业必须为打造自身的核心竞争力投资，以形成核心经营管理优势。有投资大师说过这样的话："瞪大眼睛看住风险，利润会自己照顾好自己。"华尔街也有一句名言说："截断亏损，让利润奔跑。"其实，这两句话表达的都是一个意思，即投资一定要遵循规则。

五　诚信是创业者生存与持续发展之本

华为总裁任正非在公司内部的一次例会上讲过这样一段话："华为这十几年来铸造的就是两个字：诚信。对客户的诚信，对社会、政府的诚信，对员工的诚信。只要我们坚持下去，这种诚信创造的价值是取之不尽、用之不竭的，要认识到我们花掉的很多钱是要形成未来的财富。我们经过十年的时间，花大量的金钱和精力，在市场上塑造了两个字'诚信'，这是我们的立身之本，是我们的核心竞争力，这是华为公司对外的所有形象，这个无形资产是会给我们源源不断带来财富的。"可见，诚信就是企业的命脉。

任正非的话对于创业者来说无疑至关重要。诚信作为一种经营准则和行为规范，已融入到创业企业经营管理活动的全过程。创业者及整个创业团队的诚信对企业经营有着重要的影响，企业能否做得大、走得远，诚信是关键。对于创业者来说，仅仅是个人诚信还不够，必须要打造组织诚信，使整个创业团队都能做到诚信。在对外合作中，如果能做到诚信，就容易结成伙伴关系。否则，就只是交易关系，做的是"一锤子买卖"，没有后文，没有未来。

（一）诚信究竟是什么概念

诚信是什么？从个人道德范畴来讲，诚信即待人处事真诚、老实、讲信誉，言必信、行必果，一言九鼎，一诺千金。《说文解字》中对诚信做出了这样的解释，"诚，信也"，"信，诚也"。可见，诚信就是要诚实、诚恳、守信、有信，反对隐瞒欺诈、反对假冒伪劣、反对弄虚作假。对于创业者来说，可以将诚信理解为商业信用。不过，商业信用有广义与狭义之分：广义的信用是指社会主体之间以诚实守信为基础的价值取向，即人们通常所说的"讲信誉"、"守信用"；而狭义的信用则是指现代市场条件下，受信方向授信方指定时间内所作的某种承诺（合约）的兑现能力。个人信用与企业信用密切相关，创业者的个人信用是企业商业信用的基础，商业信用是个人信用的具体体现，恰是"人无信不立，业无信不兴"。

那么，商业信用在经营创富过程中，能发挥哪些作用呢？被誉为日本经营之神的松下幸之助对此做出了精辟的概括："信用既是无形的力量，也是无形的财富。"

读者朋友可以从三个方面来理解这位经营大师的经典之语：

1. 诚信就是生意

作为创业者，你知道项目市场为什么难于启动、难以打开吗？抛开项目本身的素质因素不谈，很关键的一点就是缺乏"诚信"标签。要知道，客户是害怕风险的，面对"新鲜事物"难免心存顾虑。比如，你开了一家面馆，与别人的店同样卖刀削面。但是，客人没吃过你做的，他就会担心你做得不好吃。即便客户来过了一次，觉得味道很不错，他也还会担心会不会每次都能像上次那样好吃，害怕刀削面质量不稳定。只有吃过多次，并且味道都不错以后才会经常光顾而无后顾之忧。这告诉我们，诚信需要点滴积累，不可能一次完成。完成诚信积累，可以为你带来更多的生意。

《新疆经济报》曾经刊载过这样一个创业故事：有一位画廊老板，在朋友的帮助下，投入 10 万元，开始经营自己的画廊。创业四年后，不但还完了外债，还小有盈余。由于想提升画廊的设计品位，于是她准备将画廊重新装修一番。在此期间，有位客户慕名拿来了一些字画，交由她装裱。因时间要求过于急迫，与画廊的装修刚好冲突，她只好把这些字画委托装裱界技艺上好的同行，按照她的装裱标准代理装裱。不料一次意外失火，这些字画在代理方处被毁。出事后，她及时告知了字画的主人，对方向她索赔 8 万元，且要求在 24 小时之内一次性付清。当时，她自己手上只有 3 万元，但是凭她对书画价值的判断，觉得这些字画的确值这个价钱。所以，经过换位思考，她没有讨价还价，而是全部应承了下来。只用了 10 个小时的时间，她就设法凑足了赔偿款，把钱交到对方手中，客户见及时得到了补偿也就作罢了。然而恰恰是这次不幸的遭遇让书画界人士看到了这位老板的诚信。结果，很多知名的书画家反而更青睐她了。不仅书画装裱的业务肯交给她处理，而且连书画册的设计、装帧也一并交由她负责。新疆几位书画名家还请她作自己的经纪人。有了这些在新疆自治区内具有影响力的人物的信赖和鼎力支持，她在当地书画界的影响也随之迅速增大，业务量直线上升，生意上获得了更大的成功。

2. 诚信就是招牌

一个成功的企业家往往会有这样的感慨：只要诚信的钥匙在手，就能重启永恒的成功之门。青岛海尔集团总裁张瑞敏指出，"别人出口是创汇，海尔出口是创品牌。外汇是无信誉的，品牌讲诚信"。可见，金钱有价，诚信无价。所以，创业一定先要树起金字招牌。可以这样说，商家的牌子有一半是诚信的附加，甚至可以说诚信是招牌的灵魂。如果缺乏诚信，商家的牌子便一文不值。

对于品牌这个热词，我们都耳熟能详。但是，你知道什么是品牌吗？专家学者们为品牌所下的定义可谓五花八门，但有一种定义其内涵更为深刻：品牌是诚信的标志、符号与识别工具。品牌在经营运作下，经过一定阶段的诚信积累，就会在客户那里形成一个烙印。说来，品牌与烙印的确有关联。品牌一词来源于古挪威文字 brandr，它的中文意思就是"烙印"。品牌与"烙印"究竟有什么关系？当时，西方游牧部落在马背上打上烙印，用以区分不同部落之间的财产，上面写着一句话：不许动，它是我的，并附有各部落的标记。这就是最初的品牌标记。而今，品牌烙印已经演变成了品牌忠诚度，人们对某种品牌的喜爱就像烙上烙印一般，无法抹掉。实际上，创业者也要在客户的心里烙上一个"烙印"，这个"烙印"就是用诚信铸就的金字招牌。

3. 诚信就是资源

诚信本就是一种无形无价的资源，之所以这样说，理由有四点：一是诚信是一种可用于抵保的无形资产。在创业途中，很可能会出现资金短缺的情况。如果你个人及商业信用很好，那么在朋友圈子里甚至从客户那里都可能获得资金支持。即便是向金融机构借贷，那也要对你进行信用评估，调查你的信用记录。二是诚信是一种可用于交易的合作资源。如果你有诚信，完全可以与合作者不用现金交易，而用"信用"交易，诸如原料采购、商品采购等等，这样可以减少资金占用。可以说，信用就是开给客户的"支票"，尽管可能是空头的，但客户却认可你的信用在将来的变现能力。三是诚信是一种可用于传播的广告资源。诚信是最具说服力的广告，可以吸引更多的合作者。四是诚信是一种可用于管理的信心资源。很多创业者身边都有一大批追随者，这些追随者往往看中的是创业者的个人魅力，而诚信则是个人魅力的重要组成基因。

可以说，企业内部任何一种物化的资源，总是在生产经营过程中不断地被消耗，因而必然有被消费殆尽的那一天，这也是一种"守衡"。而诚信这种资源则不然，时间越久，其价值越高，吸引力也越大。就如陈年老酒，历久弥香。因此，对于恪守诚信的创业者及创业团队，整合资源的能力自然更加强劲，必然更易取得事业成功。从这个意义上来说，在这个世界上，没有什么比诚信更恒久、更具有生命力的资源了。

（二）快速建立诚信是企业生存之本

很多企业都喊过这样的口号：客户至上，诚信为本。但是诚信与否，不是喊出来的，而是做出来的。在市场开发阶段，企业既要考察客户的诚信，也要努力在客户心中建立诚信。诚信形象建立得越快，就越有利于客户的开发与积累。不过，这种需要一个必经的过程。创业不像大学生在校读书，一天可以翻阅百年的历史，创业只能脚踏实地、一步一个脚印地走。诚信形象的建立与积累更需要企业及员工拿出实际行动来，只喊口号无法建立起诚信的大厦。

可以说，快速赢得生意的本质就是快速建立诚信。

1. 快速建立诚信形象的经营策略

创业者可以这样快速建立诚信：第一步，确保产品或服务高品质。可以说，产品或服务是诚信的载体，更是诚信的根本。第二步，建立并公开相应标准，让客户对产品或服务存在评鉴的依据。第三步，在客户出现疑问、抱怨或投诉时，快速回应、快速行动。第四步，让客户对你的感觉超乎预期。在态度、速度、解决问题的办法等方面，一定要超乎客户的预期，多给客户一点点，信誉就会由此而生。

对于上述策略，大多数的创业者及企业都可以做到，这只是一种常规策略。在这里，笔者向创业者介绍两种快速建立诚信形象的非常策略：

第一个策略是"欲擒故纵"。对于"欲擒故纵"这个成语大家并不陌生，无需过多解释，我们来看一个案例：日本证券公司的创业者、小池银行和东京煤气公司的董事长小池国三以诚实闻名。当年，他在一家机器公司做推销员，在半月内就与33名顾客签订了合约。后来他发现他卖的机器比其他公司的同类产品价格略贵。他想客户知道了一定会后悔购买他的产品。于是，他带了合约和订金，向每一名客户说明，请求客户中止合约。他诚实的做法令客户非常感动，没有一人废除合约，反而加深了对小池的信任，纷纷与他订货。不久，他便创立了自己的公司。这个案例告诉我们，金钱损失了还能挽回；信誉一旦失去了就很难挽回，而秉持诚信的商誉却可以创造利润。

第二个策略是"就事论市"，或者说采取事件营销的手段来塑造诚信形象。1984年，现任海尔CEO的张瑞敏由青岛市原家电公司副经理出任青岛冰箱总厂厂长。张瑞敏入主青岛冰箱总厂后，不但要抓管理，还兼任总厂总工程师一职。他对总厂制度进行全面改革，建立起高效、快速反应的人才队伍；对生产线进了一系列改革，以提高生产效率；引进一批先进检测技术，加强品质管理。经过上述大手术，青岛冰箱总厂终于于1987年获得了外贸出口许可。由于其产品实用、便宜，出口到德国的冰箱大受欢迎。于是，总厂千方百计提高产能，为完成订单日夜奋战。然而不到三个月，德国方面就投诉冰箱存在外观质量问题。德方退掉后续订单并向中方索赔。这件事极大地震动了张瑞敏。张瑞敏用铁锤砸烂了总厂剩余的89台存在同样外观质量问题的冰箱。当时许多老工人流下了眼泪——"现在物资这么缺乏，冰箱只是外观有点问题，外国人不接受，可以当工资发给工人呀！为什么要砸呢？"张瑞敏不但砸下了第一锤，而且还让各部门主管、技术人员、班长、员工每人都砸了一锤。这一锤不但"砸"出了海尔人如履薄冰、精益求精的事业态度，更是一次塑造诚信形象的大手笔营销。

2. 不要忽略小事而丢掉了诚信

瑞士的阿米尔说过这样一句话："信用就像一面镜子，只要有了裂缝就不能像原来那样连成一片。"信用难得易失，多年功夫积累的信用往往会由于一时的言行或者一个不当的细节而失掉。当然，这并不是说信用一旦失去就完全不可能重建或修复。但是，修复信用却可能需要企业付出高昂的代价，包括时间成本、管理成本、财务成本等等。

我们来看一个曾经刊登在《湖南日报》上的例子：上个世纪90年代中期，郴州市烟草公司没有及时转变经营观念，管理粗放，更严重的是，掺杂使假、屡屡失信使企业的招牌黯然失色。1995年秋，上海卷烟厂在对购进的一批郴州烟叶进行切丝时，由于烟叶中夹杂了大量烟秆、土块甚至石头，切丝机刀片数次损坏，损失数十万元。同时被彻底损坏的还有郴州烟叶数十年辛辛苦苦树立起来的信誉。从那次起，上海卷烟厂再也没有到郴州采购过烟叶。更可怕的是，"好事不出门，坏事传千里"，红塔集团等其他一些全国重点卷烟企业随之也纷纷与郴州市烟草公司终止了业务往来。公司上下尝到了失信酿造的苦果：烟叶长年积压，难以销出，职工工资竟然要靠贷款发放。2002年，公司改制后，新一届领导班子痛定思痛，将诚信经营确立为扭转困局的定海神针。诚信作为一种经营准则和行为规范，融入到经营管理活动的全过程。《烟叶生产收购诚信办法》《专卖执法人员诚信服务管理办法》《诚信首问责任制实施办法》……公司出台的规章制度，与诚信挂钩的多达20余个。诚信观念渐入人心。一次质检人员偶然发现部分片烟出现水渍，而同一批发往兰州卷烟厂的2000箱片烟已经运抵衡阳火车站。不怕一万，就怕万一！公司费尽周折将这批片烟追回，全厂职工轮流上阵，加班加点一箱一箱开箱检查，最后终于将存在问题的六箱片烟清除了出来。公司为此损失了4万多元，可工人们明白要是失去了信誉，400万元也买不回。信誉回来了，客户回来了，失去的市场也回来了。

一些小失败不会对良好的声誉造成任何损害。如果肯于为自己的行动及错误负责，可以让别人继续相信你，并愿意和你共同面对挑战。人们会记得你的良好的品格、性情和个性，因为这些可以推动项目的发展。良好的声誉同样可以带来独特的竞争优势。人们喜欢从他们尊敬和信任的人那里购买商品。通过对企业甚至自己的行动的负面结果负责，从而与客户建立持续的关系，你将看到你的声誉与日俱增。

（三）诚信是持续经营的法宝

香港长江实业总裁李嘉诚先生是名副其实的中国经营之神，他对自己的成功做出如下总结："经常有人这样问我，为什么能将事业做大、做强，我说，无他，一字而已——信。"牛根生也表达过类似观点，"小胜靠智，大胜靠德"，这里"德"的核心就是诚信。可见，任何一家企业要想在市场竞争中长期立于不败之地，都要讲诚信，并把其视为经营法宝。对于创业企业来说，诚信是针对合作而言的，要面向所有合作伙伴。不仅对客户要诚信，而且对所有的合作者都要讲诚信。当然，经营企业就是经营客户，客户就是企业的命根子。因此，创业者更要努力把诚信当成长期赢得客户的得力工具。可以说，诚信是创业企业持续发展的摇钱树。

1. 诚信赢得回头客

营销的本质是客户争夺战，即以最大化吸引新客户和最大化挽留老客户为目标，并在为此目标奋斗的过程中提升客户满意度和客户忠诚度。要知道，对企业贡献最大的是那些常客或者说回头客，即具有很高忠诚度的客户。有一句话说得好：诚信赢得回头客。

哈佛商学院服务管理课题组研究证明，企业的利润是由客户忠诚度决定的，忠诚的客户给企业带来异乎寻常的利润。根据国际著名的管理咨询公司——贝恩公司的研究结果，客户忠诚度每提高5%，企业的利润就会有25%以上的提升。可见，赢得回头客比开发新客户更重要，然而这无疑要依赖于诚信的力量。

2. 诚信赢得关联客

什么是"关联客"：即老客户的亲朋好友，如老客户的亲属、朋友、同事、邻居等等。忠诚的老客户往往会把自己的体验与经验传达给亲朋好友，把自己认可的企业及品牌推荐给周围的朋友。这种现象在营销学上称为"以旧带新"，老客户在无形中成为企业不付薪水的兼职推销员。因此，创业者必须考虑如何团结并激励这些老客户，让他们带来更多的"关联客"。

3. 诚信赢得陌生客

上文指出诚信就是品牌。当一家企业通过诚信经营建立起良好的信誉与口碑时，品牌也自然随之形成。这时就会有慕名而来的陌生客人光顾。云南昆明的滇池路有一家名为泊圣精工的汽车美容小店，店虽然不大但生意却异常地好。泊圣精工开创十年来，一直坚持诚信经营，把客户视为贵人，把客户的车当做自己的车，提供最好的产品、最好的服务。整个护理车的过程，不单是把车打理干净那么简单，更重要的是重视客户的心理感受，让客户觉得值得，愿意为爱车花费这笔费用。因此，泊圣精工在十年来历次国家检查中从来没有不良记录，也从来没有因为产品质量问题接到过客户投诉。正因如此，很多车主慕名到泊圣精工给爱车做护理。可见，诚信就是一颗火种，让你的生意越烧越旺。

【阅读思考】

1. 什么是企业生命周期？企业生命周期主要包括哪几个阶段？

2. 作为创业者，你认为创业企业生存与发展要坚持哪些规则。

3. 什么是开放式经营？作为创业者，对外合作要遵守哪些基本规则？

4. 作为创业者，你知道如何"正确赚钱"与"恰当用钱"吗？

5. 作为创业者，你如何理解"诚信"？你准备如何快速建立诚信形象？

第四章
创业前必须掌握的一定之规

做任何一件事或者违反任何一个规则，都是要付出成本的。

——史玉柱

一　没有合适的好项目不创业

项目在很多人的头脑中都是这样一个概念：为创建某一独特产品、服务或成果而临时进行的一次性努力；或者说，用有限的资源（人、财、物）、有限的时间为特定客户完成特定目标的一次性工作，诸如建设工程项目、服务外包项目等等。但是对于创业者来说，项目不是这种概念，而是基于企业运作的概念。创业项目可以理解为创业企业的核心经营业务。核心经营业务是创业企业的摇钱树或者说核心利润源。创业企业能否生财，创业项目是关键。根据国外相关统计资料，在创业投资项目中，70%的项目存在失败可能，20%业绩一般，而只有10%是成功的。作为创业者，最希望自己得到的是那10%的成功项目。对此，笔者认为：如果项目好，失败是一个偶然；如果项目不好，失败则是必然。也就是说，选择创业项目定输赢，或者说项目决定成败，项目是成功创业之本。有了好项目，再加上创业者的努力，赢利就是水到渠成的事情了。

（一）什么样的项目才算"好项目"

如今，很多人的腰包里都装满了钱，他们为什么不投资创业？原因固然多种多样，但其中一个很主要的原因就是找不到好项目。如今的中国，已经步入了全民创业时代。对此，民间流行这样一句话："十亿人民九亿商，还有一亿要开张。"大家都在寻找好项目，都在努力寻找赚钱致富的机会。可是，想找到一个好项目却并不容易。

那么，什么样的项目才能算"好项目"呢？

1. 符合创业者自身特点

我们常说，"适合的才是最好的"，对于创业项目亦是如此。别人搞好的项目你却未必适合，你赚钱的买卖别人做了也可能赔钱。可以这样说，成功创业是"人"与"项目"的高度融合，或者说是能够把生命融合于事业之中。基于此，对于创业项目来说，创业者必须是熟悉甚至洞悉、专业甚至专长、热爱甚至痴迷。那些成功的创业者无不认为事业就是自己的生命，这里的"事业"就是"项目"的升华。正因创业者对创业项目的无限专注、痴迷与挚爱，才成就了伟大的事业。我国著名的蚕桑专家、丝绸之母费达生在 1978 年时，曾对年仅 28 岁的沈福珍说："蚕丝比我的生命还重要，它就是我的一生。孩子，蚕丝可以让你快乐一辈子。"是啊，事业就是成功者的热土，就是成功者的乐园，而事业的载体就是创业项目。

2. 具有充分的市场价值

只有创业项目具有一定的市场价值，才能具备市场潜力，才能够实现市场销售。如果市场不买账，创业注定是要失败的，创业者也就没有成功的可能。具备市场价值的创业项目具有以下三个特征：一是市场占位性。项目要具有足够的创新性，这样才能具有竞争力，并填补市场空白。如果不能在某一市场领域成为第一，那么创业者就要争取开创一个领域并成为第一，这就是创业的"项目第一法则"。在此过程中，创业者要注重自我权利的保护，诸如专利权、独家特许权等等。二是市场规模性。项目具备一定规模的市场需求或者市场容量，包括现实需求与潜在需求。对此后文将深入探讨，在此不赘述。三是市场生命力。项目要具有较强的市场生命力，如果项目市场生命很短暂，甚至是昙花一现，那么这个项目应该是没有价值的。一个好项目应该具备三年以上的市场生命周期。否则，即便一时红火，市场后劲不足，最终还是无法形成成熟的赢利模式。如很多食品专卖连锁店都是昙花一现，各领风骚几个月，最为典型的就是"馋嘴鸭"。这个在2002年迅速火暴市场的餐饮项目，仅仅一年时间就遭到了市场的抛弃，"馋嘴鸭"连锁陆续败走济南、铩羽西安、折翅唐山……整个市场呈现一片颓势。

3. 具有必然的社会价值

所谓社会价值，就是企业通过自身实践活动满足社会或他人物质与精神需要所做出的贡献和承担的责任。马克思说：在选择职业时，我们应该遵循的主要指针是人类的幸福和我们自身的完美。不应认为这两种利益是敌对的，互相冲突的。这里所说的"人类的幸福"是指社会价值，"自身的完美"是指自我价值。在马克思看来，人的这两种价值不是敌对的，而是统一的。社会价值是自我价值的基础，具有很高社会价值的人必然具有很高的自我价值。因此，创业者创业的目的不仅是为自己谋福利，更要为全人类做贡献。从这个角度来说，项目仅仅具备市场价值还不行，还要具有社会价值，否则这个项目也不能称之为"好项目"。什么是项目的社会价值？就是指项目符合社会发展趋势与潮流，项目服从于企业社会责任约束。实际上，这是在强调创业项目要符合国家法律、政策与公益导向。如果项目与国家法律、政策与公益事业相悖或者与社会发展潮流不合拍，那也是没有生命力的，项目最终必将遭遇滑铁卢。

4. 具有差异化价值性征

好项目应该是差异化、个性化的，应该是与众不同的。同质化的项目必然会陷入过度竞争的泥潭，想做到成功创业很难。选择项目最重要的标准是看这个项目是否具有个性化特点，即这个项目与其他相似或相近的项目相比是否具有价值差异性与特色性。需要强调的是，这里的"个性"并非一个空泛的概念，而是由许多具体实在的内容组成的，主要体现为三个特点：一是创新。项目必须要新颖，市场还没有饱和，仍拥有可开拓的空间。二是创意。项目有新意、有特点，有自己特有的卖点，并且应是成熟项目，而不是实验室项目或者正在测试改进中的项目。三是差异。项目必须与其他同类项目有所差异，独具特色，有鲜明的亮点。

差异化可以理解为创业者向市场提供独特的价值，并取得竞争优势的产品或服务的过程及结果。这对创业者来说有很多利益，诸如能有效地回避正面碰撞和竞争；可以削弱购买者的"权力"，因为市场缺乏可比的选择；有利于阻碍后来的竞争者，因为在差异化策略下，得到满足的客户会产生品牌忠诚。另外，对于客户在利益上也有很多诱惑，竞争给客户带来的利益非常明显，不断的竞争促使产品质量更好、价格更低、服务更优。而差异化给客户所带来的利益更为明显，因为客户的需求得到了更切实地满足。

5. 项目可操作、可运营

有很多创业项目看起来前景很美好，但是却不好操作、难于运营，这类项目也不能说是"好项目"。那么，可操作可运营的项目具备哪些特征呢？一是项目必须是现实的，即在现有条件与环境下，项目可以启动运营。二是项目必须是可执行的。如果在创业过程中，创业项目运营阻力重重，甚至存在无法逾越的障碍，那么这样的项目就属于不可执行或者说难于执行的。对于创业项目的想法再好，最终也只能是纸上谈兵。三是目标必须是可实现的，即创业目标通过创业者的努力可以实现。或许读者朋友会问，如果创业目标都可以实现，创业怎么还会失败？实际上，这里是重在强调创业者一定要能列出足够的理由，证明你有可能实现自己的目标。恰如《孙子兵法》所言："夫未战而庙胜者，得算多也，未战而庙算不胜者，得算少也，多算胜，少算不胜，而况于无算乎？吾以此观之，胜负见矣。"四是项目风险是可以控制的，即项目风险可以加以定性与定量评价，并非不可预期，可以防御、规避与化解。也就是说，创业者在风险和收益面前仍应秉承在风险可控的情况下追逐收益的策略。要知道，任何创业投资都是有风险的，创业风险包括可控风险与不可控风险。可控风险又称柔性风险，是创业企业能够评估、控制与防范的风险，而不可控风险则往往是政策性的，对于投资者来说是不可抗拒的，只能"服从"，而服从则往往意味着危机。

（二）市场机会只属于睿智的创业者

很多创业者都曾发出这样的叹息：找一个好项目很难。实际上，好项目可能就在你身边。大富豪李嘉诚说过这样一句话："随时留意身边有无生意可做，才会抓住时机，把握升浪起点，着手越快越好。遇到不寻常的事发生时立即想到赚钱，这是生意人应该具备的素质。"这无疑是在告诉创业者，好项目很可能就来自于你的生活，只要你是一个有心人。日本顶级商务咨询顾问泽圧尚美女士在其著作《从白手起家到月收入一百万》中也明确指出，人们要能够"在半径三米范围之内寻找创业的契机"。这个观点并不难理解，即只要创业者能够挖掘以往的经验结合自己的想法，立足于熟悉的生活环境，就很容易找到创业的契机。看来，好生意或许就在你身边。

创业选项是需要眼光的，创业者的商业知觉与判断力很重要。这也可以理解为创业者的一种商业敏感。马云作为成功的创业家，对此有着深刻的理解："创业者很重要的一点，不是你的公司在哪里，有时候你的心在哪里，你的眼光在哪里更为重要。企业在定位过程中要明白自己的产品能不能走那么远，是不是可以走那么远。不一定做大，但一定要先做好。"可见，商机与项目都需要创业者具备深远的眼光。这里的"眼光"可以理解为洞察力、识别力、逆向思维力。创业选项往往需要一种逆向思维能力，否则跟在别人身后跑，能有什么好机会留给你呢?

1. 别人都看好的项目未必是好项目

市场机会往往存在于"缝隙领域"，存在于产业链的薄弱环节。这也就是我们通常所说的市场空白。很多可以填补市场空白的项目往往会获得更多创业者的青睐，大家都对新的东西感兴趣。但创业者对于这类创新型项目要理性对待，不能被它波澜壮阔的前景所迷惑。要知道，前景不等于"钱景"。创新型项目不一定是门好生意，更不意味是一门好做的生意。像有些项目虽然填补了市场空白，但是如果过度超前于市场，就难于得到市场的响应，容易成为市场的牺牲品。也就是说，选择创新项目或者成为"先驱"，或者成为"先烈"，创业者需要做两手准备。

不可否认，创新型项目将拥有更多的市场机会，以及更大的成功几率。诸如"活力28"超浓缩无泡洗衣粉的问世，开创了中国洗衣粉历史的新纪元，不仅打破了"白猫"一统天下的格局，更为重要的是它实现了由"多泡洗衣粉"向"无泡洗衣粉"的转变，改变了一种消费观念。同时，"活力28"通过在中央电视台的广告传播，使"活力28，沙市日化"走进千家万户，迅速扬名，一跃成为国内洗衣粉行业的大哥大。再如，五谷道场为其非油炸方便面打出了"拒绝油炸，留住健康"的广告语，广告代言人陈宝国在广告中高呼"我不吃油炸食品"，以此挑战油炸方便面在消费者心中的地位。这不仅是概念上的创新，也是品类上的创新，还体现出了工艺技术上的创新，结果五谷道场在其经营的巅峰时期曾经占领了方便面市场的半壁江山。还有，奥克斯推出了变频空调，挑战传统的定速空调产品。经过20多年的发展，在日本变频空调的市场占有率已达到99%以上，而在中国打出这个概念无疑也是引领了一个新潮流。再如瓜子行业的后起之秀洽洽瓜子的成功也是一个典型，这家公司发现市面上的瓜子加工工艺多以炒制为主，但是炒货容易上火，因此不利于凝聚女性消费者。但是瓜子作为休闲食品，女性消费者又是其不可或缺的一个消费群体。于是，洽洽在普通炒制工艺上进行改良，推出了独特的"煮"制工艺。结果，这个工艺上的概念也成为重要卖点。

"新"既是一个卖点，又是一个难点。当创新型项目上市运营后，固然卖点十足，具有先入为主的优势，但是也面临着市场启蒙教育的重任。这不但要创业企业承担高昂的市场教育成本与销售费用，还要忍受较长的成长周期的煎熬。因此，创业者千万不要因为自己的新产品在市场上独一无二而沾沾自喜，要知道没有竞争对手的参与不见得是好事。在没有竞争对手的市场领域，市场启蒙教育的重担没有其他企业帮助分担，企业很有可能要为之付出高昂的市场启蒙教育成本，包括财务成本与时间成本，甚至可能还没做完市场教育企业就已支撑不住了。有研究资料显示，企业开发原创性新产品的失败率大致在 20%—80% 之间。其中，消费品行业的新产品开发失败率很高，大约在 40%—80% 之间，工业品行业和服务性行业的新产品开发失败率则分别为 20% 和 18% 左右。相反，很多企业并不是最早进入市场的，而是跟随先行者进入市场却取得了令人所垂涎的成功。诸如福特没有创造汽车市场，但福特汽车却在汽车诞生后的 100 年中赢得了大部分利润；宝洁没有创造纸尿裤市场，但却收获了这一规模市场的大部分价值；通用电气没有创造 CAT 扫描仪市场，但同样赚走了市场中的大部分利润。

2. 好项目可能是别人都不看好的项目

创业选项需要创业者有独到的眼光、独特的商业感觉与市场敏感，能够对未来的商业趋势与发展潮流有一个很好地把握。这里的"眼光"包括两方面含义：一是能否找到机会；二是能否识别机会。生意场上同样是"识时务者为俊杰"。当市场机会光顾创业者时，创业者如果缺乏必要的敏感度与判断力必然会与市场机会失之交臂。趋势科技的成功就属于这种情况：张明正拿到计算机专业硕士学位后选择了被称为旁门左道的防病毒软件作为主攻方向。1999 年 4 月，第一个通过电子邮件传播的"梅丽莎"病毒大面积爆发。正当众多 IT 企业无计可施时，张明正的"传奇故事"诞生了，他的解药被大量使用。如今，他创立的趋势科技公司市值已逾 100

亿美元，他本人也先后两次被美国《商业周刊》推选为"亚洲之星"。

我们非常遗憾地看到，即便是那些在全球经济发挥着举足轻重作用的伟大公司，有时市场眼光也并不怎么好，同样会错过很多宝贵的商业机会，令竞争对手在这些领域里成了大气候。2006 年 2 月，三星承认错误判断 MP3 形势，结果被苹果 iPod 占尽先机。三星早在几年前已经率先进入 MP3 播放器市场，但当时三星错误地判断主要由非法下载带动的 MP3 产品市场前景有限。这种严重的判断失误使三星在苹果公司推出 iPod + iTunes 音乐商店的组合后完全处于下风。也就是说，iPod + iTunes 让这个市场变得合法化了。面对苹果的成功，三星虽然也开始把重心重新放在 MP3 上，但毕竟还是被苹果抢占了市场，对于三星这不能不说是一个遗憾。

很多独具慧眼的企业在不被别人看好的项目与机会上获得了巨大成功，我们来看几个案例：美国新泽西州的一家制造引爆器的公司发明了一种撞击瞬间膨胀的空气袋——也就是现在的安全气囊——可装置在汽车方向盘上，保护驾驶员。当企业向美国通用汽车推销这种产品时，却因为该企业不是传统的汽车业同行而遭拒绝。后来日本丰田买下了这项技术，其制造成本仅 50 美元，而此后美国三大汽车生产企业——通用、福特、克莱斯勒所采用的空气袋，最低成本却在 500 到 600 美元之间。

再如，我们都知道耐克在运动市场的出色表现，不过在 20 世纪 70 年代初，在美国运动鞋市场上占据领先地位的品牌是阿迪达斯、彪马等品牌。当时，在美国逐渐兴起慢跑热，这无疑是一个机会。但是，耐克的竞争对手们对这个商机的反应似乎并不敏感。1974 年，耐克公司把一种外形酷似"华夫饼干"的新型脱烷橡胶鞋底应用于新产品中，这种新款运动鞋鞋底带有小橡胶圆钉，并且弹性比市面上流行的产品更强。结果，恰恰是这项并不复杂的创新为耐克带来了机会。新鞋的销售额猛增，使公司迅速发展起来，超越了竞争对手阿迪达斯、彪马等老品牌。到 20 世纪 80 年代中期，耐克就已经成为全美最大的跑鞋制造商。耐克能够长期在运动跑鞋市场独领风骚，与其"追求创新"的理念密切相关。在理念上，耐克的老板菲尔·奈特尔强调，"每六个月就呈现给消费者一个新面孔"。

还有一个案例：30 多年来，米其林轮胎一直是世界轮胎市场的主导者。早在 20 世纪 30 年代，米其林获得超越竞争对手的机会始于钢丝轮胎的生产经营。那时开始关注并致力于钢丝轮胎的研究开发。不过，因钢丝轮胎在行驶时的高摩擦声及高额制造成本，当时大部分厂商对这种技术并不认同。但是，到了 20 世纪 60 年代，汽车制造商与用户却逐渐接受了钢丝轮胎。此时，米其林的竞争对手们才猛然醒悟，但为时已晚，米其林已经为他们高高筑起了一道难以逾越的品牌壁垒。

二　没有充足的资金保障不创业

作为创业者，在资金方面千万不要有投机心理，"空手套白狼"基本上就是个神话。资金是一个企业的血液，资金链如同一个人的血管。无论是血液枯竭，还是血管断裂，生命的循环都会停止。人的生命如此，企业的生命亦是如此。因此，创业者如何保证资金链的连续性发展，可以说是企业经营的根本。古语云："凡事预则立，不预则废。"投资大师巴菲特有这样一句名言："退潮的时候才知道谁在裸泳。"所以，创业者须备好关键时刻可以筹集到的应对艰危时刻的资金，否则将难逃危机的侵扰。中央电视台《致富经》栏目、国家发展和改革委员会中小企业对外合作协调中心、清华大学中国创业研究中心、中国农业大学 MBA 中心联合针对全国 26 个省区市进行了百姓创业调查，并于 2006 年 2 月推出了《中国百姓创业调查报告》。该报告显示，在创业初期，多数创业者都遇到过资金筹措和市场需求的困难；并且，48% 的创业者有过失败经历，而资金周转、创业项目选择错误和管理不善则是造成创业失败的三大原因。

2007 年，知名财经杂志《中国企业家》曾对创业资金的来源进行调查，调查结果显示，在被调查的 147 家企业中，78.3% 的企业创业资金来源于创始人的自有资金，8.7% 的企业创业资金来源于团队集资以及风险投资，而没有一家企业的创业资金来源于银行贷款。这从侧面反映了创业企业融资难的现象，同时也在一定程度上说明创业者缺乏融资观念。当然，大学毕业生创业与上述情况不同，除非家境殷实并得到家庭支持，否则很少有自有资金，往往要通过借贷、融资或者申请创业基金来获得资金。尽管大学毕业生创业资金难于筹措，但同样要想办法在资金上做好必要的准备，这样才能保证自己的事业顺利起跑、持续运营。

（一）启动资金是起跑的引擎

创业者在制定创业计划时，就要对启动资金做出预算。创业者可以先进行定性预测，再进行定量预测，进而获得尽可能准确的数字。启动资金就是创业企业起跑的引擎，没有必要的启动资金企业将无法启动运营。基于此，创业企业的启动期也可以理解为筹建期，即指企业被批准筹建之日起至开始生产、经营（包括试生产、试营业）之日的期间。

创业启动资金也可以理解为企业开办投入资金，主要包括以下两个核心组成部分：

1. 企业开办费用

所谓企业开办费，是指创业企业在筹建期间发生的费用，包括筹建期人员工资、办公费、培训费、差旅费、印刷费、注册登记费，以及不计入固定资产和无形资产购建成本的汇兑损益和利息支出。对于企业开办过程中所要涉及的费用，创业者必须做到心中有数，清楚费用环节、项目及费用标准。这部分钱是创业者必须花的，几乎没有可节省的空间。

2. 固定资产投资

所谓固定资产，即在产品或服务生产过程中，用来改变或者影响劳动对象的劳动资料，是固定资本的实物形态。固定资产在生产过程中可以长期发挥作用，长期保持原有的实物形态，但其价值则随着企业生产经营活动而逐渐地转移到产品成本中去，并构成产品价值的一个组成部分。在中国的会计制度中，固定资产通常是指使用期限超过一年的房屋、建筑物、机器、机械、运输工具以及其他与生产经营有关的设备、器具和工具等，而少于一年的则为低值易耗品。实际上，对创业者来说，固定资产是一项基础投资，也是项目得以运营的硬件条件。创业者可以对这部分投入做认真分析，尽量减少固定资产投资对资金的占用。创业要务实，而不能摆谱。

（二）应急资金是过冬的棉袄

很多创业者在创业初期，在财务上没有遵循审慎原则，或激进冒险，或过于铺张。因为对创业项目的前景过于乐观，认为钱投进去了，马上就能有产出或回报，所以没有预留足够的准备资金。结果，在生意不顺利，或遭遇危机之时，往往会出现资金周转不灵的问题，甚至资金链彻底断裂。

因此，创业者手中必须有一定数额的备用资金，或者称为应急资金、经营准备金。应急资金主要是发挥防患于未然的作用。要知道，在创业过程中总会遇到"冬天"，而事先准备好"棉袄"至关重要。有很多创业企业虽然看见了"春天"，或者闻到了"春天"的气息，却因资金问题无法坚持熬过"严冬"，自然也就见不到"春天"了。为什么要事先准备？因为一旦"冬天"到来，那时将很难遇到雪中送炭人。甚至在危难之际，拆台者有之，落井下石者有之，商场上墙倒众人推的现象屡见不鲜。

那么，创业者准备的应急资金主要用于应对哪些情况呢？

1. 应对意外危机

意外危机包括因产品或服务质量问题导致的人身意外伤亡事故，或者因企业与客户纠纷导致的信任危机等等。一旦出现这种情况，创业企业除了要解决危机，还要消除负面影响。因此，在这个过程中，可能要面临产品赔偿、人身赔偿、媒体公关费用等等。如果企业缺少必要的应急资金，问题就无法彻底解决。那么，创业企业很可能会因此画上句号。在这种情况下，创业企业就需要花钱消灾了。

2. 应对资源危机

资源危机主要体现为原材料资源、产品资源、人力资源等严重短缺或不足而导致的危机。一旦出现这种情况，就会导致创业企业运营困难。为此，企业可能要事先大量采购囤积，以降低成本，满足企业运营需要。在创业期间，在能够预见即将出现资源危机时，就需要创业者手中有足够的资金来做好资源储备，以备项目运营之需。

3. 应对市场危机

应对市场危机，主要是指应对因金融危机、产业危机、社会危机、销售淡季等因素导致的市场疲软，而积极采取市场自救行动。在市场疲软之际，企业被动地等待寒流过去不是上策。最好的办法就是行动起来，为市场旺季的到来做足准备。在淡季产出很少的情况下，创业企业还需要做充足的投入，要知道淡季不等于冬眠，这就需求创业企业具备一定的资金能力。

（三）滚动资金是发展的血脉

创业者经常会遇到这种情况：企业生产经营规模不断扩大，但是却遭遇资金困境，甚至由于资金短缺导致难于维系正常的生产经营活动。这种就是滚动资金不足或者说流动资金不足。而导致这种情况的基本原因就是企业扩张投资过大，或者在经营循环上受阻，甚至在资金循环上出现恶性循环。

所谓流动资金，是指企业在生产经营过程中占用在流动资产上的资金，它具有周转期短、形态易变的特点。创业企业拥有较多的流动资金，可以在一定程度上降低企业的财务风险。流动资金是指项目投产后，为进行正常生产运营，用于购买原材料、燃料，支付工资及其他经营费用等所必不可少的周转资金。这就要求创业者必须是一个企业理财高手或者身边要有理财高手。通过强化企业理财，掌握现金、应收账款和存货等主要流动资金项目的有效管理方法，以达到既能节约、合理使用流动资金，又能加速流动资金周转，提高使用效率，降低风险的目的。

那些因资金链断裂而倒闭的企业大多是因流动资金周转不灵所致，诸如应收账款过多、库存压力大等原因，导致企业的生产经营循环无以为继。万燕VCD这家企业就因流动资金不足而黯然退出市场。1993年，安徽的姜万勐以独到的眼光与魄力，在全球率先开创VCD市场，但由于后续资金匮乏，陷入有钱打天下，无钱坐天下的尴尬。一个市场从无到有的开发，万燕研发和广告投入将近2000万美元。但是，作为民营企业却无从融资，进而难于面对已成功开发出来的市场，只有拱手让给后来者。新品类是一个崭新的概念，具有和消费者生活习惯有偏差的利益点，前期往往需要大量的市场教育，如果没有充足的资金往往会枉为他人做嫁衣，万燕即是一例。作为中国最早做VCD的企业、中国VCD市场的开拓者，万燕只能无奈地看着当消费者普遍接受VCD时，购买的却是步步高、新科等跟随品牌。由于缺乏资金支持，万燕VCD从"先驱"成为"先烈"，市场份额从100%跌到2%。再如以非油炸方便面闻名中国市场的五谷道场，曾被业内喻为一匹黑马，用短短的六年时间便做到了全国第六的市场位置。然而仅仅过了短短两年时间，其销售便一落千丈。究其原因，就是因为扩张过快，以及过分乐观地估计非油炸方便面的前景而大把撒钱，导致中旺集团资金链数次紧张。结果，不但欠下供货商、经销商、金融机构钱款，更拖欠员工工资。资金无以为继，企业无法正常运营，最终不得不另嫁他人。2008年11月20日，公司破产重整。2009年2月12日，中粮集团以1.09亿取得该企业股东股权。

三 没有清晰的赢利模式不创业

创业之前，创业者一定要知道你应该怎样赚钱，如何通过项目生财。这也是我们常说的"生财有道"。如果创业者连项目的赢利点在哪里都不知道，这种糊里糊涂地创业必然遭遇惨败。对于创业者来说，一定要有较为清晰的赚钱思路或者说是赢利模式。赢利模式的简化定义即项目通过什么方法赚钱以及这种赚钱方法的基本规律。诸如美容院通常通过为顾客提供美容服务、销售美妆产品赚钱，这就是美容院的赢利模式；医药经销商，既赚取对销售区域内的物流配送费用，又赚取医药销售利润，这就是医药经销商的赢利模式；汽车4S销售服务店通过整车销售、零配件供应、维修服务、汽车装饰与美容等途径赚钱，这就是4S店的赢利模式。创业者要具备以客户为中心进行赢利模式设计的能力，并根据经营环境变化及企业的发展及时调整赢利模式。

也就是说，创业者一定要明确今天的利润在哪里，如何产生，明天的利润在哪里，又将如何产生……赚钱总是让人绞尽脑汁，赚钱是快乐的，同时也是令人苦恼的。可以说，利润是令创业者最兴奋也最痛苦的一件事。赚到钱兴奋，赚不到钱痛苦。正如可口可乐前首席执行官罗伯特·郭思达所说的那样："有一个问题让人苦苦思考，以至于焦躁不安。"是什么问题呢？这个问题就是——"利润"！

（一）要善于发现赚钱机会

每个创业者都想赚钱，但并不是每个创业者都能发现赚钱的机会。赚钱的机会似乎永远是隐藏着的，或者说利润永远隐藏在市场机会的背后。

1. 寻找利润池

美国贝恩管理咨询公司有这样两位咨询人员：奥里特·加迪什（Orit Gadiesh）和詹姆斯·吉尔伯特（James L. Gilbert），他们曾在《哈佛商业评论》杂志上发表了一篇名为《利润池：战略新视角》的文章，为"利润池"做了如下定义：在行业价值链上，行业在各个环节所赚取的利润总和即为利润池。那些视角独特的公司最容易掘取行业内的高额利润。那么，如何理解"利润池"这个概念呢？对于一个行业来说，总是可以细分出若干细分市场，这些细分市场可赚取的利润总和就是"利润池"。尽管概念简单明了，但"利润池"的构成结构却错综复杂，很难发现哪一部分隐藏的利润最多。在价值链上，某些细分市场的池水可能会比另一些细分市场更深，或者说在各个细分市场上池水深浅不一。不同细分市场的利润率可能会因客户群体、产品种类、区域市场、分销渠道等因素不同而大相径庭。

利润总是隐藏在产业链最薄弱的环节中，利润其实就是市场给予那些修补产业链薄弱环节的企业的物质奖励。为了发现利润池，创业者必须首先发现产业链的薄弱环节——薄弱行业。薄弱行业也可以称为缝隙行业。"市场缝隙"一词源于法语单词 Niche（利基），Niche 原意是指法国人在建造房屋时，通常要在外墙上凿出一个神龛，以供放圣母玛利亚像。由于其边界清晰，后来被用来形容还未被注意的空白地带，即缝隙市场。缝隙行业是指客户需求没有得到满足或者没有得到有效满足，这时这个利润池中赚钱的机会就比较大。对于创业者来说，关键是找到这个领域，并在这个行业的细分市场上寻找赚钱的机会。

2. 发掘利润源

那么，"利润源"又是什么概念呢？利润源是指企业提供的产品或服务的购买者和使用群体（即客户），是企业利润的唯一源泉。利润源可分为主要利润源、辅助利润源和潜在利润源。出色的利润源通常要具备三个条件：一是要有足够的规模，主要是数量规模，也包括质量上的规模，或者说应该是"富矿"；二是企业要对利润源的需求和偏好有比较深的认识和了解，知道如何去开采；三是企业在挖掘利润源时，与竞争者相比要具有一定的竞争优势，这样才能抢占优势。可见，创业者发现了利润池还不行，还要善测水深。至于如何判断其深浅，那就要看上述三个条件的满足程度了。只有具备足够的利润潜力与规模，创业者才可以进入，否则再折腾恐怕也赚不到钱。

实际上，发现利润源的过程，就是寻找或开拓细分行业市场，进而找到富有商机的空白市场的过程。空白市场有三层含义：第一层含义是未被发现的细分市场；第二层含义是被重新定义的市场；第三层含义是未被覆盖的目标市场。但市场也不是可以被无限细分的，过度细分会导致细分市场潜力与容量过小，市场机会也将十分有限。创业者就是要寻找、进入、占领并扩大细分市场，乃至成为市场霸主。

（二）要事先把赚钱机会模式化

上文已经指出，赢利模式就是企业赚钱的渠道，要通过怎样的模式和途径来赚钱，创业者在创业前就应该明确。过去很多创业者糊里糊涂地开始了创业，靠误打误撞获得成功。获得成功之后，才对赢利模式进行系统的总结、分析与提炼，从而逐渐形成成熟而稳定的赢利模式。这种情况多见于市场走向不明朗的项目，往往是长线创业或者说边干边探索的项目。但如今却行不通了，创业者必须事先就为自己找到较为明确的利润模式。那种边干边摸索的创业模式不但效率低下，而且成功率也大大降低了。投资领域知名财经杂志《科学投资》曾对多年建立的创业企业案例库中的数百家企业进行统计，得到了这样一组数据：在创业企业中，因为战略原因而失败的只有23%，因为执行原因而夭折的也只不过28%，因为没有找到赢利模式而走上绝路的却高达49%。所以，创业者要学会设计与评价利润模式，这在选项或者项目设计时都会派上用场。

创业者可从以下四个方面评价一种赢利模式的优劣：

1. 赢利模式应该是规律的

《科学投资》杂志是创业领域的核心刊物，他们经过对大量案例的研究和对众多成功创业者的走访，发现在企业战略与企业运营之间存在一条容易被人忽视的规律。这个规律就是企业的赢利模式。企业赢利应该是在一种良性经营循环下进行的，或者说赢利模式应该具有规律性。企业赢利模式是从不断变化的市场现象中抽象规律的具体表现，它能够非常直接地反应在企业创富赢利的过程中。企业赢利模式中的每一个具体环节都来自于市场现象中的必然规律。因此，赢利模式具有一定的规律性、稳定性与持续性，但又不是一成不变的。

2. 赢利模式应该是简单的

作为创业者，一定要慎重对待赢利模式复杂的项目。赢利模式复杂，往往也意味着该项目在经营管理上具有复杂性，可能不好操作。赢利模式越是复杂的项目，在运营过程中也就越容易出现问题，诸如环节上的、流程上的，等等。只有清晰而简单的赢利模式才更容易操作，才更适合初次创业的大学毕业生。

3. 赢利模式应该是本质的

可以说，赢利模式体现了企业运营的本质，体现了企业赚钱的源泉、秘密与真相。创业者不要为表面现象所迷惑，一定要认清项目赢利的本真所在。创业者要仔细认清行业的本质，任何优秀的商业模式都是行业本质的集中而精彩的体现。不过，行业本质并不容易揭开，这也是很多企业在不断探索中才逐步形成相对成熟而稳定的赢利模式的重要原因。

4. 赢利模式应该是个性的

赢利模式往往是创业企业竞争优势与经营能力的体现。从某种意义上来说，企业之间的竞争直接体现为赢利模式上的竞争。可以说，个性化的赢利模式就是企业的差异化竞争优势。如果项目的赢利模式不够创新化、个性化，建议创业者慎重操作，与竞争对手同质化的赢利模式往往没有前途，更难以赚钱。

四 没有市场需求潜力不创业

美国管理大师德鲁克有一名名言："好的公司满足需求，伟大的公司创造市场。"可见，创业者经营事业的本质是一门如何发现并创造客户需求乃至满足客户需求的学问。或许正因如此，在很多企业的文化理念里，才把客户视为自己的上帝，甚至称客户为自己的衣食父母。道理很简单，利润来源于客户的需求得到满足，而不是其他途径。管理大师德鲁克对此还有过这样一段精彩的论述：一个人花钱购买一双鞋子，不是为了支付制鞋商所期望获得的利润，而是为了得到一双漂亮、舒适的鞋子。可见，客户花钱买的就是价值，追求的就是满意。

那么，有需求者就是企业的客户吗？实际上并非如此。创业企业的经营就是为独立的、聪明的、有购买选择权的客户服务，并为其提供有价值的东西，使其愿意与企业交易。从本质上来说，创业的关键是营销管理，而营销管理的过程实际上正是需求管理的过程。一句话，创业就是把客户需求变成财富的过程。

（一）有需求的未必都是客户

管理大师德鲁克说："对企业而言，创造顾客比创造利润更重要。"这对于创业者来说有着很大的启发：不要老是想着赚钱，而是要找到真正属于你的有价值的客户，这才是创业经营的关键。一旦拥有了有价值的客户，创业者就不必担心赚钱的问题了，因为客户就是摇钱树，会源源不断地把钱放进你的腰包。创业赚钱实质上是要从客户的腰包里掏钱。当然，最佳状态是让客户主动从腰包里掏钱给你，这样的合作更长久也更甜蜜。不过，这要有一个前提，那就是客户腰包里要有钱，并且客户有权支配自己腰包里的钱。只有这样，在其产生需求时，才可能成为企业的有效客户。

创业者期盼客户出现的心情甚至可以用望眼欲穿来形容。但越是心焦越要在关键时刻告诫自己的团队成员，一定要找到真正的客户，不要被假客户蒙蔽了双眼，否则会浪费时间、精力与资源，这一切对于创业企业来说都是宝贵的。

1. 识别客户的资格

销售领域有一个著名的 MAN 法则。这个法则认为，作为客户的人（Man）是由金钱（Money）、权力（Authority）和需要（Need）这三个要素构成的：一是该潜在客户是否有购买资金（M），即是否有钱，是否具有购买此产品或服务的经济能力，也就是有没有购买力或筹措资金的能力。二是该潜在客户是否有购买决策权（A），即你所极力说服的对象是否有购买决定权，在成功的销售过程中，能否准确地了解真正的购买决策人是销售的关键。三是该潜在客户是否有购买需要（N），包括物质需求与精神需求。需要是指存在于人们内心的对某种目标的渴求或欲望，它由内在的或外在的、精神的或物质的刺激所引发。客户需求还具有层次性、复杂性、无限性、多样性和动态性等特点，它能够反复地激发每一次的购买决策，而且具有接受信息和重组客户需要结构并修正下一次购买决策的功能。可见，只有同时具备购买力、购买决策权和购买需求这三要素才是合格的客户。MAN 法则可以帮助创业者及创业团队有效地进行客户资格鉴定，并对潜在客户进行筛选。客户资格鉴定的目的在于发现真正的销售对象，避免时间的浪费，提高销售工作效率。

2. 甄别客户的价值

实际上，符合 MAN 法则只是成为客户的充分条件，而非必要条件。当创业团队锁定了一个符合 MAN 法则标准的客户后，还要对客户的价值进行甄别与研判。虽然有些人或组织可以成为创业企业的客户，但是如果从其身上无利可图，既无现实价值，又无长远价值，那么它也就失去了其作为客户的意义，开发这个客户同样是一种资源浪费。这就需要有一个客户价值评估过程，只有具备价值的客户才能面向其开展工作。评价客户价值的标准是对其现实价值和未来价值的预估。因为尚未合作，历史价值无从谈起。如果确实需要，那只有去了解客户与其他企业的合作数据，当然这也具有很重要的意义。评估客户的价值，要从两个角度、五个方面来考虑，见表4—1。

表4—1　　　　　　　　　　　　客户价值的评估要素

评价角度	客户价值	解释说明
从价值形态划分	经济价值	能够为企业带来经济效益的客户具备经济价值
	形象价值	对品牌形象提升有益，尽管可能没有经济价值
从价值周期划分	历史价值	既往合作客户对工业品企业的整体价值贡献
	现实价值	目前就能为企业创造价值的客户，包括经济价值或形象价值
	长远价值	目前虽未贡献价值，但却具有良好的成长性，具有价值潜力

对于一个客户的价值，创业者要立足于其现实价值与未来价值进行综合评判，而不是只看眼前的价值。如果客户有潜力，那么你所投入的精力终究会得到回报，客户要么能给企业带来经济效益，要么能有利于树立创业企业或品牌的形象，这是拓展其他客户的得力工具与秘密武器。实际上，关注客户价值对于创业经营的意义重大，这体现在两个方面：

一是客户的身份类型关系到其是否有价值。创业企业必须明确客户类型，即是商业客户还是个人客户。很多产品既存在商业客户需求也存在个人客户需求。但有时候未必有需求的都是直接服务的客户。诸如汽车零部件，既可以面向汽车制造厂商直销，也可以进入零配件商店、汽车 4S 店销售，还可以卖给个体养车者。汽车零部件企业的销售员通常只能面向整车制造厂商与经销商，而不会与个体养车者打交道。可见，虽然对企业的产品或服务有需求，但未必都是目标销售对象。

二是客户的需求规模关系到其价值大小。为什么要强调客户的需求规模？就是因为创业企业要考虑为客户提供销售及服务的经济成本，进而确定一个销售或服务起始量或者说最低订货量，低于这个起始量企业不予服务或者通过其他方式服务。如果服务成本超过服务利润，那就是过度服务，对于企业来说是无价值、无意义的服务。在日常生活中，我们接触到的一些快餐外卖公司往往会要求客户订一定数量的快餐才能送货上门，否则不提供服务。在工业领域亦是如此，各类厂商也往往会对客户提出最低订货量的要求。可见，有需求的未必都是客户，有一定需求规模者才有可能成为目标客户。

（二）现实需求才是"饭碗"所在

对于生意人来说，现实的才是美好的。现实需求才触手可及，现实客户才最可爱。那么，什么是现实需求？现实需求是指已经存在的市场需求，表现为消费者既有欲望，又有一定的购买力（货币支付能力）。不过，现实需求还不等于最终购买。有时候，客户对他们的需求是比较模糊和不准确的，有可能他们认为自己需要的某些产品或服务其实并不适合他们，而有时他们先前不看好的产品或服务也可能真正可以满足其需要。这就涉及潜在需求的概念。潜在需求又称隐性需求，就是指某类产品或服务的客户会因为产品或市场的某些波动随时拒绝购买该品牌或使用替代品的情况下产生的需求行为。潜在需求十分重要，在所有的购买行为中，大部分需求可能都是潜在需求。美国相关研究资料表明，有72%的购买行为是受朦胧欲望的支配，只有28%的消费者是有意识地行动。因此，创业企业研究潜在需求，开发潜在需求，使潜在需求成为现实需求，对于开发市场、扩大企业销售具有十分重要的意义。

不过，现实需求并不等同于实际需求，实际需求是一种不可替代的需要。因此，创业企业要努力把现实需求变为实际需求，获得客户的持久忠诚：

1. 强化品牌　实施心智占位

任何客户头脑中都存在着一个品牌集合，可以称之为诱发集合。通常来说，在这个集合里只能有一到七个品牌，在这些品牌中排序第一的为首选品牌。所以，对于创业项目，企业要更加注重确保新产品从被导入开始就有良好的表现，快速进入并抢占客户心智，甚至打乱诱发集合中原有的品牌排序，实现品牌的快速占位。在这种情况下，客户往往会把这些品牌优先列入购买计划。其实，这对于创业者也是一个提醒：创业起步就要有强烈的品牌意识，虽然可能没有资源和能力去做大品牌，但却立足可辐射业务领域做响当当的"锐品牌"，同样可以为企业带来更多的生意。从这个角度来说，品牌本身就是一门生意！

2. 突出卖点　强化价值差异

20世纪50年代初，罗瑟·瑞夫斯提出了USP理论——"独特的销售主张"，即给产品一个卖点或恰当的定位。所谓卖点，其实就是一个购买理由，最佳的卖点即最强有力的消费理由。卖点，无非是指产品或服务具备了前所未有、别出心裁或与众不同的特色、特点。这些特色、特点一方面是产品与生俱来的，另一方面是策划包装出来的。通过强力塑造卖点，使自己的产品或服务达到不可替代或无与争锋的效果，自然就成功了。

为促进项目销售，很多创业企业围绕项目挖掘了很多的卖点。但卖点越多越好吗？也不尽然，如果卖点太多，客户势必难以记忆、识别，无法区分产品带来的核心利益。实际上，任何一种产品能够打动客户的核心卖点一般不会超过三个，甚至只有一个。对于那些竞争对手也具有的特点，就不能也没必要再称之为卖点了。

如何让项目的卖点更加光彩照人呢？这就要求创业企业在项目卖点包装方面做如下努力：首先，卖点也要与时俱进，跟上时代发展的步伐。诸如上海生产的白猫洗衣粉在上世纪 60 年代已销往香港，并以洁白度高、去污力强、颗粒细小均匀、不刺激皮肤等优点占领了香港市场。后来洗衣粉出现了"泡沫要丰富"的要求，该厂立即对其配方进行改进，使产品具备了泡沫丰富的特点；当洗衣机逐渐普及后，又要求洗衣粉"低泡沫"，该厂又紧随市场这一变化趋势，进一步改进配方，生产出了洗衣机专用的无泡沫洗衣粉。这样，随着产品的改进，销售量一次又一次扩大，从而使"白猫牌"洗衣粉在海内外市场享有盛誉，经久不衰。其次，卖点简单而直接，不要过于专业、复杂，至少要使目标客户能清晰读懂。再次，卖点差异而震撼，明显与竞争对手不同，并且具有震撼力，直接击中消费者心扉。最后，卖点要体现人文关怀，不要都是冷冰冰的理性诉求，也要有感性诉求，感性诉求比理性诉求更容易拉近与消费者的距离。

3. 有效提升客户转换成本

客户很难做到经营者期望的品牌忠诚，正如营销大师所言："没有一分钱改变不了的品牌忠诚。"为了不使本来属于自己的客户发生品牌转换，投向竞争对手的怀抱，就需要创业者拿出实际行动来，即有效提升客户转换成本，防止现实客户发生品牌转换。"转换成本"最早由竞争力专家迈克·波特于 1980 年提出，即当客户从一个产品或服务的提供者转向另一个提供者时所产生的一次性成本。这种成本不仅是经济上的，也是时间、精力和情感上的，这些因素的存在为客户"变节"设置了壁垒。如果客户进行转换，可能会损失大量的时间、精力、金钱和关系。因此，即使客户对一家企业的产品或服务不是完全满意，也会三思而行。

转换成本可以分为三类：第一类是财务成本；第二类是过程成本；第三类是情感成本。见表4—2。

表4—2   转换成本的构成

成本类型	构成解剖
财务成本	客户因转换而带来的经济损失，包括直接和间接的金钱损失。本应从原来的企业那里得到的没得到，转投新企业却又发生了新成本
过程成本	客户因转换而带来的时间、精力上的损失，包括过去的时间、精力成本以及转换后还要发生的时间、精力成本
情感成本	客户因转换而带来的个人关系损失以及品牌关系损失，包括对原有个人关系的破坏以及选择新品牌而导致的社会认同度降低

实际上，如果创业企业能够利用好这一点，必定有所斩获。最主流的做法就是向客户发出善意的"警告"，告诉客户如果进行转换，将面临的种种难度、经济成本及风险，或者告诉客户自己的产品或服务的独特性以及不可替代性。同时，创业企业通过提高转换成本，让客户觉得如果进行转换将得不偿失。比如有一家信用卡公司就是这样做的，他们通过向消费者宣传金融服务的复杂性和学习过程的困难，让消费者感知到程序转换成本很高，进而使其不愿意轻易更换服务提供商。

（三）把潜在需求变为现实需求

从经济学角度来说，有资金支付能力的需求才是有效需求，只有有效需求才可能形成现实购买力。有效需求可分为现实需求和潜在需求。现实需求是指客户有意识的购买欲望，也可以理解为客户的计划购买。而潜在需求则是客户没有明确意识的，或者是朦胧的欲望，也可以说在购买行为发生前客户并无明确计划，即未明确品牌、产品或服务。可见，潜在需求是很模糊的。我们知道，潜在一词是指某些事物处于隐藏状态，不易被发现，或者无法认识到它的存在。客户的冲动型购买就是潜在需求变成现实需求的一种具体情况。

创业者可以把客户大体划分为现实购买客户和潜在购买客户。客户开发的过程其实就是一个引导与激励现实客户和将潜在客户转化为现实客户的过程。从这个角度来说，企业之间的竞争本质上是对潜在客户与现实客户的争夺。潜在客户与现实客户互为前提，互为条件，既相互影响、相互制约，又彼此渗透、互相交叉，共同作用于市场和创业企业。企业把潜在需求变成现实需求，就是将潜在客户转化为现实客户，这是创业者在业务拓展过程中所必须解决的核心问题。

1. 发现创造"域外客户"

域外客户，即通过发现产品或服务的新功能、新价值赢得的新客户。这种新客户其实也是一种潜在客户。新客户往往是看好产品的某种新功能，而并非其他方面。创业者必须是一个细心的观察者，并努力作一个积极的体验者，这样才能会为自己的创业项目带来新机会。虽然产品或服务的新价值很可能来自客户的发现，但是却给创业者带来启发，进而增加了创业企业的市场机会。

2. 引导"无知客户"

虽然潜在需求规模可能很大，但这种需求很可能是难于释放的。究其原因就是这些存在潜在需求的客户害怕承担风险。很多创业者围绕项目做了大量的促销推广，但客户依旧不买账。问题到底出在哪里？很重要的一个原因就是产品太新，而"新"就是门槛。客户对项目缺乏足够的认识，就会促使其较多考虑购买所存在的潜在风险。对此，可称之为认知风险。

最早提出认知风险观念的学者是鲍尔（Bauer），鲍尔于 1960 年由心理学发展出客户认知风险的概念，概念的核心在于客户的行为含有风险，客户所采取的行动都可能产生无法预期的结果，而且这些结果有些可能是不愉快的。正因如此，客户才不敢轻易出手，害怕承担风险。后来，雅各比（Jacoby）、卡普兰（Kaplan）等专家通过研究，细化出五个风险因素：一是财务风险，购买行为结果可能会使消费者受到财务上的损失；二是绩效风险，指产品未如预期中的表现而蕴藏的风险，诸如产品功效达不到预期而产生的风险；三是心理风险，购买产品会使客户承担自我形象受到损害的风险，这种风险又可称为自我印象风险；四是实体风险，指产品本身可能会对客户带来的伤害；五是社会风险，购买决策受到周边人士或亲友嘲弄的风险。这些风险成为压在客户身上的大石头，只有卸掉消费者的心理包袱，他们才有可能成为产品的消费者。要想做到这一点，自然离不开一项重要工作——项目市场启蒙教育。

3. 转化"轻浮客户"

任何一种产品或服务都有可能存在替代产品或替代服务。所谓替代品，是指两种产品存在相互竞争的销售关系，即一种产品销售的增加会减少另一种产品的潜在销售量，反之亦然。替代品与互补品是相互对立的概念，替代品之间的客户是重叠的，两者的客户具有很多共同的特征。正因如此，创业企业可以想办法转化其中游移不定的"轻浮客户"，他们绝对是理想的潜在客户。另外，一家企业不仅与自身所在产业中的对手企业竞争，还与其他产业中的企业竞争，这就必然要涉及"他择品"的概念。所谓他择品，就是指功能与形式都不同，而目的却相同的产品和服务。诸如电影院和咖啡馆，两者的外观形式和功能迥异，但人们走进咖啡馆和走进电影院却可以达到同样的目的：消遣。其实，在他择品领域，也潜伏着很多潜在客户，偶尔把他们拉过来变成现实客户还是有可能的，也是可行的。

五　没有人力资源保障不创业

联想集团的缔造者柳传志曾经说过这样一句话："小公司做事，大公司做人。人才才是利润最高的商品，能够经营好人才的企业才是最终的赢家。"可见，经营企业就是经营人才。

创业者不可能孤身打天下，即便手里有好项目，也有必要的资金储备，但是如果缺乏合适的创业伙伴，那也将难成大事。道理很简单，事业不是一个人做的，也不是一个人能完成的，钱更不是一个人赚的。更何况大学毕业生刚刚走出校门，根本没有三头六臂那么大能量。基于此，创业者在经营上有两大核心任务：第一个任务是经营人心；第二个任务是经营项目。可以说，二者之间相辅相成、相得益彰，经营人心是经营项目的基础和前提。要知道，人才是企业运营中最关键、最活跃的要素。项目是死的，而人才是活的，任何一个创业项目都要经过人（创业团队）的改造与创新，才能最终与市场合拍，乃至产生共鸣。《孙子·谋攻篇》中指出"知胜有五"，而其中之一是"上下同欲者胜"。就是说只要官兵同心，上下齐心协力，就可以夺取战争的胜利。创业就是一场商业战争，要想获得战争的胜利，就需要以创业者为首的创业团队上下同欲。

最后，请创业者牢记美国钢铁大王安德鲁·卡内基所说的话："如果我的厂房、设备、材料全部烧毁，但只要保住我的全班人马，几年后我仍将是一个钢铁大王。"

（一）创业最需要什么样的人才

作为创业者，有一个重要任务就是搭班子、建团队。选择适合创业阶段的人才至关重要。马云说过这样一句话："创业要找最合适的人，不一定要找最成功的人！不用花心思打造明星团队，团队即是可以和自己脚踏实地将事情推进者。什么是团队呢？团队就是不要让另外一个人失败，不要让团队任何人失败。"可见，创业团队必须是勇于携手并共赴成功的集体。

实践证明，企业打江山与坐江山所需要的人才是有一定差异的，很多员工同创业者打下了江山，在企业成功之时却选择了离开。当然，个中原因也是多方面的，被动离开主要是员工素质与能力已经不适合于已经做大了的企业。创业阶段的环境是特殊的，其特殊性可体现在很多方面，诸如经营环境特殊、生活环境艰苦等等。正因如此，决定了创业者一定要选择能够适应这种环境，并且有信心、有能力改造这种环境的人才。同时，这也决定寻找合适的创业人才并不是一件容易的事。被誉为"赚钱之神"的邱永汉就此说过这样一段话：创业之初，无法给职工像样的待遇，设备又差，也没有什么得意的技术。在这样一种什么物质条件都不具备的条件下，要让大家一起去拼命干活，必须以创业时的"血盟"精神作为企业经营的基础。

在创业阶段，创业者最需要具备以下五个特征的人才来与自己共同打拼：

1. 忠诚

创业阶段往往工作环境艰苦、工作时间不固定、薪酬福利待遇低，这对于很多人才来说是没有吸引力的。但越是这种环境就越需要忠诚的员工，即愿意把自己与企业绑在一起做事的人才。那些喜欢跳槽的员工，对于创业企业来说则是有害无益的。即便再有才，创业者也要慎用。跳槽既会影响其他员工的情绪，也容易使其所负责的工作半途而废，甚至还会带走企业的一些资源，如信息情报、渠道网络等等。因此，在创业阶段忠诚胜于能力，忠诚是选人、聘人、用人的第一条件。

2. 勤奋

"一勤天下无难事"，确实如此。可以说，创业阶段需要用"勤"来打天下。创业阶段需要创业者带领团队成员摸爬滚打，市场就是命令，一切都得围着客户转。在这种情况下，工作往往不受时间限制、不受工作环境限制，甚至要随叫随到。因此，不但需要员工勤奋，而且需要员工具有吃苦耐劳的精神。对创业有着深刻体验的陈绍良说过这样的话："勤劳致富是千古不变的真理。无论当学徒还是做老板，一样要拼、要搏、要奋斗。一件任务交给我，不管多么困难，我都要把它做好。工作是我最大兴趣，勤劳是我创业的源头。"

3. 创新

创业是一个探索过程，甚至每走一步都要进行艰难的探索。那些富有创新精神的员工，更容易找到前进的道路，发现解决问题的出口。无论是大企业，还是小企业，都必须不断创新，否则是没有出路的。现代美国著名企业家艾柯卡认为，企业"不创新，就死亡"。这绝非危言耸听。这句话虽然指的是企业，但是企业的创新能力是由员工的创新能力决定的。从某种意义上来说，企业就是人。美国哈佛大学校长普西曾经深刻地指出，一个人是否具有创新能力，是"一流人才和三流人才之间的分水岭"。可见，创业阶段更需要具有创新能力的"一流人才"，而不是墨守成规的守旧型人才。

4. 主动

富有积极、主动进取精神的员工的身上体现得更多的是一种乐观精神。主动是一种精神，主动是一种机会。在创业阶段，只有富有积极主动进取精神，才更容易发现机会、把握机会，并创造出更好的工作业绩。在创业阶段，一切都可能要从零开始，没人脉、没市场、没客户，这都需要员工走出去拓展业务。商场上没有侥幸成功这一说，没有人可以随随便便成功。因为"天上不会掉馅饼"，每取得一点点成功，背后都必然有一段艰辛的奋斗故事。所以，创业者旗下一定要集结一批富有青春朝气与拼搏精神的人才。穆勒说过这样一句话："青年的朝气倘已消失，前进不已的好奇心已衰退以后，人生就没有意义。"可见，那些丧失主动进取精神的员工，对于创业企业来说没有任何价值。

5. 乐观

不良的情绪或萎靡的精神就如传染病病毒，一个人发病就会迅速感染整个创业团队，很快导致军心不稳，降低团队战斗力。瞿秋白说过："如果人是乐观的，一切都有抵抗，一切都能抵抗，一切都会增强抵抗力。"可见，乐观本身就是一种成功。马云对此有着深刻的体验，他认为乐观主义精神对成功创业很重要，作为一个创业者不能被困难压倒，一个成功的企业其背后都会有一种信念、一种执著、一种乐观主义精神。实际上，马云也是这样做的："我在心里面可能也有一点变态一样，我把所有倒霉的事情当快乐去体会它，所以出现麻烦的时候，都是给我练功力的机会，看我能不能挺过去。如果真的挺不过去的那一刻，我就睡一觉，第二天早上又是新的一天。其实创业者只有乐观主义创业才能走得很久。"

（二）家族成员适合参与创业吗

很多初次创业者在选择创业伙伴时，往往会对从社会上聘请来的人才心存顾虑，主要有三方面的顾虑：第一，觉得外人不可靠、不可信，难于授以重任；第二，觉得外人只能同甘而不能共苦，难于和企业命运联系在一起；第三，聘请外人成本高，并且难于管理，难于上下同心。于是，很多创业者在选择创业伙伴时把目光投向了家族内部，从家族成员中选择中意的创业伙伴。

选择家族成员作为创业伙伴的成功企业并不少见。在当今经济舞台上，有很多成功的家族企业。根据克林·盖尔西克等人在 1998 年时的研究结果，按照最保守的估计，由家庭所有或经营的企业在全世界企业中占 65%—80%。在全球 500 强企业中，有 175 家是家族控股企业，占 35%。我们所熟悉的沃尔玛、福特、摩托罗拉、微软、丰田、现代等跨国巨头都是家族企业。在欧洲，法国与德国的上市公司中家族企业的比例高达 64%，其他国家也接近 50%。中国也出现了很多成功的家族企业，诸如香港李嘉诚的长江实业、和记黄埔、长江基建等，总市值达到 5000 亿。还有希望集团、方太、百度、网易、盛大等知名公司都是家族企业。可见，家族企业也必然具有一定的优越性。不过，家族企业在经营管理过程中也会暴露出很多问题，甚至有很多家族企业在取得创业的成功之后，开始实施"去家族化"。正因如此，才使很多创业者为创业阶段该不该使用家族人才而倍感困惑。

1. 家族创业优势明显

首先，我们来看一看什么是家族。按《辞海》的解释，家族是指以血缘和亲缘为纽带所组成的社会细胞。那么，家族企业又是什么概念呢？美国著名企业史学家钱德勒这样界定家族企业："企业或创始者及其最亲密的合伙人（和家族）一直掌握大部分股权，他们与经理人员维持紧密的私人关系，且保留高阶层管理的主要决策权，特别是在有关财务政策、资源分配和高阶人员的选拔方面。"可见，这里强调家族企业由家族成员大部分或基本掌握企业所有权和经营控制权，未将由家族成员掌握全部所有权和经营控制权的企业包括进来。

实际上，家族创业确实存在很多优势。家族企业作为一种特殊的企业组织形式有着独特的优势：首先，家族企业的亲情纽带具有很大优势，而其他非家族创业者还需要绞尽脑汁地与员工建立情感联系；其次，家族创业机制灵活，不要太多刚性的制度与流程，处理业务更有弹性、更灵活，这对于初创企业至关重要；再次，家族成员在创业阶段往往不会伸手要钱，亲情在一定程度上降低了创业成本，并且家族成员也会在经营管理过程中注意节约；最后，家族成员在企业内部占据重要位置，并且流动性低、忠诚度高，能够和企业捆绑起来走过创业过程中的风风雨雨。因此，在创业企业内部引进家族成员是没有问题的，恰是举贤不避亲，关键是事先明确合作规则。

2. 家族创业弊端多多

当然，任何事物都具有两面性，凡事有利必有弊。对于创业者来说，家族创业也容易出现很多弊端：一是使创业企业管理难于标准化、规范化，出现问题时，制度执行存在很大障碍，甚至在企业内部情大于法；二是从社会上招聘来的人才难于发挥作用，容易受家族成员制约，或者无法忍受这种家族工作环境，增强了人才流动的风险；三是创业获得成功后，素质与能力滞后于企业发展的家族成员难于安置，容易成为烫手的山芋……虽然家族创业容易出现上述问题，但问题是可以克服的，如果处理得好则不会成为家族创业的障碍。

3. 家族创业管理规则

实际上，解决家族创业难题关键是"预定规则"，并坚定不移地执行规则，这应是一种具有预见性的管理。新东方学校的创始人俞敏洪说过："共富贵难，有一个利益分配的问题，共患难的时候，大家首先想到以后会富贵。原则上如果提前讲好利益分配原则，共富贵不难，可怕的是共患难的时候，没有想到将来有利益分配。"可见，家族创业一定要事先明确基本游戏规则，建立科学管理的人才任用机制与利益分配机制。

茅理翔缔造的方太集团虽然也属于家族企业，但在管理上非常彻底地执行了两个理论，也即茅理翔管理家族企业的两项基本原则：一是口袋理论。只有自己与儿子的口袋是同一个口袋。也就是说，除了亲生儿子外别的任何亲戚都不能进入这个企业。要么就单独给他另外一个企业，让他自己去折腾。二是家族制而非家族化。虽然允许家族的人进入自己的企业，但不是家族的每个人都可以进入，符合口袋理论的才可以进入。如此行事，就严格控制了裙带关系的产生。当然，家族制并不等同于家族化，家族制强调规范化管理，诸如建立现代企业制度，依靠科学的现代经营理念和有效的流程制度来进行运营；在企业经营中，不搞私利、不讲私情，企业运转靠流程而不靠个人指令；人才任用看能力而不看关系，经营决策靠民主而不靠独裁。总而言之，就是要使家族服务于企业，而不是企业服务于家族。

（三）要个人英雄更要英雄团队

创业企业是驾马车，创业者是车夫，员工是马，激励是鞭子。正是车夫拿鞭子赶着马拉车不断前进，企业这驾马车才装满了财富。也有人说，老板是火车头，是拉着企业奔跑的人。创业首先需要一个英雄的创业者，同时更需要一个英雄的团队。为此，创业者必须组建创业团队，并努力打造团队精神。所谓团队精神，简单来说就是大局意识、协作精神和服务精神的集中体现。团队精神要求团队成员具有统一的奋斗目标或价值观，而且需要信赖，需要适度的引导和协调，需要正确而统一的企业文化理念的传递和灌输。团队精神强调组织内部成员间的合作态度，为了一个统一的目标，各成员要自觉地认同肩负的责任，并愿意为此目标共同奉献。

对于创业团队构成，由于创业起步业务规模有限并且控制成本的需要，要尽量使创业团队轻型化。对于大学毕业生创业而言，团队构成可以分为三个层次：一是顾问层次，由智囊参谋人员组成；二是决策层次，由核心管理人员组成；三是执行层次，由中基层员工构成。顾问层次可以通过外聘形式松散合作，诸如人脉关系广泛的政界人士、企业家、创业专家等等。而决策层员工必须是能够与创业者紧密合作的核心管理人员。执行层员工则以聘用为主，紧密合作为主，松散合作为辅。

总体来说，创业者通过团队化创业，可以在以下三个方面受益：

1. 可以完成个人无法完成的任务

有这样一个成语——孤掌难鸣，创业者不要试图单枪匹马打天下，那样很难获得成功。如果单纯依靠个人奋斗，会使创业面临更多难题与挑战。创业者想要在事业上拓展出更大的格局，取得更好的发展，最好的选择就是创建一个团队。实践证明，优秀高效的团队是事业获得成功的最大保证。创业者必须努力做一个卓越的领导者，不仅会组建、会调动团队，更要会提升团队，让团队成员共同面对难题与挑战。同时，创业者还要教育创业团队成员，让他们忘记个人英雄主义，要通过合作拉近员工之间的心理距离，使大家感悟到精诚合作能完成个人无法完成的任务，体会到个人成功的背后还需要一个强有力的团队作支撑。

2. 可以使创业企业经营绩效最大化

我们首先来看一个传说故事：有两个寺庙，各有一个住持。一个庙里的住持弥勒佛笑口常开，寺里善男信女众多，但他不善于管理具体的账务，常常入不敷出。另一个庙里的住持韦驮，表情严肃，铁面无私，账务管理井井有条，但信徒日渐稀少。后来观世音菩萨就把他们两个组合在一起，一个在前面迎客，一个在后面管账看家，结果庙里日渐繁荣，香火鼎盛。创业者组建团队无不希望团队成员"心往一处想，劲往一块使"，进而拧成一股绳，实现抱团打天下的目标。创业者通过建立和谐的团队，可以使每个成员都更好地运用自己的能力，同时通过成员之间的优势互补，为企业创造出更大的综合效益。

3. 可以有效提升创业企业运营效率

当创业者建立了自己的创业团队，作为"头羊"，最大的心愿之一就是让创业团队高效运转，甚至能够表现出最高的运营效率，成为一个高效的集体。对于创业企业来说，运营效率的意义不同寻常：首先，效率意味着低成本，在单位时间获得了更大的产出；其次，效率意味着强大的执行力，意味着目标的有效达成；再次，效率意味着机会，越早做好准备就越容易把握随时可能遭遇的机会；最后，效率意味着成功，效率越高就越有利于度过创业的艰危期，进而快速步入良性成长期。团队成员之间的无缝化合作有利于形成合力，提升创业团队的工作效率。那些不成功的创业团队往往是因为成员间缺乏整体配合，不能无间合作，也不能形成合力，以至于虽然每个成员都各有所长，却因为各自的能力相互抵消，形成了内耗，这样势必大大降低创业效率并增加创业成本。要知道，内耗对于企业来说是最大的成本。

【阅读思考】

1. 什么样的项目才能算是好项目？谈谈你选择创业项目的标准。

_____

_____

_____

_____

2. 你的创业资金充足吗？是否编制了《创业资金计划》？

_____

_____

_____

3. 什么是赢利模式与商业模式？二者之间有何联系与区别？

_____

_____

_____

_____

4. 什么是现实需求与潜在需求？二者之间有何联系与区别？

_____

_____

_____

_____

5. 作为创业者，你认为应该选聘什么样的人才作为创业伙伴？

_____

_____

_____

第五章
创业选项是事业成败的关键

上当不是别人太狡猾，而是自己太贪婪。

——马云

一　为大学毕业生创业选项指路

很多大学毕业生自认为"天生我材必有用"，凭借自身的满腔热情，更有一股天不怕地不怕的劲头，似乎什么都能干、什么都能干好。可是作为创业者，必须是一个善于解决问题的高手，这就要求创业者首先是一个善于发现问题的高手。从创业选项，到创业经营必须环环紧扣，哪个环节出现问题都不行。尤其创业选项更是决定创业成败的关键。要知道，创业选项不是到超市里买东西，需要创业者项目高度介入。也就是说，创业者在选项时，要善于充当外行，而不要把自己伪装成内行，这样很容易麻痹自己。创业者可以扮成项目方的顾客，甚至是对项目一无所知的顾客。或者说，要像顾客购买高介入度商品那样，拿出足够的时间与精力来，对项目予以认真研究与把握。这就要求创业者做到"三个必须"：必须认真、必须谨慎、必须理性。除此之外，大学毕业生作为创业者，还必须基于自身素质、能力、资源、专业、兴趣来进行选项，这样才能大大提升初次创业的成功率。

（一）毕业就创业的核心事业领域

大学毕业生要想成功创业，必须遵循基本的选项规则。适合大学毕业生操作的创业项目应该具有以下五个特点：其一，对工作经验要求不高，但项目要具有一定的技术性；其二，项目最好与所学专业相关联，并且符合自己的兴趣方向；其三，项目总体投资规模不大，一次性投入最好在 10 万元以内；其四，项目见效快，投资回收期相对较短，投资回收期超过两年的原则上不要考虑；其五，项目具有创新性，至少在一定市场范围内具有创新性，或者是原创技术，或者是新创意。

根据上述特点，在此对适宜大学毕业生操作的创业项目做一盘点：

1. 商务服务类项目

商务服务行业是指为企业或专业人群提供服务的行业划分，其分类涵盖了很多类别，诸如法律服务、商旅服务、信息咨询、广告服务、电脑设计、公关服务、教育培训、特许经营、金融服务、保险理财等二十几个类别。据相关调查分析，2009 年商务服务领域产值将达 2000 多亿。对于大学毕业生来说，商务服务是很适合的创业领域，从年龄、综合素质等角度来说，很适合操作，并且创业门槛也不是很高。

2. 商业贸易类项目

对于经济管理类专业大学毕业生，如市场营销、国际贸易、商品经营管理等专业，可以考虑从事经销代理、零售店（教育、体育、时尚产品等），在自己的专业领域里拓展事业。为此，大学毕业生可以采取代理、经销、特许三种模式从事商业贸易。商业贸易类项目创业门槛较低，但必须具有很强的市场开发能力，以及一定的资金周转能力。

3. 中介服务类项目

中介服务是指接受委托人委托，依法提供有偿的专业知识和技术服务，并按照规定或约定的收费标准向委托人收取费用的。中介服务收费由服务成本、税金和利润三部分组成。中介服务的业务领域很广泛，诸如房屋、婚姻、物流等等。现在这类项目由于门槛很低，在市场上已经十分泛滥。如果大学毕业生想介入这个市场，就需要把大众化的项目个性化，并且要做到品牌化，甚至朝着连锁化的方向发展。

4. 家政服务类项目

家政服务是一项跨世纪的"双赢"工程，也是极具潜力的事业领域，创业者可以为广大家庭提供保姆、护理、保洁、家教、物流配送、家庭管理等全方位的服务。据劳动与社会保障部的调查，家政服务业就业潜力巨大，至少可为我国提供500多万个就业岗位。因此，家政服务领域可谓商机巨大。不过，家政服务关键是要品牌化、模式化、标准化，创业者要力争做正规军，摒弃过去那种游击队式的服务模式与服务标准，这样才能做大家政服务这块蛋糕。

5. 加工制造类项目

工业、轻工业专业的大学毕业生很可能会对加工制造类项目情有独钟。不过，在加工制造领域，男大学生的机会要多于女大学生。在加工制造领域，诸如手工艺品加工、初级产品加工等创业项目可能更适合。大学毕业生更适合选择"轻型化"的加工制造领域，如农产品加工、食品加工、艺术品加工等等。这类项目不但风险小，创业也更容易实现。如果在加工制造领域创业，创业者可以考虑代工、自产自销两种模式来运作企业。

6. 种植养殖项目

种植养殖类项目主要立足于农牧产业。农业、林业、牧业、水产等关联专业的大学毕业生在这一领域可能会大有用武之地,诸如经济作物种植、经济动物养殖、经济昆虫养殖等等。应该看到,越来越多的政策开始向农牧产业倾斜,农业产业化进程正在逐步加快,市场空间也越来越广阔。到农村去创业,真的是"广阔天地,大有作为"。

7. 高新技术项目

高新技术类项目一般有两种情况:第一种情况是 IT 类专业领域有一定特长的大学毕业生可从事软件开发、系统集成等高新技术项目;第二类是持有高新技术发明专利的大学毕业生可通过创业实现高新技术转化,实现专利项目市场化。这类技术含量高、自主知识产权的项目很适合大学毕业生创业。目前,很多城市都设有高科技创业园、高新技术孵化创业园,并且还设有高新技术创业服务中心,为大学毕业生创业搭建平台,并提供相应服务支持。

(二) 选项要考虑的"三大要素"

俗话说,"男怕入错行,女怕嫁错郎"。对于创业者而言,男女都怕入错行。面对媒体上以及招商会上琳琅满目的招商项目,创业者很容易挑花了眼,认为这个也合适,那个也不错,觉得自己都能干。如果遇到这种情况,创业者就要警惕了。在自己对选项拿捏不准的时候,一定要请教专家或者有成功创业经验的相关人士,对项目进行筛选与把握。另外,项目好是一方面,但最好的项目未必适合你,这也就是本书中多次强调的:适合的才是最好的。因此,创业者要充分考察项目是否与自己的综合条件相适合,诸如人身条件、环境条件、资源条件等等。

在此,建议创业者要从三个方面来衡量创业项目是否适合自己:

1. 充分考虑性别因素

根据全球创业观察(Global Entrepreneurship Monitor,即"GEM")发

布的报告，2007 年，中国在参加全球创业观察的 42 个国家中，女性创业活跃程度排在第六位。有研究结果表明，女性与男性相比更容易成功，创业也具有很多优势，诸如女性愿意从小事做起，而男士则往往眼高手低；女性更会理财，更善于细节管理；女性创业更为执著、自信，更具毅力、耐力……目前中国有女性业主和法定代表人近 2000 万人。在由女企业家经营的企业中，只有 1.5% 的企业亏损，其余均为赢利企业。

从过去几年的数据来看，受过高等教育以下的人员是创业主体的状况没有根本改变，但大学及以上教育的创业人数在持续增加。在创业选项上，男性大学毕业生与女性大学毕生存在很大差别。2006 年 10 月，中央电视台第七套节目《致富经》栏目、清华大学中国创业研究中心和中国农业大学 MBA 中心联合推出了《中国百姓创业调查报告》。该调查报告显示，创业者中男性比例大约是女性比例的 3 倍，前者比例为 77%，后者女性比例占 23%。男性和女性选择创业的行业存在显著的差异。女性创业趋向于选择的前三个行业分别为餐饮业、批发零售业、信息服务业；而男性创业趋向于选择的前三个行业分别为批发零售业、工业加工业、农业加工业。

在中国，女性正在以相当快的速度成长为创办企业重要力量。但是，其中的大部分企业都很小，很难持续成长。为什么会出现这种现象？部分原因是，大部分女性在创业时选择的事业领域，如美容店、美甲店、花店、餐饮业、企划、公关、广告、居家护理等，多为成长空间有限、很难迅速规模化的服务业，而在制造业、高科技、建筑业以及金融服务业等领域，仍由男性主导。美国的一项统计数据表明，大约 55% 的女性所领导的企业集中在服务行业，17% 集中在零售业，只有 2.5% 的企业属于运输、通信、公用事业或制造业。可见，中国与美国女性创业的事业领域非常相似。

2. 考虑资源依托

创业选项过程中，创业者要用理性的眼光来考察项目，尤其要从资源的角度对项目进行评判：项目有没有市场？项目的市场资源怎么样？项目方的资源优势是什么？我有资源优势吗？项目的资源与我的资源可以对接与融合吗？……围绕着资源问题，一定要不厌其烦地多问自己几个为什么。要知道，创业者的资源优势很重要，要能够与项目方资源、项目资源、市场资源等相融合。如果缺乏资源依托，创业操作起来会很困难。因此，创业者一定要选择自己熟悉并拥有资源优势的项目，不盲目追求社会经济热点，以避免决策失误，浪费精力和投资。

3. 考虑专业兴趣

创业者如何选择创业方向呢？《中国百姓创业调查报告》调查显示，多数人根据工作、生活中的启发来选择，所占比重达到70%。也就是说，创业灵感来自于生活，或为平日的经验与兴趣，或为日常生活中的灵感激发。日本管理专家藤田田指出，"畅销的产品并非无中生有，而是发掘身旁的物品，加以改良而成；只要你比别人发现得早，变化得巧，便能成为巨富"。对于创业来说，专业与兴趣一个都不能少。当然，这里的专业未必是大学生读书时所学专业，而是创业者具有专长的业务领域，要知道专业不等于专长。另外，如果在专长领域有着很浓厚的兴趣，那就更有利于成功创业。

（三）创业选项的"三项注意"

对于创业项目，我们不妨把其分为三类：常规项目、授权项目与自有项目。无论是哪种项目，都可谓机会与风险并存，都不会让创业者高枕无忧，都有需要创业者注意的地方。

1. 常规项目：不要轻易凑热闹

常规项目，也称大众项目，它没有过高的门槛要求，通常知识技术含量很低。对于这类项目，大学毕业生不要轻易去凑热闹。即便是新项目也容易迅速铺开，形成跟风热潮。即便暂时存在一定的市场机会，但无奈分羹的人太多，因此很难把市场做大。并且这类项目很容易陷入恶性竞争，结果大家搞得头破血流，最终都无奈而归。因此，大学毕业生创业选项时要做到"三忌"：一是"忌同"，避免同质化，选取有特色的项目；二是"忌热"，避免跟风，选择差异化的细分市场；三是忌短，避免短期投资，要有长远规划。做到"三忌"，最终是要大学毕业生选择适合自己的项目，做好准备再着手创业。

2. 授权项目：摸清背景再拍板

授权项目可以分为三类：第一类是委托加工或外包服务类。所谓委托加工，一是由委托方提供原料和主要材料，二是受托方只收取加工费和代垫部分辅助材料。只有同时具备这两个条件的，才属于委托加工产品。委托加工的好处就在于不用考虑市场，只管生产就可以了。不过，要注意防止委托方不回收产品或者吹毛求疵压价回收。第二类是特许经营类。对于特许经营将在后文详细探讨，在此不赘述。第三类是承包经营类。所谓承包经营，指在坚持企业所有制不变的基础上，按照所有权和经营权分离的原则，承包方通过签订合同，明确责权利关系，为发包方完成一定的经营目标的自主经营模式。实行承包经营责任制，必须由承包方同发包方根据平等、自愿、协调的原则，签订承包合同，明确规定承包形式、承包期限、各项承包指标、利润分配形式、债权债务的处理、合同双方的权利义务和违约责任等。企业实行承包经营，有利于强化竞争机制、风险机制和自我约束机制，调动经营者和生产者的积极性，挖掘潜力，提高经济效益。不过，创业者一定要注意承包项目的市场潜力和承包指标问题，否则即使承接了承包业务也可能拿不到预期的利润。

3. 独创项目：务必慎重尝试

独创项目主要包括两种类型：第一种类型是大学毕业生自己的创意项目。创意是指有创造性的想法或构思，创意的关键在于颠覆传统，通常具有新、奇、特的特点。很多创业项目可能来自于创业者的灵机一动或者突然间从大脑中冒出的一个点子。因此，创意项目往往是个性化与特色化项目。第二种类型是大学毕业生自己的发明专利项目。这包括两条创业路线：一是通过创业实践去转化自己的发明专利，把发明专利市场化；二是具有多种发明专利的大学毕业生可以以自己的专利为核心，从事专利中介服务。对于上述两类独创项目，创业者必须认真考虑、研究市场现实，包括项目的市场价值与市场的现实需求。否则，创业的结果可能会遭遇惨败，"先驱"做不成，就有可能会成为"先烈"。

二　准确识别项目"魔术招商"的陷阱

大学毕业生手里掌握着独创项目的并不多。因此，创业选项必不可少，并且往往要面向项目市场去寻找商机。可是项目市场极不规范，创业项目也可以说浩如烟海、数以万计。项目出售或转让方（即项目方）为推广其项目，更是千方百计，使出浑身解数，甚至无孔不入。很显然，没有人会说自己的项目不好。无论是项目说明会，还是项目的可行性研究报告、宣传资料，项目方都会把项目说得天花乱坠。对此，创业者一定要小心，尤其是一定要善于识别老项目与新项目，不要被项目方的"魔术招商"蒙蔽了双眼。

（一）不要被乱花迷住双眼

项目招商市场可谓既"乱"又"滥"，让创业选项者很难分辨。项目市场正在形成之中，缺乏规范管理的同时，项目素质也缺乏权威机构的有效认证。这就只能依赖于创业者睁大双眼，去努力发现项目的真实面目。

1. 项目招商"乱"在何处

项目招商的所谓"乱"，主要包括四种情况：一是项目市场秩序乱。项目市场管理较为混乱，项目缺乏有效的监管机构，缺乏公证的认定评价。二是广告招商宣传乱。项目方在招商广告上什么都敢说，虚假宣传、夸大宣传，而很多发布广告的媒体更是见钱眼开，帮助项目方"忽悠"创业者。另外，还有很多媒体采取收费的方式举办创业项目评选活动，诸如评选"最具潜力的十大项目"、"最赚钱的十大项目"等等，这对创业者形成了一定的误导。三是项目规划混乱。项目方对项目市场缺乏有效规划，包括市场级别划分、区域划分，导致创业者缺乏必要的、有效的市场利益保护。如此行事，结果往往是同一市场重复招商，进而一女多嫁。四是项目招商政策制定混乱。很多项目方为吸引创业选项者的注意，制定并承诺了很多看似极具蛊惑力的政策，诸如进货政策、宣传支持政策、销售服务政策等等。但是，很多政策没有经过缜密的研究与论证，结果项目方是说了不做，或者一做就乱，最大的受害者还是创业者。

2. 项目招商"滥"在哪里

对于项目招商，何为"滥"？即混杂、失实，引申为"蒙混"之意。总体来说，体现为以下四个方面：一是项目品种滥。要知道，很多项目方都是跟风高手。一旦某个项目走势看好，很快就会有跟风者蜂拥而至。二是项目品牌滥。品牌滥是指项目方在品牌命名上，或模仿大品牌，或采取谐音打擦边球，品牌缺乏鲜明个性。三是项目概念滥。很多人认为，如果项目没有一个好概念就是没有前景的。结果，很多项目持有方滥造概念、狂炒概念。四是项目卖点滥。项目能否让选项者动心，关键看卖点。所谓卖点，就是给买家的购买理由。很多项目的卖点看起来令人眼花缭乱，而在市场上则多为无效卖点。

（二）警惕"魔术招商"的骗局

什么是"魔术招商"？"魔术招商"就是指项目方围绕项目大做文章，通过夸大事实、虚假宣传、制造假象等手段，对项目进行过度包装与宣传，来蒙蔽、欺骗或引诱创业选项者，以实现其项目招商的目的。对于"魔术"，我们并不陌生，就是通常所说的"变戏法"。魔术的高超之处就在于我们都知道它是假的，但却又看不出其中破绽所在。正因如此，创业选项时，一定要对"魔术招商"项目格外小心：

1. 项目方魔术招商的"非常手段"

俗话说，"戏法人人会变，巧妙各有不同"。为达到赚钱目的，很多项目方可谓绞尽脑汁，花样频出，使很多创业选项者上当受骗。"魔术招商"最常见的有以下三种手段：第一种手段是针对在市场上已经失败了的新项目，进行重新包装后再次对外招商；第二种手段是针对市场上已经淘汰了的老项目，进行重新包装后再次对外招商；第三种手段是对已经在市场上销售的老项目，重新包装为新项目，然后再对外招商。

2. 遭遇"魔术招商"项目很难成功

通过"魔术招商"来推广的项目其本身就已经失去了生命力，或者已经被市场证明没有发展空间，或者已经是存在过度竞争的老项目。创业者一旦选择这样的项目，很难获得成功。《市场报》的记者张晶曾经在文章中介绍了自己的采访经历：在北京工作的赵女士为帮助弟弟创业，开始寻找创业项目。在浏览网页时看到这样一则广告："2000 元垄断批发做老板，最新奇 3D 魔术卡隆重招商。"她经过筛选选择了为"3D 魔术卡"招商的北京益境光影科技有限公司（以下简称光影公司），然而却遭遇了"魔术招商"。据广告介绍，该公司独家经销的产品"3D 魔术卡"是一种"最新奇"的礼品，该产品填补了国内市场的空白。然而，赵女士的经历与记者调查的结果却证明赵女士掉进了"魔术招商"的陷阱。记者调查的结果是,"3D魔术卡"竟同十几年前小孩子的一种玩具惊人的相似:一张印有卡通人物或者风景的小画片,当你手拿着卡片稍稍改变方向时,画面就会改变。这种经过重新包装的卡片根本不是新产品。原来,上海城隍庙小商品市场早在四五年前就有了,销量一直不好。并且,这种产品也存在很多问题:第一,卡片太重,不太可能当明信片邮寄;第二,样式老套;第三,价格太高。所以,这个项目几乎没有市场前景。

(三)识别项目招商的陷阱

对于创业者来说,"宁可相信世上有鬼,也不要轻易相信项目方的那张嘴"。面对招商项目,唯一需要创业者做的就是冷静与理性。创业者不但要理性面对广告宣传,更要防止在选项过程中,掉进项目方事先设好的陷阱。

1. 警惕"零风险"、"无风险"口号

很多项目方正是摸透了创业选项者害怕承担风险、害怕赔钱的心理,在项目招商宣传过程中,打出"零投资"、"免费做生意"、"零风险"、"我投资你赚钱"等宣传口号。对于这样的项目及项目方,创业选项者尤其要提高警惕。要知道,只要投资就必然会有风险,只不过风险大小不同罢了。风险是绝对的,收益是相对的。创业者也不要贪图免费的午餐,选项时千万不能贪图便宜,否则容易吃大亏。

2. 理性对待项目方的"投资回报率"

很多项目在招商时,往往会向创业选项者承诺投资回报率,诸如房地产商铺、理财产品等等。实际上,广告法等相关法律法规有着严格的界定,不允许做出此类承诺。但是,很多创业选项者都不了解这一点。实际上,即便是项目在某个创业者手里达到了某一投资回报,但在其他市场、

其他创业者手里未必是同一结果。并且，项目方所宣扬的投资回报率都是在理想状态下计算出来的，往往忽略了风险因素以及经营环境因素。因此，创业选项者不要轻信投资回报率的谎言。更何况，创业要脚踏实地地一步一步地走，从亏损到赢利需要一个努力过程。

3. 要防止项目方利用保证金圈钱

很多项目方在招商合作时，为易于后期对创业者进行管理，控制创业者的经营行为，往往会向创业者收取一定数额的保证金。其实，项目方收取保证金可谓司空见惯，本身也无可厚非。但是，有些项目方收取保证金却另有打算：一是具有诈骗性质的圈钱，收完钱就销声匿迹了；二是借助收取保证金缓解资金压力，增强资金周转能力；三是以收取保证金为名目，进行非法融资。由于缺乏自我保护能力，很多创业者因此上当受骗。但是，对于一些很好的创业项目，如果不缴纳保证金，创业者又根本拿不到手。无疑，缴纳保证金增加了创业者的资金风险。

那么，创业者该如何防骗？项目方收取保证金正确吗？创业者又应该如何识别项目方的圈钱陷阱呢？首先，创业者要仔细查验项目方的资质，包括营业执照、税务登记、法人代码证等企业开办的必备证件，以及生产、卫生、质量等各种许可证件，证明项目方经营的合法性，这样创业者可以有效防骗。其次，创业者要仔细研究招商产品，以确定项目方不是皮包公司。对此，可从三个方面进行研究：一是考察项目方的整体实力，诸如考察办公、生产、经营方面的固定资源；二是研究创业项目是否为新项目，是否曾以其他品牌、产品或服务名称包装过，以及是否曾经招商或上市；三是审查项目知识产权的所有权情况，包括商标、专利等。再次，创业者要仔细审阅合同，如果项目方是以正常的目的和心态收取保证金，在合同中会明确说明保证金的收取标准、返还办法及其他管理办法，正常情况下，保证金一般是年度返还，并且有一定的收取标准（如按进货额的百分比）。同时，在创业者确实出现违约行为时，项目方可以加大扣罚力度，但不是巧立各种名目扣罚保证金。从合同条款中，最容易读出项目方的合作诚意与取财之道。同时，合同中保证金条款合理与否，更是创业者是否要签约并缴纳保证金的关键。

4. 警惕项目一女嫁二夫

创业者在选项时，一定要注意项目独家利益保护。这主要体现为项目专属权问题，即项目是否独家买断。这存在时间上与空间上的概念：一是时间上的概念。即项目独家拥有年限。二是市场区域（或称销区）的概念。如果没有独家买断，那么也要划定市场保护区域。创业者一定要争取在特定市场区域上，享受独家利益保护。这样既可以在一定程度上规避竞争，又能够保持项目在市场上的生命力。创业选项者可能很在意这些问题，但项目招商方的心理及动机却不易捕捉。因此，创业者一定要了解在自己的领地内是否已经有人在做这样的生意。并且，在合同条款上也要限制项目方不能一女两嫁或一女多嫁。

5. 警惕项目招商方扯大旗作虎皮

很多项目方为了有利于项目招商，在品牌（商标）或者项目包装上采取"傍大牌"的策略，觉得背靠大树好乘凉，也更容易蒙蔽创业者，更有利于建立创业选项者的信心。总体来说，项目方通常会采取下述手段：一是"套牌"，通过移花接木，把手里的项目冠以知名品牌，对外招商；二是"揩油"，打擦边球，在品牌命名上采取谐音或者在标识上制造混淆，创业选项者稍不注意就会上当受骗；三是仿冒，仿冒知名品牌，弄虚作假。这几类项目实质为假、冒、伪、劣项目。创业者一定要小心，否则还容易涉嫌违法经营而受到工商、技监等执法部门查处。

三　特许经营项目并非一"许"就赢

在中国，特许经营已不再是一个新名词，但却是一个创业热词。特许经营作为全球最为流行的企业扩张模式和个人创业途径已在中国市场上呈现出强大的生命力，特许经营行业也呈现出良好的发展势头。如今，特许经营已经在餐饮、服饰、教育培训、保健美容、商业服务、商品零售、工艺礼品等诸多行业领域扎根发芽，并涌现出很多成功经营的典范。如今，选择合适的特许加盟项目已成为投资者、创业者最为关注的热点，更成为创业选项的重心。

（一）特许经营创富有两条道路

特许经营还有一种常见的称法，即特许连锁。就概念而言，特许经营是指特许经营权拥有者以合同约定的形式，允许被特许经营者有偿使用其名称、商标、专有技术、产品及运作管理经验等经营要素，从事授权范围之内经营活动的商业经营模式。我国商务部在《商业特许经营管理办法》中也为特许经营下了一个定义：商业特许经营是指通过签订合同，特许人将有权授予他人使用的商标、商号、经营模式等经营资源，授予被特许人使用，被特许人按照合同约定在统一经营体系下从事经营活动，并向特许人支付经营费。

总体来说，特许经营具有五个基本特征：第一，特许经营是特许方和受许方之间以合同形式明确的授权关系；第二，特许方将允许受许方使用自己的商号和（或）商标和（或）服务标记、经营诀窍、商业和技术方法、持续体系及其他工业和（或）知识产权；第三，受许方自己对其业务进行投资，并拥有其业务权益；第四，受许方需向特许方支付费用，作为特许授权所得的合作报酬；第五，特许经营是一种持续性关系。

对于创业者来说，特许经营创富的道路可以有两条：

1. 做特许方（盟主）创业

对于创业者来说，想直接做特许方来创业似乎不太容易。要知道，这需要创业企业具有成熟的运营模式与成功的经营样板，如直营店，并且对直营店的数量规模还有一定要求。不过，创业者却可以考虑做特许方的区域业务代理，在自己的市场领地内发展加盟商，以此来获得回报，这也是一种创业模式。下面再回过头来谈一谈为什么很多企业热衷于采取特许经营这种扩张模式。采取特许经营扩张模式有很多优势：一是可以吸收更多新客户；二是能够保留更多现有客户；三是可以不断扩大市场份额；四是保持着充足广阔的利润空间。此外，特许经营扩张模式还具有低成本、高效益、低风险的特点。

作为创业选项者，更多的选择是做受许方，这就有必要了解特许加盟的优势。特许经营是 21 世纪主流的商业经营模式之一，作为一种经营方法可以在很多行业领域内开花结果。很多创业者通过特许加盟模式获得了成功。美国商务部的统计表明，在美国独立开办公司的业主其成功率不到20%，而以特许经营方式开办的企业成功率高达 90% 以上。另外，有资料显示，新企业开创五年后，只有10%继续生存，而特许经营的企业80%在开创十年后仍在成长。目前美国45%的产品和服务由特许经营的企业来提供，有60%的房地产交易经由特许经营的房地产公司成交。对于中国，国际特许经营协会主席劳伦斯·多克·科恩预测："到2010年，特许经营将占中国零售总额的30%。"中国商务部发布的数据也显示，在2010年之前，中国市场零售总额每年将以超过11%的速度增长，可达到10万亿元人民币。那么，综合劳伦斯·多克·科恩与商务部的数据，到2010年，中国特许经营零售总额将达到3万亿元，这是一个令人兴奋的数据。特许经营连锁加盟行业近年来以每年60%—70%的速度递增。无疑，特许加盟创业发展前景比较广阔。

2. 做受许方（加盟商）创业

对于创业者来说，通过成为受许方（加盟商）创业还是非常现实的，也确实是一条捷径。不过，这需要创业者既要具有正确的创富观，又要具有识别加盟陷阱的能力，更要有维护自身合法利益的意识。以下两点仅供参考：第一，要有正确的创富观。特许经营虽然具有低风险、高成功率、风险共担、利益共享等特点，但特许经营也绝对不是免费的午餐。创业者要树立正确的创业观，要学会培育市场、拓展市场，切不可急功近利，忽视了项目的运作质量，包括工作质量、产品质量、环境质量、价格质量、服务质量等诸多方面。同时，创业者登上特许经营这条船也并不意味着拥有了财富，并非像很多人想象的那样一"特"就赢。第二，要全面了解和正确认识特许经营。在我国，一个新品牌上市，成功率不足5%；在国外，一个新品牌上市，成功率也不足10%。特许经营的出现，既满足了一些企业低成本、低风险、高速扩张的愿望，同时也迎合了一些创业者的选项需求。创业者既需要快速成功，也需要较低的经营风险，更需要成功的运作经验和经营模式。而这种模式却有利于营造特许方与创业者之间的双赢局面。但是，特许加盟店的成功也是要有一定条件的，特许经营也有其自身的不足，诸如不同区域具有不同的地理、政策、消费、人文等因素，在一定程度上，统一的模式相对于不同的市场环境缺乏针对性；加盟商的经营能力直接关系到运作质量，进而会影响到自身的经营状况；有很多特许方向加盟商承诺的多，但付诸行动的少，可谓"光说不练"；有一部分非法机构和个人利用特许经营做幌子，开展非法经营……所以，创业者一定要从正反两方面理性、辩证地来看待特许经营，不可失之偏颇。

（二）特许经营项目的利与弊

如果大学毕业生真能选好特许经营项目，可以说创业的成功几率很大。因为特许经营模式可以有效弥补大学毕业生很多方面的不足，诸如经验、技术、资源等。任何事物都有其两面性,特许经营亦是如此。因比,大学毕业生不可对特许创业模式盲目崇拜,特许经营也并非一"许"就灵:

1. 特许创业启动成功"快捷键"

特许经营对于合作双方来说都具有优势与利益:特许方只以品牌、技术、经验等经营要素投入,便可达到规模经营的目的。特许方不仅能在短期内得到回报,而且使无形资产迅速升值。而受许方则由于购买的是已获成功的运营系统,可以省去自己创业不得不经历的一条"学习曲线",减少了摸索过程,降低了经营风险。并且,受许方可以拥有自己的公司,掌握自己的收支。受许方的经营启动成本也低于其他经营模式。因此,如果操作得好,可以在较短的时间内收回投入实现赢利。受许方可以在选址、设计、员工培训、市场等方面得到经验丰富的特许方的帮助和支持,使运营迅速走向良性循环。这种模式从本质上来说,是特许方与受许方之间通过有效合作来共同扩大市场份额。这样,创业者可以少走很多弯路,也可以少向市场交学费。

2. 特许创业也并非无"病"可诟

特许经营这种创业模式也会存在一些问题:首先,特许经营是一种模式化经营,面向不同区域市场时,很可能会"本土化"不足。其次,很多特许经营项目在还没有规模化、模式化、成功化运营的情况下,就开始采取特许加盟的方式扩张,大大降低了受许方成功创业的几率。再次,很多项目采取特许经营模式,成为向加盟方销售产品或服务的渠道,而对于加盟者来说,只是单纯地成为产品或服务的销售商,缺乏利益保障。最后,一些特许经营项目门槛很低,使特许经营项目良莠不齐,一些劣质项目得以浑水摸鱼,欺骗蒙蔽创业选项者。

（三）特许选项的关键点

很多中小投资者在选择创富项目时，喜欢把目光投向特许加盟项目，把特许加盟项目视为创富的捷径。特许经营虽然可以大大提高投资者创业的成功几率，但创业者必须认识到特许加盟项目已经过于泛滥。说其"泛"，是指各行各业都在采取这种扩张模式，已经渗透到各行业领域；说其"滥"，是指特许连锁业市场秩序混乱，项目素质参差不齐。

那么，创业者在选择特许加盟项目时，要注意哪些问题呢？

1. 选择可靠的信息来源

创业者选择特许经营项目不能仅凭报刊广告，还要进行实地考察和验证。尽管报刊等媒体发布的广告都有主管部门出具的手续和证件，但是不能排除证件和手续伪造的可能性。所以，在选择特许经营项目时，创业者一定要眼见为实。到特许方考察时，同样不能相信特许方的花言巧语。在对其资质进行考察后，还要考察其样板店。对于特许方而言，一般要拥有10家以上的自营店才具备市场扩张的规模，才能证明项目在市场上有着较高的成功率。所以，创业者在面对只有几家连锁店的特许项目时，对是否加盟一定要慎重决策。

2. 对特许方的资质进行考察

加盟商对特许方资质的考察，主要包括以下诸方面：特许者是否具有独立的法人资格；特许方是否具有注册商号、商标和品牌；那些自称为国际连锁者的特许方是否具有国际总部的授权证书；特许方是否具有专利和独特的可供授权的产品、经营管理技术或诀窍；特许方是否具有一年以上的经营业绩，是否拥有直营店或加盟店；特许方是否拥有一定的经营资源；特许方有无向加盟商提供长期经营指导和服务的能力……

3. 对项目做全面细致的考察

创业者在考察特许经营项目后，还要进行细致周密的市场调研。市场调研主要是对项目的生存能力、市场潜力、获利能力等方面进行调查，再进行加工、整理和综合分析，以最终做出判断。总体来说，包括以下三个方面：一是充分了解项目的政策前景。有很多特许经营项目，虽然眼前有市场，但从长远角度看却与国家法律法规、政策相悖，或者并非法律法规、政策鼓励性项目，这类项目往往存在着很大的风险。作为创业者，必须遵循合法创业的原则，合法经营始于选项。二是要警惕"擦边球"项目。所谓"擦边球"项目，是指那些"傍大牌"（如个别模仿肯德基、麦当劳的加盟项目）或钻政策空子投机取巧的项目。另外，创业者还要慎选冷僻项目，虽然这类项目往往显得很"新"，并且加盟费用也相对较低，但市场空间却可能很小，或者要经过长时间的市场启蒙教育才能启动市场，创业之路如果过于漫长，很多创业者可能无法承受。三是充分了解特许项目的经营史。关于特许项目经营史，创业者可重点考察以下四个方面：首先，看经营年限，即项目存在多少年了，有多少直营店；其次，看经营区域，企业都在哪些区域市场扩张，在哪些区域市场获得了成功；再次，看经营业绩，企业各经营年度获利情况如何，早期加盟店的业绩如何；最后，看成功案例，了解有哪些加盟者通过加盟获得了成功。

4. 看项目的加盟费标准是否合理

一般而言，特许经营项目要向加盟者收取加盟费、权利金等费用，有些特许方还要参与受许方的利润分红。这里要提醒创业者提防那些毫无经验却四处招揽加盟者以收取加盟费用为目的的项目方，以及那些以卖设备为主的特许方，防止创业资金被骗。在此需要强调一点，创业者如何看待免收加盟费的特许经营项目？天下没有免费的午餐，免收加盟费的项目其中必有问题：要知道，加盟费通常是特许方的利润来源。如果不收取加盟费，那么特许方就可能在其他方面有所图，诸如卖设备、卖产品等等。这类项目往往没有什么品牌知名度,在运营上也不规范,这对于创业来说是致命的。如果创业者加盟了,成功率也会很低。

5. 看特许方的政策承诺

在项目招商阶段,特许项目方往往会对加盟者作出这样那样的承诺,因为各项承诺(如服务承诺、质量承诺、宣传承诺、技术承诺等)往往也是吸引投资者加盟的重要砝码。但是创业者不要轻易被特许方的花言巧语所蒙骗,关键要看特许人如何保障承诺的兑现,以及对落实承诺所采取的措施是否切实可行。

6. 看自己是否了解项目行业特性

任何一个行业领域都有着各自的行业特点。因此,创业者在选择加盟项目前,就必须加强了解,了解行业的关键特性。要知道,每一个行业都有其阴暗面,而特许项目方在招商时往往只宣传其光明的一面。在此,提醒创业者,即便是选择特许加盟项目,也要遵循"生意不懂不做"的基本规则。在正式签约之前,一定要把项目的各种情况搞得清清楚楚。

7. 看项目文化与区域文化是否匹配

区域文化包括以下几个层面:地理文化、消费文化、服务文化、环境文化等等。选项要注重考察区域文化是否与项目文化相冲突。文化冲突虽然不体现在表面上,但文化冲突具有难以协调的特点,且直接关系项目市场运作的成败。很多时候,文化冲突对于企业或是创业者来说是致命的。

8. 看市场消费习惯与能力是否匹配

创业者还要看自己所在市场区域对项目(产品或服务)的消费或购买习惯、消费或购买能力。如果创业项目与市场特性不相匹配,要么过度超前市场,市场成长缓慢,前景未能变成钱景;要么滞后于市场,企业一开业就面临一个正在衰退的市场,后果更是可想而知了。

9. 看自身素质、能力与项目的匹配度

对于创业能否成功，有三点极其重要：资金、项目和人才。有了好的项目，还要看自身素质与能力，不要轻易去做超越自身能力的事，要考虑自己的资源调动能力（人、财、物、社会关系等）。因为经营过程中会遇到很多意想不到的问题，解决这些问题都离不开资源的消耗。因此，创业者选择特许加盟项目时，一定要有多大能力办多大的事，不可勉强为之。

10. 要获得项目特许方的各种支持

项目特许方对加盟商的支持通常包括店铺选址、店铺装饰装修指导、提供系统的培训、提供经营运作手册、提供广告支持、提供产品技术等诸多方面。那些只求利益而不讲义务的特许方是绝对不可信的。这就要求创业者注意项目方对各方面的承诺与执行保障，如果缺乏特许方的支持，受许方运作项目必然步履维艰。

11. 要善于维护自身的合法权益

特许经营有其复杂的一面，尤其是特许方和加盟商之间的权利、义务关系较为复杂。尽管双方要签订经济合同，然而合同中难免有未尽事宜或者因混淆不清、模棱两可的条款而致的纠纷。如果遭遇特许方出现违约行为给另一方造成直接经济损失，若协商不成，加盟商就应当诉诸法律，为自己求个公道。因此，创业者作为加盟商，一定要善于利用舆论、法律等武器来保证与维护自身的合法权益不受侵犯。

四　经销商选项必须跨越的雷区

翻开各种经济、商务类报刊，就会发现报刊的广告部分有很多是项目

招商的广告，其中很多都是面向全国或省区级市场征聘经销商。招商项目则囊括了食品、饮料、洗化用品、药品、保健品、医疗器械、衣饰、小家电、餐饮等诸多行业领域。可见，经销制已被很多项目方视为打开市场的利器，尤其是那些生产厂商或者境外产品的中国总经销商。同时，经销制也为众多经销商所垂青，经销商不用投资建设工厂照样可以获得产品资源。经销制之所以风行全球，是因为有90%以上的生产厂商无力面向广阔的市场全面自建营销网络。要知道，自建渠道网络不但成本高，而且风险大。于是，各厂商便借助经销商或代理商的力量来实现产品迅速铺市，占有市场的营销目标。当然，这也给创业者带来了商机，做经销商的确是大学毕业生可以考虑的创业道路。

在项目方抛出招商的绣球，并许以高额利润、广告支持、营销指导、接受返货等多种优越条件的诱惑下，很多对财富望眼欲穿的创业者盲目入市，以至于在进行选项时，既没有认真学习经销制的运作规律，也没有对项目的市场前景进行充分翔实的调研，更没有对市场、投资等风险进行必要的评估。结果，创业者失意于市场，成为生产厂家的"消费者"，跌倒在经销制的门槛下。

那么，创业者如何正确认识并操作经销这种创业模式呢？

（一）经销制确是商战利器

经销制确实令国内很多经销商大受其益，诸如操作虚拟经营起家的杜国盈，从经销产品"英姿带"开始，在洞悉市场并牢牢地把握市场之后，开发了自有品牌"背背佳"。结果，"背背佳"推出后，一炮走红，产品畅销全国，获利丰厚。当然，并不是每一个经销商都要效仿这种另起炉灶的模式，但这确实是一条创业路径。经销商的发展模式还有很多，诸如经销商通过参股生产厂家、与生产厂家组建合资公司，和项目方由松散型合作向半紧密型、紧密型合作转变。创业者有必要正确认识经销制，了解经销制对创造财富的利基：一是项目方可为经销商提供相关营销支持；二是项目方具有能够调动经销商经营积极性的激励机制；三是经销商不用考虑生产，而集中精力做市场；四是经销商的投资主要集中于营销环节，没有设备、厂房等生产要素投资风险……一般而言，如果项目方的招商广告没有水分，那么该企业就应该拥有一套相对科学、合理、清晰的运作思路和运作体系。生产厂家要给经销商提供全面的利益保障与政策支持，诸如对经销权的保障、利润空间的保障、经营权益的保障等等，以及助销支持、服务支持等激励政策，这些都有利于鼓励经销商积极、主动地开展营销工作。

（二）经销制并非无懈可击

计划经济形势下是卖方市场；市场经济形势下则是买方市场。经销商能否赢利，要看项目能否适应市场、迎合需求，以及项目运营过程中各环节的运作质量，乃至经营成本、费用的控制管理情况。可以预见，随着市场竞争的加剧和深入，经销风险和经营难度也将越来越大，成功机会也会变得越来越小。之所以下这个结论，主要有以下四点原因：

1. 市场竞争愈发加剧

根据政治经济学中的平均利润理论，哪个行业赚钱，便会出现蜂拥而上的投资热潮，投资热潮会导致过度竞争，过度竞争则会使利润摊薄，乃至促进最终平均利润形成。社会的发展趋势就是这样，不同品牌的产品在技术、外观、功能、形态等方面日趋雷同，产品间的差异也越来越小。所以任何一个品牌想独占鳌头，必然要经过一番火热的搏击，最终市场将淘汰大部分弱势品牌，而形成几个大品牌主导市场的局面。所以市场竞争的加剧，很可能导致创业项目在成长过程中被淘汰出局，甚至被市场扼杀在摇篮里，这将使弱势品牌的经销商陷入经营困境而不得不放弃产品的经销。以长春市可乐类碳酸饮料市场为例，这一品类被百事可乐、可口可乐、非常可乐三大品牌占据，而其他品牌的产品尽管施以广告轰炸，仍未能让长春市的消费者买账，经广告洗礼后的消费者依旧情有独钟，致使包括汾煌可乐、顶真红枣可乐在内的许多产品望市兴叹，甚至退出市场。一些经销商在短期内的获利能力较低，很难有能力与耐力挺下去，于是索性让产品退市。

更为严重的是，一旦项目方发生破产、解散、转产、和解、分立、兼并等法人资格变更或资产重大重组，经销商的前途都将被蒙上一层厚厚的阴影。尤其项目方发生关、停、并、转的情况下，即使某些区域的经销商的经营业绩很好，也只是杯水车薪，个别区域的利润难以弥补生产厂商整体上难以为继的局面。此时，经销商的一切努力无疑将付之东流，因为产品资源可能会枯竭。所以，经销商在选项时一定要做到"二要二不要"，即要全面考察项目方的生产经营能力，不要仅仅片面地局限于某一点；要全面分析企业产品的市场前景，不要为眼前的短期利益所迷惑。

2. 经营风险日益扩大

经销制的经营风险主要包括市场风险、质量风险、财务风险等等。这主要体现为以下诸方面：项目方的产品质量存在问题，或者在经营过程中产品质量下滑，或者产品质量忽好忽坏，这些都是产品缺乏品质保证的表现，很容易导致经销商劳动浪费、时间浪费、资金浪费（包括销售费用、管理费用、财务费用等）；一旦产品出现质量事故或客户投诉，若被媒体曝光就会出现"城门失火，殃及池鱼"的局面，使产品销量下滑，甚至滞销；项目方为应对激烈的市场竞争，会做出调价的商业行为，尤其大幅度降价，使产品的市场零售价格低于经销商产品的最初进价；其他区域经销商跨区域低价倾销（即冲货）将在一定程度上扰乱市场秩序，甚至使经营难以为继；很多经销商要面向零售商开展营销，而零售商成立和倒闭的速度也是很惊人的。尤其值得一提的是，经销商与零售商合作时货款结算方式多为月结，甚至结算周期更长，这无疑增加了经销商的资金回笼风险。经营风险的存在要求经销商具备防御和规避风险的常识和能力，使经营活动有备无患。

3. 经营费用成本增加

创业者要想获得经销权绝非一件容易的事。对于一些品牌和产品知名度不高的企业，其产品经销权的获得相对容易，费用也很低廉，甚至不需要任何费用。只要经营资质符合生产厂商的要求即可，而且合作方式往往是代销。而对于一些品牌和产品知名度较高的企业，产品经销权的取得非常艰难，甚至要通过参加招标、拍卖来获得，并且买断经销权耗资巨大。同时，经销商还要向项目方交纳数额不菲的保证金。在这种情况下，获得项目经销权往往成为创业者难以逾越的一大门槛。

不管是经销还是代销，在取得项目或产品销售权后，经销商都面临着一大关键任务——开展项目的市场开发，而市场开发必然会发生成本费用。不可否认，项目方的促销费用支持是有一定限度的，而更多的市场推广费用则要由经销商自己来承担。就拿食品、饮料、洗化用品等日用品来说，在面向中小型批发零售店推广时，情况或许要好一些，但是要进大中型商超则要面临高昂的渠道成本。供应商的产品要在超市里销售，就得向超市缴纳进店费、陈列费、赞助费、广告费、会员价折扣等费用项目，这令利润本不丰厚的产品经销商叫苦不迭。如果不进超市销售，既没有利润又没有市场份额。所以，哪怕是微利，经销商也要上架销售。一些知名品牌产品刚刚登陆某一区域市场时，市场成长的速度或许能够快一些，而那些无名品牌或品牌知名度不高的产品，恐怕需要更漫长的投入期和成长期，经销商在短期内很难获取利润。

4. 经销经营运作质量

在寻求经销商时，项目方往往许以极高的条件，诸如向有意做经销商的创业者吹嘘"零风险、高回报"，乃至向经销商承诺"独家拥有产品的区域经销权"、"中央及地方级黄金媒体的广告支持"、"提供全套营销策划方案"、"提供全方位的营销指导与培训"、"一诺千金的退换货保证"、"提供样板市场供考察"等。然而，在优越条件的背后也隐匿了很多令经销商难于诉说的隐痛，诸如项目方不能准确、及时地保证供货，使经销市场经常出现断货现象，甚至捏造脱销的假象；项目方不遵守经销合同条款，不兑现或不及时兑现合同中约定的广告费用、返利等项目；项目方不按合同约定对残次品、变质产品、过期产品等予以返货，对于经销经销商来说无疑是釜底抽薪；项目方为保证其选择经销商的主动权，对经销商制定较高的业绩考核指标，甚至在合同期内便频繁更换经销商；项目方过河拆桥，市场培育起来后便由经销制转为自营。这种现象在一些大企业中频频出现，选择经销商只是项目方借船出海的一个战略，更有甚者在市场成长起来后，把区域市场交给对企业更加有利的第三方经营和管理，这令经历了风雨而刚刚见到彩虹的经销商苦不堪言；项目方发生关、停、并、转等情况或者遭遇不可抗拒的变故，会使经销商辛辛苦苦打下的市场化为乌有。可见，决定市场胜负的是合作双方，而不是其中的某一方。

（三）共赢需合力扬帆

项目方与经销商之间是互利互惠、相互依存的关系，二者是一个以利润为纽带结成的利益共同体。聪明的项目方会把经销商的事业看成自己的事业，竭尽全力在政策上和实际行动中给予支持，包括人力、物力、财力和销售服务支持，尤其是提供高品质的产品保证和市场推广促销投入。深圳三味公司是生产"卡秋莎"电子药丸的企业，该公司不但给经销商提供了较大的利润空间，还向经销商免费赠送价值150万元的电子药丸，更与经销商结成"广销联合体"，不把巨额资金用于争夺广告"标王"上，而是实实在在地、足额地投放在经销商所在的地方市场。由于措施得力，产品上市后第三个月上旬销售额就达到1500万元，可谓业绩骄人。

经销商作为合作伙伴也要积极配合项目方的工作，诸如及时反馈市场信息、提供区域市场促销建议、协助项目方区域经理工作、遵守经销协议、控制返货数量以减少项目方的损失、维护项目方的总体形象和利益等。只有合作双方实现良性互动，并互相创造价值，才能利于供需双方建立长期稳定的合作关系，共同成长。如果项目方与经销商合拍，那么双方面临的可能是一条光明的大道。尽管在征服市场的路上充满了荆棘和坎坷，但成功的空间将无限延伸。否则经销商面临的将是死棋一局。

（四）经销选项的关键点

面对众多的招商项目，创业者往往茫然不知所措：选择大品牌门槛高，经销商之间的争夺也激烈，机会很少。如果选新品牌或小品牌，机会虽多，但却害怕市场做不起来。更让经销商苦恼的是，面对众多招商项目的政策大战，经销商晕头转向，难以辨别谁的可信，谁的执行力强……可以说，经销商能否在经营上取得成功，除了自身的素质、能力与资源因素外，选品牌也是关键。当然，这里的选品牌并不单纯指选择什么牌子，还包括选择什么样的企业、选择什么样的产品，这需要创业者的综合判断力。

经销商在选品牌时，要把握好以下八个关键点：

1. 品牌影响力

很多经销商在选项时，都希望能够傍上一个大品牌。可是，做大品牌的经销商毕竟机会有限，竞争激烈。如果经销商有机会、有实力、有能力选择大品牌固然好，因为这可以有效降低产品市场开发的强度。但是，即便在一个成熟的行业市场能称得上大品牌的也就三四个，更何况对很多创业项目来说，其市场尚在成熟之中，甚至刚刚萌芽，少有真正的大品牌。作为经销商一定要认识到，市场机会并不都属于大品牌，一些小品牌、新品牌在区域市场也有取胜的机会。因为大品牌也可能鞭长莫及或者产品不够有特色、不够本土化……如果小品牌可以满足某个细分市场需要，并且没有大品牌进入，创业者就可能会有赢的机会。

2. 产品是否适用

对于一种创业项目能否在市场上做起来，关键要看"二力"：产品力与营销力。产品力要依赖于产品项目方，营销力则要以区域市场经销商为主，项目方的营销支援为辅。所以，作为优秀的经销商一定要选择一个好产品，选产品重于选品牌。有营销专家总结出这样一个规律：一流产品＋一流经销商＝超一流的市场；一流产品＋二流经销商＝二流市场；二流产品＋一流经销商＝一流市场。这条规律总结得很有道理，有好的产品才有好的营销人，有好的产品才有好的经销商。经销商针对产品要把握好以下五点：一是市场规模性。仅潜在市场有需求还不够，还要有现实的市场需求，同时应该具备一定的市场潜力与规模。二是政策适用性。推广项目要符合当地的政策性规定，具备产品推广的宏观政策环境。三是功能适用性。在功能上能够满足当地市场需求，不存在功能缺陷或过度服务。四是经济适用性。即在价格上当地市场具有承受能力，或者说价格要符合市场购买力。五是环境适用性。

3. 经营理念是否合拍

这一点常为很多经销商所忽视，结果导致后期合作中与项目方矛盾重重，甚至激烈冲突，使合作难以继续。要知道，理念上的冲突是最不容易调和的，它会直接导致行为上的冲突。实际上，经销商与项目方之间的对抗与消耗是二者之间合作的最大成本。在这种情况下，很容易使产品成为斗争的牺牲品。结果可想而知，一旦经销商在区域市场上做了一锅夹生饭，想重新启动市场可谓难上加难。因此，经销商一定要了解清楚项目方的营销理念能否与自己合拍，再决定是否长期合作，合则两利，否则合作必难于长久。

4. 后期营销支援

经销项目在营销上可概括为这样一个公式：成功营销＝产品力＋经销商的营销力＋项目方的营销力。在招商阶段，很多项目方都会拿出很多政策和承诺。但有很多项目方是说一套做一套。因此，敢把承诺协议化的项目方才是可靠的，因此经销商要寻找那些敢于把营销支援条款合同化的项目方。营销支援包括空中支援与地面支援，这往往以营销政策的形式体现。那么，经销商应该关注哪些政策与承诺呢？主要包括以下方面：产品支持政策、市场利益保护政策、销售激励政策、促销支持政策、服务支持政策等。

5. 成功市场个案

招商项目可分为以下三种情况：新产品首度招商、老产品空白市场招商，以及产品市场重启招商，见下表：

招商项目 SWOT 分析

产品招商类型	优势与机会	劣势与威胁
新产品首度招商	产品力可能更优，机会可能更大	缺乏市场基础，需要进行市场教育
老产品空白市场招商	产品在市场上已有成熟模式	产品可能老化，产品力可能相对钝化
产品市场重启招商	市场尚有余温，品牌有知名度	市场重建困难重重，难塑市场信心

从上表来看，对于产品市场重启招商，经销商一定要慎重，最好不要轻易涉足。而另外两种情况则需要经销商综合判断再做决策，但至少面临的不是"夹生市场"。

6. 技术创新能力

产品寿命周期正在变短，这种情况下更要考察项目方的创新能力。如果项目方缺乏雄厚的技术创新与产品研发能力，后续经营必然乏力。并且，这也将波及经销商的经营。那些做大的经销商有一个成功的秘诀，那就是长期持续经营一个品牌，并且所经销的产品能够做到与时俱进、随"市"而变。那些优秀的经销商往往都是与优秀的生产厂家一起成长起来的，而不是频繁地更换自己所经营的品牌。所以，理性的经销商不宜轻易跳槽，这是经销商的生存法则。基于此，经销商一定要对项目方的技术创新与产品研发能力加以调查，并把调查结果作为选品牌的重要依据。

7. 服务体系是否健全

很多项目如果离开有效的服务支持就将成为半成品，如空调、太阳能热水器等产品。因此，经销商要想开展业务就离不开项目方健全的服务体系，以及必要的服务政策支持。因此，经销商要针对项目方的服务体系做一下检核：是否具备或打造服务品牌？服务模式是否科学合理？服务网络是否健全？服务软硬件设施是否齐全合理？服务人员的素质如何？服务标准是否领先？服务流程是否合理？服务制度是否完善？关于服务有无负面投诉？……经销商一定要多调查、多研究，只有选品牌时多流汗，合作之后才能少流泪。

8. 营销模式是否科学

笔者在营销上始终坚持一个观点：模式找对，事半功倍。对于项目经销，可以说产品同质化现象比较严重，这就决定了产品力相似，那么能否成功营销的关键就要看营销力了。在这种情况下，企业之间的竞争本质是商业模式的竞争，尤其是营销模式的竞争。所以，经销商要研究项目方的营销模式是否科学合理，是否切合本土市场实际。如果存在问题，就要考虑是否可以改造营销模式，以及是否适合改造营销模式。

五 为创业选项上好"三重保险"

无论是大中投资项目，还是投资在 10 万元以下的小项目，对于投资者来说都存在风险。这就要求创业者在勇于承担风险的同时，也要学会规避风险。创业之路并非始于企业开业运营，而是开始于创业选项。也就是说，规避风险要从创业选项开始。在这个阶段创业者能否理性、正确选项，直接关系到创业的成败。选项失误，创业就可能失败在起跑线上。

（一）第一重保险：市场调研

创业者进行市场调研就是要明确项目的市场价值与社会价值，或者说项目市场潜力与市场生命力，以及项目是否符合社会发展导向。对此，也可理解为对项目素质进行调研与评价。这是创业选项的最根本问题，如果项目不具备市场价值与社会价值，那么针对这个项目所做的一切工作就都可以停止了。对于市场调研，可以说"80%的脚，20%的脑"，贵在勤与思。创业者可采取多种调研方法，只有获取了客观的第一手资料，才可以为项目下一个客观的结论。创业者要对自己负责，这一环节不但必不可少，还要做得细致入微，这样才能为自己的事业多增添一份保险。

总体来说，创业市场调研主要包括以下三个方面：

1. 微观市场研究

作为创业者，要以满足市场需求为前提，重点发展需求量大、发展前景广阔的产业或项目。创业者要认真研究行业市场特征、项目市场潜力、市场竞争状况、目标客户群（客户特征、客户心理、客户购买力）等市场情况。在此基础上，确定项目的市场机会、风险、优势、劣势。市场永远是企业的根基，缺乏市场基础的创业项目永远是空中楼阁。

2. 宏观政策研究

宏观政策研究主要是指研究现实产业政策、未来产业政策走势、关联产业政策现状及动向等内容。作为投资项目，一定要符合国家产业政策原则，包括现实政策与未来政策导向。最好是国家宏观政策鼓励、支持的产业或项目，规避国家产业投资明确限制和"压产"的项目，注意回避在宏观政策上非常模糊的产业与项目，这样有利于降低政策风险。

3. 项目经济研究

对项目进行经济性研究，主要是研究项目成本投入、预期产出、投资回收期等财务、经济指标。对于创业投资，创业者必须追求投资项目有较高的投入产出比，即投资要讲究一定的回报率，并且投资回收期要尽可能短。不过，对于高投入产出比的项目，创业者也要注意其中暗藏的风险。

（二）第二重保险：实地考察

如果市场调研的结果使创业者感到满意，那么就要进一步验证项目的真实性和市场实际运作情况。俗话说"百闻不如一见"，实地考察无疑是最好的办法。那么，创业者要到哪里去考察？有两个地方一定要去：第一个地方就是项目总部。创业者要看看项目总部是不是皮包公司，要看看其是否具备雄厚实力，这关系到其后援保障能力。第二个地方就是项目运作的样板市场。作为创业者，看看其他经营者运作项目的效果有利于规避风险。这既是一个调研过程，又是一个学习过程。

那么，创业者进行实地考察，究竟要考察什么？要注意哪些问题？

1. 项目总部考察

对于项目总部的考察，主要包括项目方经营资质、经营背景、经营战略、资源保障能力、产品或服务体验等方面。项目方总部不仅是创业者强大的后盾，也是创业者对创业项目的信心所在。创业者进行项目总部考察要注意以下三点：第一，项目总部是否为自有物业，项目方在招商后人走屋空的现象并不少见。第二，项目总部是企业实体还是虚拟公司，对于虚拟公司要更加小心。第三，项目总部的生产经营是否有序，这是对项目方企业运营情况的考察。

2. 样板市场考察

样板市场也称示范性市场，是由项目方自行操作或者其他创业者运作的典型市场。通常来说，样板市场往往已经拥有成功的运作模式，即便在其他市场上不能完全复制，但至少具有借鉴价值。对此，创业者应该把考察的重点放在以下几方面：样板市场数量、样板市场运作情况、样板市场与创业者所在市场的差异性、样板市场的成功运作经验等等。创业者对样板市场进行考察，既是一个调研过程，也是创业者向样板市场学习、取经的过程，创业者一定要重视、珍惜这个机会。

（三）第三重保险：签约维权

对创业项目，无论创业者是一次性买断，还是长期性合作，都必须签订公平合理的合同。合同就是规则，这绝对不是儿戏。因此，创业者必须予以认真对待，一定要把事情想全面，想到最容易出现的问题、想到最糟糕的情况，因为合同总是在最悲观的时候发挥作用。

对此，创业者要注意以下四点：

1. 合同文本

创业者一定要警惕项目方出具的格式合同，因为其中的格式条款可能会有失公平，对创业者权益造成侵害。所谓格式条款，就是当事人为了重复使用而预先拟定，并在订立合同时未与对方协商的条款。采用格式条款的合同称为格式合同或制式合同。要知道，合作本身就应是平等、互利、双赢的，创业者要针对合同条款与项目方进行具体协商，逐条敲定，而不是任由项目方搞一言堂。

2. 项目权益

项目权益是指创业者对项目经营、处置（转让、出售、外包）等方面的权利，主要包括以下三方面：一是权益属性，即创业者所取得的是所有权还是使用权。如果是所有权，那么操作空间较大；如果是使用权，很可能还要受制于项目方。二是专属权益，或者说针对创业者的独家保护权益，至少在一定区域市场范围内享受独家权益保护。有些项目，由于市场潜力有限，在一定市场范围内独家做就赚钱，两家做可能就会赔钱。三是持续权益或者说优先续约权益。在项目市场经营得如火如荼之际，合同到期，于是项目方开始自行操作市场或者重新选择项目合作伙伴。这种情况下，创业者前期的努力都成了为别人做嫁衣的徒劳了。

3. 后续保障

创业者必须认识到一点，获得项目只是创业者与项目方合作的开始。在项目运营过程中，如果缺少项目方必要的支持与帮助，项目启动与运营都会遇到困难。为此，创业者要尤为关注后续服务保障，这主要包括三方面：一是产品或服务保障能力。产品或服务保障能力还可分解为两个方面：第一个方面是目前经营业务的供应能力；第二个方面是新产品或新服务的研发与供应能力，这关系到创业者的可持续经营能力。二是政策资源保障能力。很多创业项目在招商时，承诺了很多优惠政策，如价格上的、促销上的。要知道，这些政策对于保证创业者的赢利能力以及在市场上的战斗力有着至关重要的作用。三是销售支援能力保障。创业者需要项目方提供如创业培训、经营指导、人员助销、销售物料等的后续支援能力。

4. 未尽事宜

创业者千万不能与项目方"讲朋友"、"论交情"。要知道，在商业合作过程中，所谓的感情是靠不住的，因为总是有人不把感情当回事，唯有讲究规则方可万无一失。因此，对于应该明确的未尽事宜，创业者不要盲目相信项目方的说辞，诸如"具体问题我们再商量"、"会尊重你的意见"等含糊不清的说法。

创业选项者一定要注意两点：一是警惕含糊不清的模糊条款，这样的合同条款很容易让人在理解上产生歧义，也最容易在日后的合作中产生纠纷，更有可能项目方所设置的合同陷阱就在其中。二是一定要把想说的事情说出来。合同的作用在于维护自身的权益，只有在合同中明确各项条款才能更好地受到法律的保护，保障自身的权益。

【阅读思考】

1. 你认为哪些行业领域适合自己创业？谈一谈理由。

_____

_____

_____

_____

2. 什么是项目魔术招商？如何识别魔术招商陷阱？

_____

_____

_____

3. 什么是特许经营？如何选择与评价特许经营项目？

_____

_____

_____

_____

4. 什么是项目经销制？通过经销赚钱有哪些优势与劣势？

_____

_____

_____

_____

5. 在创业选项的前前后后，如何降低风险？

_____

_____

_____

_____

第六章
精益化创业力求低成市高收益

在企业内部，只有成本。

——［美］彼得·德鲁克

一 精益化创业乃事业成功根本

美国管理大师彼得·德鲁克在《新现实》一书中，对成本的理解甚为深刻："在企业内部，只有成本。"这从企业运营角度指出了成本的重要性。

著名竞争力专家迈克尔·波特则提出了企业应该具备的两个核心竞争优势：一个是低成本，另一个是差异化。确实如此，对于企业而言，管理的最基本任务之一就是不断降低成本。降低成本首先是为了获得市场上的竞争优势，其次才是为了获得更多的利润。很显然，无论是对于创业企业，还是成熟的企业来说，这都是最关键、最核心的问题。创业者最为关注的两个关键词就是成本与效益，其中成本是效益的重要来源。正如克莱斯勒公司总裁李·艾柯卡所说的那样，"多挣钱的方法只有两个：不是多卖，就是降低管理费"。这就要求创业者善于挖潜降耗，对成本管理的细节深追细究，实施精益化创业。

187

（一）精益化创业的基本概念

创业企业通过加强成本控制，可以有效提高企业赢利水平，增强项目的竞争力，扩大市场占有率。然而，企业要想加强成本控制，就必须进行科学的成本管理。著名的管理咨询公司麦肯锡曾这样评价中国企业："成本优势的巨人却是成本管理上的侏儒。"什么意思？中国企业具有各种资源成本优势，而企业却不善于对资源成本进行管控。很多创业者认为成本控制就是"省钱"，这是一个很荒谬的成本观念。实际上，成本管控是一门"花钱"的艺术，而不是"节约"的艺术。创业企业如何将每一分钱花得恰到好处，并把每一种资源用到最需要它的地方，并获得最大产出，这才是成本管控的真义。对于企业来说，经营的本质就是经营资源，企业之间的竞争拼的就是资金、人才、物资等资源的占有与利用，比的就是资源的成本高低。实际上，这也是精益创业时代所需要解决的关键性问题。

追根溯源，精益管理最早起源于汽车生产制造领域。现在，精益管理由最初在汽车生产系统的管理实践已经逐步延伸渗透到企业的各个管理领域，也由最初的具体业务管理方法上升为战略管理理念。所谓精益管理，就是企业通过提高客户满意度、降低成本、提高质量、加快流程速度和改善资本投入，使企业效益实现最大化。当然，对于精益管理我们还可以这样来理解：所谓"精"，即减少资金投入、降低消耗资源、节约时间，尤其是减少不可再生资源的投入和耗费，并提高资源利用质量。而"益"则可理解为多产出经济效益。同时，在生产经营活动中精打细算，做到精益求精。精益管理其核心就是不投入多余生产经营要素，杜绝无价值的生产经营活动，以最小、最合理的投入换取最大的回报。

对于创业者，精益化创业的指导思想又是什么呢？可以这样概括：以客户为中心，尊重客户价值，防止服务不足与服务过度，杜绝无价值的经济活动，并致力于持续改进、追求卓越、尽善尽美，不断优化投入产出。可见，精益化创业是一种消除浪费、提高速度与提升效率的方法。因此，创业者必须树立精益思想。

（二）精益化创业的核心主张

可以说，精益化创业是个新概念。它强调通过资源管理、细节管理、成本管理，来提升创业企业的经济效益。再大的企业也必须算细账。像号称"每天收入 200 万"的阿里巴巴公司，在复印机使用上就可见其成本管理的细节功夫。阿里巴巴公司的复印机上放着储蓄罐，复印机背后的墙上贴着一张公告，其中有这样三条细则：第一条"个人因私复印每张 5 分钱，请自觉投币"；第二条"复印公司内部文件要双面使用"；第三条"复印数量多于 150 份的要外包交由前台处理……"阿里巴巴这样的大公司尚且如此，何况刚刚起步的小型创业企业？

精益化创业的思想精髓体现为五个方面：

1. 精益化创业的目标是提升效益

创业者都知道利润该怎么计算：利润 = 销售收入 − 销售成本。实际上，精益化创业就是要通过强化细节管理，降低成本，提升效率，进而提升企业效益。精细化管理出效益，很多企业在这方面都尝到了甜头，恰是"小数点里有乾坤"，小细节里面藏着大效益。

2. 精益化创业的手段是降低成本

《荀子·富国》中有这样一段话："百姓时和、事业得叙者，货之源也；等赋府库者，货之流也。故明主必谨养其和，节其流，开其源，而时斟酌焉，潢然使天下必有馀而上不忧不足。"所谓"开源节流"，是指开辟财源，节约开支。也就是说，创业者要树立"省到就是赚到"的成本意识，恰如美国石油大王约翰·洛克菲勒所言："省钱就是挣钱。"商界精英王永庆在公司成本控制上也有同样的感悟，"节省一块钱就等于多赚一块钱"，正是以此为理念才成就了台塑集团的辉煌。

3. 精益化创业的标准是有效价值

什么是有效价值？就是客户的实际价值需求。而客户价值，则是客户从某一特定产品（服务）中获得的一系列利益，包括产品价值、服务价值、人员价值和形象价值等。从客户实际需求出发，满足客户需求价值，这是创业企业避免价值浪费的基本指导思想。客户价值不仅体现在产品或服务上，还体现在品牌、渠道等多方面。客户价值体现在很多方面，企业要给客户最大的让渡价值——让客户付出的体力、金钱、精力更少，而得到的产品、服务与情感享受更多。要知道，客户一定会选择那些在他们心中让渡价值最高的产品（服务），即客户价值与客户成本之差最大的产品（服务）。

4. 精益化创业的导向是市场客户

精益成本管理是以客户价值增值为导向，融合精益采购、精益设计、精益生产、精益销售、精益物流、精益服务等技术，把精益管理思想与成本管理思想相结合，形成的全新的成本管理理念——精益成本管理。它从采购、设计、生产、销售和服务上全方位控制企业供应链成本，以达到企业供应链成本最优，从而使企业获得较强的竞争优势。如宇通汽车就是以客户需求为导向，在成本上领先市场，竭力为客户创造最好的产品、提供物超所值的服务。宇通的成本管控不是单纯的成本节约、削减成本，而是让成本有效，即花一定的成本达到最好的效果。让客户花费一定的资金能获得最好的产品，获得性价比最高的赢利模式。所谓成本有效，是以客户需求为导向，把成本花到最需要的地方，花到最能创造价值的地方。其目的在于对管理进行提升，对流程进行创新，对材料进行改进，提高生产率、提高产品的质量。通过实施有效成本管理，宇通对人工、物料、费用、时间、机会等成本项目进行改进与创新，取得了一定的成果。

5. 精益化创业的关键是细节管理

古语云："不积跬步，无以至千里；不积细流，无以成江海。"万涓成

河，终究汇流成海，这就是细节的力量。被日本企业奉为"经营之神"的
松下幸之助有一句名言："不放过任何细节。"成本管理就是这样，一个小
小的细节可以酿成大危害，恰是千里之堤，溃于蚁穴。企业要发展，不仅
需要精益求精的细节治理，更应树立正确的成本理念。对于"小细节大成
本"，我们可以从很多方面来加以说明：如果产品或服务存在小小的缺陷
而遭到客户投诉，却没有引起企业的重视，结果被投诉到政府部门或媒
体，那么企业不但要承受高昂的公关成本与经济损失，甚至会一蹶不振或
从此衰败。

这里我们可以看看人民大会堂关于成本管理的一些小细节：人民大会
堂是举行国务活动等大型活动的重要场所，建筑面积17.18万平方米，共
有100多个面积不等的厅室，2005年以前，每年水、电、气、暖等几项花
费就达上千万元。按照官方计算，大礼堂照明多开启一小时耗电近946千
瓦时；一般厅室中央空调多开一小时耗电近1400千瓦时；蒸汽锅炉房多
运行一小时耗天然气240立方米……作为能耗大户，人民大会堂响应全国
人大常委会机关开展节能工作号召，从细节入手，挖掘节约资源的空间，
结果发生了很大变化：通道的灯只打开一小半，厅室的窗帘大多敞开着。
以前大会堂各厅室有活动都要求提前一到一个半小时室内达到23℃，现在
规定只提前15分钟到半小时达到25℃，并充分利用"余冷"，在活动结束
前提前关闭大冷冻机；在照明上尽量采用自然光，活动现场只提前5分钟
把灯全部打开，活动进行中入场线路只留下部分照明，活动结束前再按规
定开灯……

（三）精益化创业的实施路径

精益化创业的核心就是在尊重客户价值的前提下降低成本，而不是在
降低客户价值的情况下降低成本。低成本策略强调在与竞争对手同等条件
下的低成本，而不是牺牲产品或服务质量的低成本。要知道，全世界没有
一个质量差、光靠价格便宜的产品或服务能够长久地存活下来。西方管理

界有这样一句名言："客户用脚来投票。"可见，客户的需求满足了，企业也就会得到相应的回报。

客户是善变的，价值需求是波动的。创业企业想盯住客户并不是一件容易的事。对于创业企业，无论是随需而变，还是引领客户的精准创新，想做到都很不容易。但是，企业又不能不变，面对客户这个移动靶，创业企业必须学会打移动靶的本领。通常来说，价格是价值的标签，而成本则是价格的晴雨表。客户价值在变，价格也要变，成本更需要具备变的空间。因此，创业企业应建立柔性成本管理思想，使精益化创业理念落地。刚性成本管理是根据成文的规章制度，依靠组织的职权对企业的各种成本进行程式化的管理，又可称为准则导向型成本管理。而柔性成本管理则在此基础上，将环境这一外生变量导入组织的决策模型中，并将其作为显著影响企业经济行为和经济后果的重要参数之一，以此实现对企业的各种成本进行柔性化的管理，属于原则导向型成本管理。柔性化的企业不仅在企业内部实现生产成本与管理成本的降低，更重要的是增加产品的创新速率和多样性，增强企业内部管理的灵活性，有效地应对客户的善变。

1. 全过程——不放过任何一个环节

台塑集团董事长王永庆认为，经营管理与成本分析，要追根究底，分析到最后一点。确实，创业企业对产品设计、工艺、采购、制造、销售、使用的整个过程发生的成本进行控制，不仅对构成产品生产成本的发生过程进行控制，也要对生产前的设计、工艺和生产后的销售、使用所发生的成本进行控制。而实施有效的成本控制，主要是要加强事前、事中和事后全过程的控制。事前控制，指需要认真对可能出现的结果进行预测，然后将其同计划要求进行比较，从而在必要时调整计划和控制影响因素，以确保目标的实现。事中控制，又称执行控制，这是成本控制的基础与核心工作。最后是事后控制，又称反馈控制，主要是分析执行情况，将其与控制标准相比，发现问题，分析原因，以及对未来可能产生的影响及时采取措施并实施，防止问题再度发生。瑞典汽车制造商沃尔沃公司采取的就是全程化降低成本的策略，例如简化分销、减少存货、消减员工。降低成本的解决方式依赖于增加 IT 使用、消除中间机构、引入客户基础生产系统与过程管理。最终效果是降低存货成本、缩短交货时间、发货更为及时、客户满意度更高。

2. 全员化——上下拧成一股绳

创业企业要树立全员成本控制的理念，而不是仅靠创业者自己。每一个企业员工都要增强成本意识，努力降低生产成本，这就是所谓全员参与成本控制。创业企业要充分整合和利用内外资源，建立良好的企业文化，在核心理念上形成内部共识。事实上，也只有全员参与的成本控制，才能真正实现费用成本、时间成本和质量成本的有效控制。成本控制如果没有全员的自觉参与，不仅不容易实行，而且一旦产生对立情绪，还会发生更多的成本，与成本控制的初衷背道而驰。因此，创业企业要积极构建"大家管，管大家，人人抓，抓人人"的全员成本管理模式，分解指标，明确责任，严格考核，牢固树立起干部员工"效益为先、降耗为本"的理念，确保企业效益最大化。

创业企业可从下述三个方面做出努力：一是科学合理地进行成本指标分解。根据各职能部门的实际条件与职能分工，将成本指标按年、季、月将费用进行分解，层层落实，实行归口分级管理，明确责任，落实到人，做到从上到下，人人肩上有任务，个个头上有指标，构成严密、细致的全员成本管理责任体系。二是严肃月度成本计划，超前控制。创业企业要制定成本计划，逐月公布下发，月底严格考核兑现，节奖超罚。月底对当月成本完成情况进行预测，分析成本费用超降原因，总结经验，寻找差距，提出降低成本意见，上报企业决策层，作为成本改进决策参考。三是坚持勤算账、算细账的工作方法，要求企业内部职能部门及所属员工都要算成本账，分析成本情况，明确投入与产出关系，进一步提高成本管理水平，坚决完成计划任务下的成本指标。

3. 标准化——有目标才会有成功

成本管理要力求做到量化，能够定量的要定量，不能定量的要定性，做到成本管理有标准可依。标准成本也称为应该成本，是一种计划成本，这是进行成本管控的标杆。创业者还要明确一点，标准成本具有时效性，随市场变化具有动态性。因此，创业企业要根据实际情况调整成本标准。在此，重点介绍一下成本定额。企业把成本标准化就是要创业者建立各种成本定额，如采购成本定额、生产工艺定额、劳动工资定额、销售成本定额等等。定额成本是创业企业项目运营成本的现行定额，它反映了当期应达到的成本水平。合理的成本定额是衡量企业成本节约或超支的尺度。通过定额化管理，创业企业可避免费用开支的盲目和随意，提高资金使用效率、运营和管理效益。当然，成本定额也是对成本责任考核的重要基础和依据。

4. 责任化——既是压力也是动力

创业企业成本管理和控制一旦失去了应予承担相应责任的明确对象，成本目标和手段等均将因失去实际载体而形同虚置。实行目标成本责任管理，就是要将指标层层分解，实行定额定量管理和限额消耗承包，从而形成人人身上有指标、个个肩上有担子，真正落实到个人，并起到促进员工"天天精打细算，月月经营核算"的作用。同时，还要根据员工的管理权限和管理范围，承担相应的经济责任。这种经济责任要与企业的费用、支出、利润相关联，更要与员工个人的经济利益及其个人在企业的发展相关。只有企业内部的每个员工都来努力完成自己的责任，避免不必要的损失与消耗的发生，企业才会具有低成本竞争力。这就是企业的成本责任，只有成本责任清晰，才能发挥员工的积极性和主观能动性，上下同心来共同降低成本。

二 争取低成本甚至完全免费的宣传机会

如今，再也不是"酒香不怕巷子深"的年代了。离开必要的宣传，再好的产品也会黯然失色。宣传是创业企业提升竞争优势不可或缺的动力，更是快速赢得市场的得力武器。即便创业项目再好，如果无人知晓，创业企业想要快速打开局面也很困难。可见，创业企业再也无法默默无闻地做市场了，建立企业、品牌及项目知名度尤为关键，这是创业者为打开局面而要打响的头一炮。即便不需要在社会上广泛地建立知名度，也需要在专业领域里把牌子做响，或者在特定市场区域内建立项目的影响力。其实，这很好理解，如果创业者的项目服务于社会大众或者说广大消费者，那么就需要创业企业在业务可辐射的市场区域内建立影响力。如果创业项目服务于专业客户群体、从事工业品生产经营，面向企业、政府或其他组织销售，那么企业在客户所在的专业领域内建立知名度就可以了。

当然，可以说每一位创业者都能想到做宣传。但是不见得每个创业者都能做到，因为宣传要涉及经费投入，资金对于大学毕业生来说是一个大难题。同时，对于宣传来说，大学毕业生在营销实操上还缺乏磨炼，更何况操作新项目可能缺乏成熟有效的宣传模式支持。这无疑增加了宣传投入的资金风险，也会造成不必要的资金浪费。在此，有必要为大学毕业生上一堂"创业宣传课"，帮他们掌握低成本宣传的基本技法。

（一）创业者所面临的宣传难题

提到宣传，最容易让人想到的就是广告。然而，采取媒体发布广告这种宣传模式，成本之高并非每个创业企业都能负担得起，而且不同媒体对目标客户群的效果也不一样。其实，宣传手段很多，并不限于广告，如公关传播、人员传播等等。

创业者在宣传方面所面临的难题绝不仅是资金短缺，还有资源匮乏、经验缺失等问题：

1. 资金短缺

资金短缺是创业者进行业务宣传的最大障碍与难题。很多创业者不得不采取最原始、最简单的宣传手段，如发放廉价的宣传单，甚至搞人海战术，这些都是因受制于资金的约束。这样做宣传的效果往往不理想，对于提升知名度作用有限。因此，创业者要努力克服资金困难，采取低成本宣传手段，力争出奇制胜。

2. 资源浪费

有研究表明，企业 70% 的商业损失发生在销售活动完成之后。营销大师约翰·沃纳梅克说过这样一句话："我知道广告费至少有一半被浪费掉了，但问题是，我不知道究竟是哪一半。"实际上，不仅是广告，所有的宣传手段即便产生了良好的效果也都存在浪费问题。为什么会造成浪费？原因很多，如宣传策略、宣传手段、宣传媒体等都关系到宣传效果，也都会造成资金、媒体、媒介等资源的浪费。

3. 经验缺失

大学毕业生创业，在经营上每迈出一步都可以说是在摸索。对于宣传来说，不仅是如何展现项目卖点的问题，还有极强的策略性融合其中。笔者曾遇到过这样一个创业者，他开了一家化妆品店。为了给店里聚集人气，他亲自草拟文案找人设计宣传单，准备印出来后到繁华街区发放。在一次偶然的接触中，他把这份宣传单拿来让我看，希望给他提点建议。我拿过宣传单一看，文字密密麻麻，让人看起来就累，甚至根本就没有人会通篇看下去。另外，由于该专卖店位置相对偏僻，尽管写上了门牌号码也仍然无法知道其具体位置。于是，我建议他要放上一个地理位置图，甚至注明乘车路线。仅从上述两点，可见一个小小的宣传单，由于经验缺失，也会造成一定的浪费。

（二）对创业宣传的五点建议

在创业阶段，每一分钱都要掰成两半花。因此，提升宣传实效已经成为创业企业降低成本的重中之重。创业阶段的宣传也有其特殊性，企业往往缺乏成熟的宣传模式，不得不在摸索中前进。

1. 进行市场试探

创业者在进行大面积、大幅度宣传之前，一定要进行宣传测试，试探市场的反应。这样既可以降低资金风险，又可以灵活调整宣传计划。创业者可以考虑下述策略：邀请符合目标客户群体特征的潜在买家或者早期客户进行宣传调查与测试，然后创业企业根据反馈情况，再考虑是否调整或者扩大宣传面。

2. 抓住突出卖点

创业项目必须有一个核心引爆点，这也是项目最突出、最容易打动市场的卖点，是与竞争对手差异化的最大表现。如果创业企业宣传的项目卖点恰恰能够对接目标客户的买点，那么宣传效果就很明显了。需要强调的是，卖点与买点是两个概念，卖点是创业企业站在项目角度，在进行市场分析、预测与测试的基础上提炼出的核心特点与利益。买点则是目标客户给自己确立的核心购买利益与购买条件。可见，创业企业在卖点上是否找得准，是否契合买家的买点，直接关系到宣传的效果。

3. 精准锁定目标

创业企业要想提升宣传效果，最重要的是锁定核心客户，这是进行"精确打击"的前提。为此，创业者必须对项目的目标客户群体进行精准定位。创业者可以有以下三种思路：一是自行搜索目标客户，然后集中起来宣传，诸如召开项目说明会、新品发布会，如果目标客户数量很少也可以进行上门访问宣传。二是利用具有客户数据库的合作资源，利用合作伙伴的客户数据进行定向宣传，如电话、短信、电子邮件、直邮信函、传真等途径。三是发单宣传时，发单员要对发单对象进行特征识别，即是否具备目标客户的特征。

4. 突破宣传常规

信息爆炸时代，媒体信息碎片化，面对市场疲劳，往往只有出奇才能制胜。1984年出版的《游击营销：小企业创造高额利润的秘诀》一书正式提出了"游击营销"这一帮助小企业实现以小搏大目标的名词。游击营销具有下述特征：注重与目标客户建立个性化的联系，大多不借助单向的、被动式的传统传播媒介，而是采用具有互动性的传播路径，强调体验，营销费用低。游击营销是一种互动性更强、更强调细节的营销战术，对于开拓新市场和建立新关系更为有效。只有真正了解客户到底喜欢什么，才能真正吸引目标客户的注意。游击营销选择媒介的主要标准是能够与目标客户实现互动，这使得企业基本上不考虑大众媒体，而是倾向于创造独特的传播路径。

5. 宣传要有节制

创业者不能以赌徒的心态做宣传，拿钱来豪赌，这是对企业不负责的行为。何况大学毕业生创业更无资金可赌。因此，创业者要制定可持续宣传计划，只有使宣传投入与经营目标、经营业绩相协调，才是一种理性与理智的企业行为。随着企业经营业务的发展、经营业绩的提升，再逐步增加宣传投入。

（三）提升实效就是降低宣传成本

任何一项宣传都要有明确目标，或者展示形象，或者提升知名度，抑或促进市场销售。所有宣传,创业企业都要重视并强调投入产出,即ROI。只有具备合理投入产出比的宣传,才能算是实效宣传。作为创业者,不但要知道怎样做能使宣传更具实效性,更要知道怎样去监测与评估宣传的实效性,这是创业者不可或缺的两项基本技能。

1. 简单性

本质的东西是简单的,要想获得好的宣传效果,首先宣传的内容要让目标客户能够看懂、听懂。因此,宣传的内容应该简单、通俗、易懂。同时,宣传不仅是获取暂时的告知或说服效应,还要获得良好的关注与记忆,让客户牢牢记住。人的记忆是有时限的,因此就更要求宣传内容简单、直接、独特,以使客户产生兴趣。否则宣传效果将事倍功半。

2. 直接性

宣传要直接,不能绕弯子、兜圈子,不能给目标客户以云里雾里的感觉。很多企业做宣传时大搞"文字游戏",推出一堆专业术语,使目标客户如坠雾中或者弄懂了才发现其中有太多玄机。像有些零售店在做店面促销宣传时,打出"买一送一"的招牌,结果发现买一套休闲装才送一块小小的手帕。客户肯定会感到不舒服,满意度更会下跌,那么这样的促销还会让客户再次光顾吗?

3. 关联性

宣传不能脱离项目的核心卖点及宣传目标,要保证宣传围绕着宣传目标转。关联性就是说宣传创意的主题必须与商品、市场密切相关。因此,无论是创业者进行自主宣传策划,还是委托专业公司宣传策划,其前提都是彻底了解企业、了解产品或服务,在此基础上才能进行策划、创意。在进行宣传时,无论是策略、创意,还是传播媒介的选择,都要适合创业企业,贴近目标客户,否则很容易跑偏,甚至离题万里。广告大师伯恩克一再强调广告与商品、消费者的相关性,他指出:"如果我要给谁忠告的话,那就是在他开始工作之前要彻底地了解广告经销的商品，你的聪明才智，你的煽动力，你的想象力与创造力都要从对商品的了解中产生。"他还指出："你写的每一件事，在印出的广告上的每一件东西，每一个字，每一个图表符号，每一个阴影，都应该助长你所要传达的信息的功效。你要知道，你对任何艺术作品成功度的衡量是以它达到的广告目的的程度来定的。"

4. 震撼性

宣传只有具有震撼性，才更容易吸引眼球并形成注意力，才更容易让客户心动。宣传要能在瞬间引起受众注意，并在心灵深处产生震动的能力。只有在视觉和听觉乃至心理上对受众产生强大的震撼力，传播效果才能达到预期的目标。客户对宣传内容产生很强烈的震动，才说明宣传具备了震撼性。这就要求在宣传上有所创新，注重宣传手段、表现形式，使其具有冲击力。

5. 互动性

宣传不应是强制性、填鸭式的传播，而应该调动客户的兴趣，使其主动参与进来，实施有效渗透。当然，宣传互动性的强弱与很多因素有关，诸如所选择的媒体、宣传手段等。先来说媒体，传统媒体往往有着单向传播的桎梏，而网络传播则可以实现双向传播，沟通更充分。再来说说宣传手段，广告就是一种单向传播，而公关活动则是双向传播。因此，创业者应尽量吸引目标客户主动参与，这对于客户购买大有裨益。可见，宣传应该强化双向沟通，这样才能获得更好的反馈，互动性越强，宣传的效果也就越好。

6. 原创性

原创性又称原创力、独创性，只有原创才能给人以耳目一新的感觉。原创性是创新的灵魂，原创性具有首创性、导引性、震撼性和实践性等基本特征。原创性是与众不同的首创，以其独特的吸引力和生命力产生与众不同的力量。只有原创的，才是创新的，才是差异化的，才能吸引客户的眼球，形成良好的宣传效应。

（四） 必须用好低成本宣传工具

天下真的没有"免费的午餐"吗？也不尽然，在其他方面可能没有，但是在创业宣传上却绝对可以实现。当然，这也是有条件的，或者说并非每一个创业者及创业项目都能拥有这个机会。这取决于创业者的策划运作能力以及项目本身的特点，我们知道越是新奇的项目越容易引起社会尤其是媒体的关注，免费的宣传机会可能就潜藏其中。

管理大师德鲁克指出，"管理是一种实践，其本质不在于'知'而在于'行'；其验证不在于逻辑，而在于成果；其唯一权威就是成就"。因此，创业者只是想到还不行，更重要的是在行动上做到，在结果上实现目标。

为此，创业者要利用好以下八大低成本宣传工具：

1. 新闻传播

新闻营销是创业企业以新闻为工具进行宣传的一种传播方式，其前提是企业要有媒体感兴趣的新闻。新闻营销要以真实、不损害公众利益为前提，利用具有新闻价值的事件或者有计划的策划、组织各种形式的活动，来制造"新闻热点"吸引媒体和社会公众的注意与兴趣，以提高企业知名度、塑造企业良好形象，最终实现促进项目（产品或服务）销售的目的。新闻是多种多样的，如动态新闻、通讯报道、人物传记等，创业者要予以灵活运用。当企业开业或者有重大事件发生时，可以采用动态新闻来进行宣传。而当创业者在自己的领域里有所成功或者获得荣誉时，可以采取通讯报道、人物传记来进行宣传，宣传创业者实际上就是宣传企业。

2. 网络传播

这里的网络是一个"大网络"的概念。如今已进入 Web2.0 时代，网络已不局限于互联网，而是一个大网络的概念，它由互联网、手机、新兴多媒体终端（如 iPod、MP4 播放器）等共同组成。当然，互联网是核心。在 Web1.0 时代，网络营销的主要特征是企业对个人，而 Web2.0 时代不但可以企业对个人，还可以个人对个人，并且成为主导。Web2.0 时代，互联网上兴起 Blog（博客）、即时通讯软件、社交网络、RSS（简易聚合）、Webcast（在线视频）/Podcast（播客）、TAG（网摘）、SNS（社会化网络）、Wiki（维客）等新名词、新事物，其实网络之中蕴藏着很多宣传机会。企业除了可以自建网站外，还可以利用门户网站、行业垂直网站进行宣传，如发布动态新闻、发布广告信息、建立企业博客、社区论坛传播等等，创业者要充分利用这些大多免费的资源。web2.0 平台网络营销充满了活力，其精准、个性、互动、体验的特点不仅让企业节约了营销成本，而且还扩大了营销活动的影响力。

3. 体验传播

俗话说，"耳听为虚，眼见为实"，体验最具有说服力。体验营销是指企业采用让目标客户观摩、聆听、尝试、试用等方式，使其亲身体验企业提供的产品或服务，让客户实际感知产品或服务的品质或性能，从而促使客户认知、喜好并购买的一种营销方式。也就是说，体验营销是通过看、听、用、参与的手段，充分刺激和调动消费者的感官、情感、思考、行动、关联等感性因素和理性因素，重新定义、设计一种思考方式的营销方法。尤其当项目新推出时，客户缺乏了解、缺乏体验，不敢贸然购买，市场局面自然难于打开。在这种情况下，体验营销可以派上用场。洛阳春都集团曾于 1987 年 8 月生产出中国第一根火腿肠，春都火腿肠将国外的先进经验与中国的现实国情以及中国人的饮食习惯有机融合在一起，独创了"85% 的精瘦肉加常温条件下三个月以上的保质期"这一中国式火腿肠产品质量技术标准。可以说，春都开创了中式火腿肠这一新品类，市场必然对这种新产品缺乏认识，因此春都自然要承担起市场教育与推广的重任，这就离不开宣传。为此，春都采取了体验营销的做法。第一批火腿肠上市时，中国消费者基本不知道火腿肠为何物，甚至在进行产品试销时消费者对产品的可食用性都曾产生怀疑。于是春都销售人员创新地推出了"酒精炉"推销法，即酒精炉现场演示试吃活动。既演示开袋即食方法，又演示火腿肠的各种烹饪方法和吃法。结果，经过广泛的宣传推广，春都火腿肠成了市场上一时风光无两的大赢家。

4. 口碑传播

口碑营销是指创业企业努力使客户通过亲朋好友之间的交流将自己的产品信息、品牌传播开来。这种营销方式成功率高、可信度强，成本也很低廉，甚至是客户免费为企业做的广告。口碑营销往往有两种情况：一种是被动的口碑营销。传统营销理论往往这样定义口碑营销：由企业及潜在客户以外的第三方（尤其老客户）通过明示或暗示的方式，传递企业、品牌、产品及服务信息，从而使潜在的客户获得其所需要的相关信息，进而影响潜在客户购买行为的双向式、互动化的营销传播策略。二是主动的口碑营销，创业企业积极进行的口碑引导。传统口碑营销的精髓为"用别人的嘴来塑自己的品牌"。其实别人的"嘴"是靠不住的，更何况口碑有"正口碑"与"负口碑"之分。因此，创业企业必须打破传统口碑营销理论的桎梏，积极参与到口碑营销中去，积极进行口碑引导，用自己的嘴带动别人的嘴，这才是口碑营销的最高境界。

5. 员工传播

创业者不要忽略创业企业内部员工的传播力量。在如安利、雅芳等很多企业里，员工就是企业的第一批客户。为此，很多企业为扩大产品内销制定了内部优惠价。很多企业倡导员工体验或购买本企业的产品或服务就是为了能够通过员工的直接体验，为客户提供更优质的服务。同时，也可以拉动销售。员工热爱企业，那么其宣传与带动作用不可忽视。美国的乔·吉拉德曾连续 12 年平均每天销售六辆汽车，这个纪录至今无人能破。在一次葬礼上，吉拉德忽然发现了一个现象：每次参加葬礼的人数一般都是 250 人左右。职业敏感性启发了吉拉德，于是他提出了"250 法则"——"在每位客户的背后，都大约站着 250 个人，这是与他关系比较亲近的人：同事、邻居、亲戚、朋友"。实际上，每个员工的背后也站着250 个可以成为客户的潜在消费者。所以，创业者不能忽略内部员工的宣传效应。

6. 赞助传播

所谓赞助，是指创业企业为了获得宣传效果而向某些活动（体育、艺术、社会团体）提供资金、产品或服务支持的一种行为。不过赞助不一定要出钱，还可以出产品或出服务，以此换得冠名或者免费宣传的机会。如从事色彩咨询、美容化妆业务的创业企业可以为电视台主持人提供免费服务来换得宣传机会。这也是一种赞助行为。创业企业参与一些有影响力的活动，通过免费提供产品或服务，也可赚得很不错的宣传效应。另外，创业企业即便没有真正赞助一些有影响力的活动，也可以通过打"擦边球"从中揩油，这也可以理解为寄生营销——一些公司作为非正式赞助商却试图将自己与特定赛事联系起来以获利的一种行为。2002 年，耐克公司于汉城世界杯开幕前开放了大型儿童足球运动公园"耐克公园"，并打出了"没来过耐克公园，你就没参加过世界杯"的口号。但实际上，在这次世界杯赛事中，耐克公司根本就不是赞助商。

7. 参加讲座

创业者创业的同时还应积极充电。然而充电不只是学习的机会，也是一个宣传机会，更是广泛建立人脉的机会。这里的充电可以包括多种形式，诸如主题峰会、专业论坛、公开课、总裁班等等。在这里，创业者可以收获最为宝贵的人脉关系，创业者每发出一张名片，其宣传价值都不可简单评估。要知道，创业初期的业务往往要靠人脉来拉动，而不是创业者及其销售业务人员到处游说。

8. 进行演讲

创业者如果有机会参与各级政府部门或者社团机构组织的创业演讲，一定不要放弃这个机会。从表面上来看，做演讲是在谈创业心得，总结创业经验，但实际上是在塑造自己的个人品牌，这也是为企业免费宣传。另外，创业者也可以自行举办宣讲会，通过演讲来推广自己的业务，这也是一种典型的文化推广模式。

三　通过有效整合内外部资源降低成本

创业者为降低成本压力，通常有两条路径可以考虑：一是整合资源，降低资源的获取成本、整合成本与利用成本；二是强化成本管理，对过程成本进行合理控制。不过，在很多时候，即便创业者使出九牛二虎之力来强化成本管理，或者像毛巾拧水一样去控制成本，其效果也并不明显，或者成本压缩的幅度极其有限。原因何在？就是因为凭借创业企业自身的资源已无能力进一步消化成本。对此，创业者不妨考虑整合外部资源，通过企业内部及外部资源有效整合来降低成本。

对于资源，如果按照获取方式来划分，可分为内部固有资源与外部可利用资源两大类。内部固有资源，即创业者为创立或维持企业运作所需要的自有资源，这也是基本资源，而外部可利用资源则来自企业外部的各种社会力量，如政府机构、社团组织、企业实体等组织、机构与经济实体。资源整合就是整合创业企业内部的固有资源与外部可利用资源，包括资源嫁接、资源互换、资源共享、资源借用等途径，弥补企业资源短板，把资源价值最大化，最大化降低成本费用，最终获得效益回报。创业者首先要积极转变观念，认识到创业要优先考虑从外部资源入手，而不是只看到企业内部极其有限的自有资源。

（一）整合资源是个什么概念

马云说过这样一句话："企业家是懂得用最小的资源去把市场价值扩大化，在能够发现一个价值的同时，又能够用各种各样的办法使它产生影响力，这才是企业家的智慧。"要知道，创业经营是要消耗资源的，而创业企业的固有资源总是有限的，并且很多经营所需的价值性资源根本就不为企业所掌握。因此，创业者要想使用企业内部有限的资源，就要努力去挖掘、调动并整合外部可利用资源。对于资源整合也可以换一种方式来理解，即创业企业对不同来源、不同层次、不同结构、不同内容的资源进行识别与选择、汲取与配置、激活和有机融合，使其具有较强的柔性、条理性、系统性和价值性，并创造出新的资源的一个复杂的动态过程。实际上，整合资源对创业企业的组织能力是一个考验，更是对创业者经营能力的重要考验。对于经营来说，创业企业拥有多少资源不是关键，关键是有效地利用了多少资源，以及如何利用资源。

创业者千万不要以为整合外部资源是大中型企业的事，而与起步阶段的小企业无关。其实这就大错特错了，资源整合不是大中型企业的专利。从创业起步阶段，创业者就可以尝试资源整合，利用它来降低创业成本与风险。从蒙牛乳业的创业轨迹，我们便可悟出一二：1999年，蒙牛开始创业，先是向哈尔滨一家液态奶公司贴牌生产，接下来又承包了包头的一家冰淇淋公司。如此操作，蒙牛只是出人才、出技术、出品牌、出管理，而减少了资金投入，这样先后成功运作了八家困难企业。通过外部资源的整合，蒙牛成为了"先建市场，后建工厂"的典范，并且这种创业模式也被广为称道。

对于资源整合，下面从两个角度、四个方面来解读。

1. 战略性资源整合与战术性资源整合

企业的经营行为总是带有一定的目的的或者说是自利的，或出于战略目的，或出于战术目的，而很少会干漫无目的的事情。

在战略思维的层面上，资源整合是系统论的思维方式，就是要通过组织和协调，把企业内部彼此分离的职能或把企业外部既参与共同的使命又拥有独立经济利益的合作伙伴整合成一个为客户服务的系统，获得"1＋1＞2"的效果。战略性资源整合主要指创业企业与外部力量建立长期稳定的资源联盟，从而形成长期的资源依赖关系，其目的：一是为了获得战略性原料、产品或服务资源，二者是资源供求关系；二是为了获得战略性资源，进行资源互换，二者是资源交换关系；三是为了长期共享某种利益，长期进行资源共享，二者是共享关系；四是战略性资源借用，可以是有偿的，也可以是无偿的，二者是一种授许关系……

在战术选择的层面上，资源整合就是优化配置的策略性决策，服务于短期经营目标。创业者根据企业的发展战略和市场需求，对有关的资源进行重新配置，以突显企业的核心竞争力，并寻求资源配置与客户需求的最佳结合点。这样做的目的就是要通过组织制度安排和管理运作协调来增强企业的竞争优势，提高客户服务水平。战术性资源整合主要是立足于阶段性目标，或者某一特定性目标：一是战术性资源组合，如开展联合促销，进行互动捆绑销售；二是战术性资源嫁接，进行新产品或服务开发，或独家推出，或联手打造……

2. 横向资源整合与纵向资源整合

横向资源整合，又称水平资源整合，主要是创业企业整合同业企业资源，或者跨行业整合异业资源。那么，创业企业如何通过横向资源整合来降低成本呢？在此给出几个思路：一是创业企业联手同业的竞争对手共同进行市场教育，分摊市场教育成本；二是创业企业与同业竞争对手进行"绿色竞争"，或者"协议竞争"，不拼消耗，不打消耗战，降低竞争成本；三是创业企业与异业企业进行捆绑，实现经营互动，如互动营销，借助异业企业来降低成本……

纵向资源整合，又称垂直资源整合，主要是整合产业链上下游企业的资源。那么，如何通过纵向资源整合来降低成本呢？创业者可以参考以下几条路径：一是与上游客户建立良性合作机制，如信用采购，即无需现款采购，以及即时采购，即根据需要采购，降低库存和资金占用；二是借助下游客户力量拓展市场，如通过寻找经销商来拓展市场，而不是自行投入组建销售团队，以此降低成本的同时，也可以有效规避风险……

（二）整合资源可以降低成本

管理大师彼得·德鲁克深刻地指出，创新就是创造一种资源。因此，资源整合重在创新，创业者可根据实际情况予以创新运用。

总体来说，资源整合包括以下四个层面的操作：

1. 资源嫁接

对于嫁接这个词，相信读者朋友不会陌生。嫁接是生物学上的概念，即植物的人工营养繁殖方法，就是把一种植物的枝或芽接到另一种植物的茎或根上，使接在一起的两个部分长成一个完整的植株。嫁接也可以理解为杂合，最终要合二为一或合多为一。对于创业企业来说，资源嫁接体现在很多经营环节上。如研发环节，即项目开发过程中的技术资源嫁接，也就是把外部技术资源用于自己的项目上，研发出新项目。在市场营销过程中也可以操作商业资源嫁接，对此可称之为嫁接营销。所谓嫁接营销，就是指企业采取合作的方式，一方借用另外一方，或者合作各方相互借助对方的营销资源或营销平台来营销自己的产品或服务。通过将产品或服务的营销嫁接在其他合作方的营销资源或营销平台之上，为己方或者合作各方创造出更大的营销收益。同时，亦可有效降低营销成本，产生更大的销售效应。

2. 资源互换

所谓资源互换，是指合作双方以自己的资源交换对方的价值性资源，以弥补自身的资源短板。当然，资源互换可以是战略性的，也可以是战术性的，这取决于企业的实际需要，以及合作双方的意愿。从某种意义上来说，资源互换更像一笔生意。通过资源互换，可以实现以人之长补己之短。这种资源互换是廉价的，甚至完全无需资金投入。如以渠道换技术或者以市场换技术。如在家电领域，TCL与松下电器合作之后，TCL再与飞利浦家电合作，通过以渠道换技术谋求双赢局面。但是，创业者要明白一点，如果自身没有资源价值，也就失去了资源互换的资本。

3. 资源共享

你有一个苹果，我也有一个苹果，我们交换手中的苹果，你我各自的手中依然还是只有一个苹果。你有一个想法，我也有一个想法，我们交换我们心中的想法，你我各自心中就都有了两个想法。这就是思想的共享。合作双方资源共置于一个平台，可以根据实际需要各取所需要。资源共享在市场开发方面有着重要的意义与作用。如具有相似或相同客户群体的商家组成商业联盟，合作伙伴之间互相向客户推荐对方，这是实现客户资源共享。我们来看一则通过办同销售，实现客户资源共享降低客户开发成本的小故事：有一家开在市区的餐馆感受到了周围激烈的竞争，餐馆的老板娘正是一位游击营销人。她寻找在社区里和自己的餐馆拥有相同顾客的是哪些企业，得出的答案是社区的理发店。于是，她专门为半径一英里之内的社区理发店的理发师们设计分发了赠券和优惠卡。每个理发师上门就餐时，她都提供给他们最优质的服务，和他们交朋友。没有多久，理发师们就把这家餐馆推荐给了他们的顾客，使得餐馆生意非常红火。当然，可以共享的资源有很多，诸如产品资源、渠道资源、人力资源等等，关键是要看创企业企业具体如何操作。

4. 资源借用

资源是有价值的，也是可以用价格来标注的。对此，我们称其为有价资源。创业企业使用其他企业资源时，都要为之买单，付出成本与代价。

但是，资源借用却可以为创业企业插上腾飞的翅膀，使创业事半功倍。资源借用主要包括以下两种情况：一是无偿借用。无偿借用往往是合作双方关系非常密切，而不需要支付报酬。二是有偿借用。有偿借用最为常见的是资源特许使用及资源租赁，借用方要向授权方支付许可费用。常见的资源有偿借用包括品牌输出、技术输出、设备输出等。很多企业在创业阶段都尝试过资源借用，如乐百氏在最初创业时就是租赁的乐百氏商标。企业有所发展之后，才购买了乐百氏商标的所有权。

（三）防止意外的高成本出现

很多时候，好事与坏事是可以相互转化的，利弊本无界，关键是临界把握与控制。在资源整合方面，亦是如此。

创业企业在整合资源过程中，要注意防止意外的高成本出现：

1. 防止核心优势资源丧失

一个企业可以依赖某项资源在特定时期获取成功，但很难做到永远成功。一旦丧失这项资源，企业很可能马上就会出现危机。也就是说，创业企业所依赖的核心资源一旦丧失，必将会给企业带来无法估量的损失。因此，在资源整合过程中，如果创业企业受到合作伙伴的盘剥，逐渐丧失自己的特质性资源，最终的结果必将是可悲的。

2. 防止资源合作链条突然断裂

俗话说，"天下没有不散的筵席"，商业合作亦是如此。如果合作突然中止，创业企业无异于被断奶，运营将无以为继。因此，关键性资源的链条不能断，这里的资源是指原辅材料、人才、产品、资金、渠道等要素。为做到这一点，创业企业必须降低对某些外部资源的依存度，并强化调动、牵制外部资源的能力。

3. 防止资源合作形成过度依赖

创业企业在整合外部资源的同时，必须能够独立行走，不能做资源依赖型企业。如果对对外资源形成过度依赖，就会受制于人，反而容易增加成本。并且，一旦丧失外部资源，这种昂贵的成本恐怕远非创业企业所能承受。因此，资源依赖型企业应未雨绸缪，探索多元化资源获取渠道，逐渐减小外部获取资源的比重，或者逐步降低对外部资源的依赖性，摆脱单一的资源获取模式。

4. 防止合作过程形成资源冲突

资源冲突原本是计算机领域的一个概念，意指添加新硬件导致的系统无法正常运转的故障。在资源整合过程中，同样存在资源冲突问题。如果创业企业的固有资源与外部可利用资源相冲突，如文化上的冲突、市场上的冲突，不但不会降低成本，反而会增加成本。同时，合作效应也将不是"1＋1＞2"，而是"1＋1＜2"，甚至更糟。

四　内部成本控制是创业经营的重中之重

从某种意义上来说，现代企业管理管的就是成本。不过，在市场经济环境下，成本管理的重心发生了一些变化，即成本管理的重心由企业内部转向外部。这无疑加大了创业企业成本管理的难度。对于创业者来说，除了加强内部成本管理以外，还要考虑自己的决策成本，如果决策失误，给企业带来的损失是巨大的，甚至难于估量。尽管如此，作为创业者，还是要树立成本管理的决心，从内部成本管理着手，不断挑战成本极限。任何时候都不要觉得自己在成本控制方面已经做得天衣无缝了。科龙的前任掌舵人顾雏军，虽然此刻可能仍身陷囹圄没有行动自由，但他就成本管理的一句话却给我们以很大启发："降低成本不需要技巧，只需要决心。"确实如此，创业者首先应该树立控制成本的决心。

（一）创业不可忽视的三种成本

企业成本管理是很复杂的，因为有些成本不是眼前的，也不是现实的，因此难于预测、评估与计算。我们可以把企业成本分为内部成本与外部成本。如果换个角度，也可以把成本分为显性成本与隐性成本。很多创业者在创业初期往往以生存为大，过于急功近利，很容易出现一些经营上的短期行为，结果导致隐性成本、外部成本的出现。虽然创业者很重视显性成本，并且在显性成本控制上做得很好。但还是容易在成本管理上出大麻烦。作为创业者，要具备战略化、全局化、系统化的成本管理思维，实施全面成本管理。所谓全面成本管理，即运用成本管理的基本原理与方法体系，依据现代企业成本运动规律，以优化成本投入、改善成本结构、规避成本风险为主要目的，对企业经营管理活动实行全过程、广义性、动态性、多维性成本控制的基本理论、思想体系、管理制度、机制和行为方式。

1. 显性成本控制要抓住源头

显性成本是指计入账内的、看得见的实际支出，因而也是有形的成本。总体来说，显性成本包括六个方面：原材料成本、人工成本、库存成本、应收账款成本、特殊运输费用和退货及索赔。通常来说，企业所计算的成本都是显性成本，计算利润指标时同样以显性成本为依据，即销售收入减去显性成本以后的余额为账面利润。从某种角度来说，显性成本反映的是实际应用成本，可以在产品或服务的价值中得到反映，并具有可直接计算的特点。也就是说，企业从事一项经济活动时所需要花费的货币支出，如雇员工资，购买原材料、燃料及添置或租用设备的费用，利息，保险费，广告费和税金等都可以考虑为显性成本。对于显性成本控制，创业企业关键在于把握住显性成本发生的源头，从源头上寻找控制成本的机会与做点。

2. 不可忽视的隐性成本控制

所谓隐性成本，是指一种隐藏于企业总成本之中、游离于财务审计监督之外的成本。这往往是由于决策者或员工的不当行为所致，由于有意无意的行为造成的具有一定隐蔽性的未来成本和转移成本，是成本的将来时态和转嫁的成本形态的总和。这很好理解，如创业者作为管理决策者，决策失误就可能导致成本增加，以及领导权威丧失造成的政令不畅、部门间缺乏有效协调、团队工作效率低下等等，这些都属于隐性成本。相对于显性成本来说，隐性成本隐蔽性大、难于避免、不易量化。这就要求创业者提升自身的决策素质。同时，创业者作为决策者，必须审慎决策，否则将来必然会在成本上为不当决策埋单。另外，还要规范员工的经营行为，做到合法、合理、规范，这也有利于隐性成本的控制。创业者要关注金钱以外的成本。

3. 防止外部成本转变为内部成本

所谓外部成本，是指企业在运营过程中，没有考虑到但却存在的对社会或环境产生实际影响的经营行为，企业为此付出的代价。总体来说，外部成本可分三个层次：第一个层次，外部成本表现为"直接外部损失"，如企业产品因没有采用环保材料，不符合客户采购标准，而失去了客户的订单；第二个层次，为了防止直接外部损失，人们可以投资于避免这种损失，但同时也会产生"预防成本"；第三个层次，由于存在着外部侵害导致直接外部损失，还会直接或间接地产生"社会福利损失"。对于任何一个志存高远的创业者及其企业来说，都必须认真考虑履行对社会及环境的责任。否则产生的外部成本很容易转化为企业内部成本。这或许只是时间问题。

（二）内部成本控制也要讲原则

作为创业者，千万不要以为只要在创业企业内部做到厉行节约，减少支出，就算是降低成本了。实际上，这是传统成本管理思想，如今已经不合时宜。可以试想一下，如果创业者片面地从降低成本乃至力求避免某些费用的发生入手，强调节约，那么结果很可能是悲观的。因为我们不仅看投入多少，还要看产出多少，或者说要看投入产出比是否划算。很多时候，只有大投入才能换得大产出。实际上，这才是现代成本管理观念，即成本效益观念。只要有合理的产出，就可以提高投入成本。要知道，在市场经济环境下，经济效益是企业追求的首要目标。

基于成本效益观念，创业在成本控制与管理方面要遵循以下五个原则：

1. 尊重客户综合价值

任何企业经营都是发现客户需求、创造客户需求并满足客户需求的过程。换言之，企业经营的本质是需求管理，或者说客户价值管理。正因如此，创业者控制成本不能忽略客户价值。如果以损害客户价值为代价，这样的成本控制没有意义，作用可能是负面的。创业企业能否在市场竞争中立于不败之地，能否取得斐然的经营业绩，很大程度上取决于企业是否尊重客户价值，是否关注客户的真实需求，是否对每一个细节给予认真对待，是否提供注重细节的销售及服务方案。要知道，功夫在细节上。很可能一个不起眼的细节就反映出企业的实力，体现出企业的竞争力，就赢得了客户的青睐。因此，客户价值不能减，关键性细节成本不可减。创业企业要防止对客户的服务不足，即对客户服务存在质量缺陷或无法满足客户需求。

2. 注重投入产出比率

上文已经指出，现代成本管理强调成本效益观念。这就要求创业者能够准确区分"尽可能少的成本付出"与"减少支出、降低成本"的区别。要知道，"尽可能少的成本付出"，不只是节省或减少成本支出，其中的学问就在于"尽可能"这三个字上面。实际上，这是一个前提，如果企业可以获得更大竞争力、更大的产出或者说效益，那么增加成本完全是可以的，也是应该的。就拿创业来说，在项目运营过程中，如发现在既有产品或服务方面能够有所改进或完善，就可以吸引更多的客户，有利于提升客户满意度，更会使产品或服务的市场占有率大幅度提高。那么，即使相应地增加一部分成本，只要这部分成本的增加能够提高企业产品或服务在市场上的竞争力，并最终能够为企业带来更大的经济效益，那么加大投入也是值得的。

3. 商业模式控制入手

在企业经营过程中，低成本与差异化永远是两大核心竞争优势。不过，低成本是需要企业商业模式来保证的。如果创业者通过硬性手段来压缩成本，那么压缩幅度是有限的，并且成本容易反弹，缺乏长效保障。只有有商业模式保障，才能使低成本成为一种持久的经营优势。也就是说，低成本竞争优势是否存在，取决于这种优势是否具有持久性。低成本优势只有在企业维持它时，才能产生高于平均水平的效益。如果企业不能持久地改善企业的相对成本地位，那么企业只能保持成本等价或成本近似，这种情况下就无成本优势可言。可见，企业要获得低成本优势就必须找到低成本优势的持久来源，这就需要设计并打造低成本商业模式。世界级的零售大亨沃尔玛和我国家电连锁领域的翘楚国美都有低成本商业模式的支撑。企业为客户创造的外在价值是低价，在低价背后却隐藏着更多价值，也就是企业别有洞天的利润源泉。从企业战略高度来看，进行企业设计必须考虑几个关键环节：客户选择——价值设计——业务范围定位——差异化/战略控制——组织模式确定。这些环节让我们明白在低价背后，还有大量的工作要做，关键的是低成本商业模式设计。就拿戴尔（DELL）来说，其之所以能底气十足地把价格压低，主要就是源于戴尔的一条销售法则："我们要做的最重要的事情就是像卖土豆白菜一样把 PC 卖掉。"因为其采用直线订购模式，省去了经销商、专卖店等商业流通环节，所以节省了大量的流通成本。因此，戴尔就具备了更为丰厚的竞争资本与利润空间。

4. 基于市场竞争导向

低成本是一种竞争优势，为了获取竞争优势，企业必须在成本上瞄准竞争对手。如果创业企业进行的所有生产经营活动的成本累计低于竞争对手的成本，企业就具有了低成本优势。如果企业的低成本优势对于竞争者而言是难以模仿和复制的，则其低成本优势就会持久。如果企业向买方提供可以接受的价格水平，以使其低成本优势不为售价低于竞争者而抵消，成本优势就会带来超额收益。因此，创业企业在成本上必须以竞争对手为标杆，或者说要盯住竞争对手的成本。尽管在控制成本上可能永远也无法与竞争对手相媲美，但是激烈的竞争要求创业者必须这样做。因此，创业者必须同时睁开双眼：一只眼盯着客户，另一只眼盯着竞争对手。既让价格为客户所接受，又要努力获得优于竞争对手的成本比较优势。

5. 人力成本不可强减

人力成本是创业企业内部成本体系的重要组成部分，对于企业来说是不可避免的成本。人力资源成本主要包括以下组成部分：管理体系构建成本、引进成本、培训成本、评价成本、服务成本、遣散成本。在此，尤其需要强调两个方面：一是人员引进成本。企业从外部获得满足企业运营需要的人力资源所消耗的资源总和，包括招聘费用、选拔费用、录用费、安置费等诸多项目。在创业阶段，引进人才要遵循以下原则：延请有经验的人；选择素质高的人；聘用有潜力的人。前文曾强调创业选人重在适合，在财力允许的条件下，要舍得花大价钱，尽可能招聘到最好的人才，这样的人才会带来比你付出的高薪多得多的利润，或者说产出会远远大于你的投入。二是人员培训成本。即企业为达到人力资源管理体系所要求的标准（如工作岗位要求、工作技能要求等），对员工进行培训所消耗的资源总和，包括员工上岗教育费用、岗位培训及脱产学习费用等。对于培训，创业者不要吝惜投入，不对员工进行培训才是最大的成本。跨国公司培训费用一般可达营业额的 2% －5%，而国内企业平均不足 1%。培训投入的回报是巨大的，有研究结果证明，业务熟练的员工带给创业者的回报甚至是新手的四倍。对于上述两项费用，创业者必须转变观念，不要把培训投入视为成本而应视为投资，要认识到培训投入的价值。对这一部分投入，创业者不可强减。

（三）内部成本控制实战技法

TOM 前户外传媒集团总裁李践系统地总结了李嘉诚家族的经营模式，包括削减成本的 12 项"刀法"：砍价、砍人手、砍机构、砍固定资产、砍采购成本、砍预算、砍库存、砍劣质客户、砍日常开支、砍会议、砍面子和"还刀于鞘"。其中"还刀于鞘"是指回归于企业降低成本之源：技术创新凸显成本优势，流程再造改善成本结构，规模经济压缩单位成本，信息化完善成本管理，人力资源建设降低时间成本。这无疑具有重要的指导价值。对于创业企业来说，内部成本控制不仅需要决心，还需要掌握成本控制的核心技术，并采取切实有效的实际行动。

创业者要把握以下六个内部成本管控的实战技巧：

1. 优化经营规模

商界有一句名言：规模出效益。小规模出小效益，大规模出大效益。所谓规模利益，就是指在一定的产量范围内，随着产量的增加，平均成本不断降低。规模经济是一定的产量范围内，固定成本可以认为变化不大，那么新增的产品就可以分担更多的固定成本，从而使总成本下降。创业者可根据生产力因素、数量、组合方式变化规律的要求，自觉地选择和控制生产规模，求得生产规模的增加和成本的降低，进而取得最佳经济效益。之所以说"规模出效益"，就是因为规模经营可以降低成本。因此，创业者要努力拓展市场，通过扩大产销规模来降低成本。商业连锁经营模式在全球的风靡之势正可为规模效益做一注脚。唐树伶在《连锁商业营销与管理》中指出，连锁经营是一种规模经济较为明显的商业组织形式，它要求连锁企业的规模不能低于最小经济规模水平，否则经营收益就会小于成本，连锁企业的规模经济潜力难以发挥。根据发达国家连锁经营的经验，一个连锁企业只有发展到 14 家店铺才开始赢利，也才能发挥规模优势。

2. 防止过度服务

所谓过度服务，是指一些客户在接受企业的产品或服务后，产品或服务的某些特色或功能根本用不上，而这些特色或功能却增加了他们的购买成本。过度服务往往具有以下三个基本特征：一是产品或服务复杂难用，成本高；二是产品或服务存在客户并不需要的多余功能，这些功能的存在对客户并没有实际意义；三是客户对企业创新的价值不予认可，使创新价值没有得到体现，影响投资回报。这种情况下的创新往往具有高成本的特征，客户对此常常难以认可。为避免出现这种情况，企业要专注于研究客户的真正需求，在服务、产品、营销方面需要更加专业和细化，使企业的创新价值能够对接客户的需求价值。创业企业削减过度服务也是控制成本的一种重要手段。

3. 成本包干负责

成本是一种责任，在创业企业内部可谓人人有责。因此，创业企业可以通过成本包干的办法，把这种成本责任明确化、清晰化，并与部门及员工的个人绩效甚至个人收入挂钩。所谓成本包干，是指一个主体（一般称发包人）委托另一主体（承包人）负责按规定的条件承担完成某项任务。

而成本包干，即企业把控制各种成本的指标落实到部门或者个人头上，并且把成本控制的效果与部门或个人的利益挂钩。成本控制，超则罚，减则奖，以求激励成本控制。在创业阶段，创业者完全可以把采购成本、销售成本等项目进行量化包干，这样做可以取得良好的效果。

4. 外包降低成本

所谓外包，就是企业为维持组织竞争核心能力，同时应对组织资源不足的困境，将非核心业务委托给外部的专业公司，以降低营运成本，提高产品或服务的品质，同时业务外包还有利于集中人力资源，提高客户满意度。外包可以使创业企业从低技术含量、低利润的边缘业务中解放出来，以更专注于核心业务。外包合作伙伴可为创业企业带来所需要的低成本资源，帮助企业更专注于其特长业务，使更具实力和竞争力。有研究结果显示，外包协议可以使企业节省9%的成本，而能力与质量则上升了15%。可见，外包是创业企业降低成本的一种有效途径。

5. 借力降低成本

对于一些成本项目，即便是创业企业做出最大努力，恐怕也无济于事。因为企业自身根本无法消化那一部分成本，相反借助于外力则可以消化这部分成本。实际上，这就是前文探讨过的资源整合，在此不赘述。

6. 企业柔性运营

企业柔性运营，包括柔性生产经营与柔性管理。柔性生产经营是针对规模化生产经营的高成本弊端提出的新型生产模式，它通过更好地协调生产与销售，减少不必要的资源占用，如资金占用、产品库存等等。或者说，企业通过系统结构、人员组织、运作方式和市场营销等方面的改革，使生产系统能适应市场需求的变化，同时消除冗余损耗，有效地降低成本，从而获得更大的效益。另外，创业企业通过以市场为目标，了解市场、研究市场、掌握信息、预测经济，可以做到提高技术和经营管理的应变性，实现以变应变，提高企业生产经营的竞争能力和适应能力。

柔性管理是指企业放弃过于强硬的制度约束，强调内部组织及员工自我改善与自我管理，以有效地调动内部组织及员工的积极性，进而降低运营成本。创业企业为了促进员工自我改善与自我管理意识的形成，可采取有效的成本管理引导，使员工成为改善成本管理的主体。这对于内部成本控制的重要意义不言而喻。

五　打造精益化导向的创新运营模式

大学毕业生创业多数都属于小投资，投资额往往在 10 万元以内，或者说办的多是小企业。不过，小未必是劣势，小企业也有很多大企业所不具备的优势，如锋利、灵活、敏捷，在市场面前机动性更强、反应更快。很多大中型企业正是因为过于追求规模，搞得包袱缠身，成本居高不下，结果赢利水平低下甚至亏损。实际上，在赚钱方面，很多大企业还不如小企业灵活务实。所以，大学毕业生面对自己的小企业，千万不要因为企业小而望洋兴叹。要知道，大企业也是由小企业成长起来的，小即是美，小就是大。而经营小企业最需要创业者做的就是打造精益化的创新运营模式，充分发挥小企业的灵捷优势，实现低成本、高效率的成长。

（一）"灵捷创业"打天下

市场就是命令，创业企业要围着市场转，领着客户跑。大企业商业模式相对成熟，运营模式也很稳定。如果没有特殊情况，不会也很难做出大幅度调整与改变。或者说，他们的变革成本过高。而小企业则同，可以根据市场需求做出灵活调整，市场应变能力很强，这就是我们常说的"船小好调头"。不过，这需要小企业具有灵捷的创业模式，以及优势的核心经营业务，能够随时应对市场变化与客户需求的漂移。那么，什么是灵捷创业？就是指创业企业能够根据市场变化与客户需求，建立高效运营机制，优化组织机构、经营环节与业务流程，并在组织、机制、业务等方面做到随需应变或主动创新，掌握企业在市场面前的主动权。要做到这一点，需要创业者要具有虚拟经营思想，这样可以使创业企业甩掉很多包袱，轻装上阵。

那么，什么是虚拟经营？是指企业在组织上突破有形的界限，虽然具有研发、生产、销售、服务、财务等功能，但内部没有完整的执行这些功能的组织，企业仅保留最关键的、最具优势的功能，而将其他功能虚拟化。可以说，虚拟经营使企业摆脱了过去那种自给自足的生产经营方式，从而把资源、时间、精力专注于自身的核心优势业务，不但降低了成本，更提升了效率。通过虚拟经营，企业可以实现经营规模扩张的目的，以协作方式将外部经营资源与本企业经营资源相整合，进而实现跨组织、跨空间合作。虚拟经营所实现的企业经营扩张，不是资产的扩张，也不是组织规模的扩张，而是经营功能与经营业绩的扩张。

总体来说，虚拟经营主要包括以下三种运作思路：

1. 业务外包

本书多次提到业务外包。实际上，业务外包是虚拟经营的一种典型模式。很多成功的企业都走过这条路，如耐克公司，可以说是最早、最典型的"虚拟生产"企业，被称为"没有工厂的工业企业"。耐克公司专司产品的设计和营销，充分发挥其知识密集、掌握市场、擅长创新和管理的优势，至于产品的生产则全部虚拟化，通过定牌生产、委托加工等形式组织一大批分布在世界各地的、人工成本或原材料成本及场地使用成本较低的小企业严格按其计划和要求进行。再如可口可乐公司，它把除原液生产以外的大部分灌装生产业务加以虚拟，外包给世界各地的众多饮料厂，做到就地取材、加工、销售，最大限度地利用了外部资源，从而确立了其全球头号"饮料王国"的地位。

2. 特许连锁

对于特许连锁，本书在第五章已经进行了探讨。特许连锁模式是企业低成本、高效率扩张的一种核心模式，能够优质、高效地建设起"虚拟营销网络"。特许方只要专注于品牌、技术等经营要素，向"虚拟营销网络"（受许方）输出品牌或技术即可。输出品牌或技术的企业无需投入大量物质、货币资本，无需承担被许可方经营失败的直接损失。这种经营方式既能凭知识产权取得可观的许可使用费收入，又能迅速扩大企业影响。加盟连锁经营的单位越多、经营规模越大，企业的市场地位、市场价值就越高。很多创业企业在成功运作几个店铺以后，往往会采取特许加盟的方式来进行扩张，而不是自己继续自行投资来进行自营性扩张，这可谓低成本、低风险、高效率的扩张方式。

3. 战略联盟

对于战略联盟，可以这样来界定：战略联盟就是两个或两个以上的企业为了达到共同的战略目标，而结成利益共享、风险共担的网络型企业联合体，并采取相互合作、共担风险、共享利益的联合行动。商学大师迈克尔·波特明确指出，"企业要想跨出固有领域、扩展自身的生存、发展空间，最快最有效的方式就是战略联盟"。美国著名的管理学家彼得·德鲁克在1995年指出，"工商企业正在发生的最伟大的变革，不是以所有权为基础的企业关系的出现，而是以合作伙伴关系为基础的企业关系的加速度发展"，实际上，"以合作伙伴关系为基础的企业关系"指的也是战略联盟。如果追根溯源，战略联盟概念最早是由美国 DEC 公司总裁简·霍普兰德和管理学家罗杰·奈格尔提出的，他们认为战略联盟作为企业组织关系中的制度创新，已成为现代企业强化其竞争优势的重要手段，被誉为"20世纪 20 年代以来最重要的组织创新"，并已经成为企业制胜的法宝。这绝不是空穴来风，最具有说服力的莫过于数据。来自博思艾伦咨询公司的一项研究显示，全世界最顶尖的 2000 家企业通过组成战略联盟，保持着高达 17% 的投资回报率。世界著名的咨询公司麦肯锡经过研究发现，在大部分战略联盟中，超过 70% 的企业的股价都上升了。实际上，战略联盟不是大企业的专利，小企业在这方面也可以大有作为。

（二）以"轻公司"高速起步

拿破仑将军有一句名言："我的军队之所以打胜仗，就是因为比敌人早到五分钟。"时间是决胜市场的关键因素，商战也是这样。效率就是灵活、速度，要做到这两点，就要求企业轻型化。很多创业企业在"规模"的误导下，往往会追求企业重型化，这是一个误区。小型创业企业最适宜打造成反应灵捷的"轻公司"：轻公司的核心是"组织轻"，即组织机构小，管理幅度小，管理层少，按需设置组织部门；轻公司往往拥有独特的商业模式，这种商业模式是那些规模庞大的企业所不为或无法企及的；轻公司的业务往往把精力与资源倾向于企业最擅长的领域，而将不擅长的领域交给专业的公司去做；轻公司重视压缩冗余和不必要的环节，注重整合自身资源与社会资源……

在企业界，我们可以看到很多成功的例子：微软的 IT 运维部最早是聘请很多员工自己操作的，但这样做成本高，员工满意度却很低。后来，微软把这部分业务外包给了专业公司，结果成本下降了很多，员工对 IT 支持的满意度却大幅提高了。再如耐克，耐克公司创建于 1972 年。起初，它是一家规模很小甚至随时有可能倒闭的小企业。耐克公司的两个创始人布沃曼和耐特都身兼数职，公司连自己的办公楼都没有。与那些具有百年历史的体育用品公司相比，耐克只是体育用品领域的小字辈，但它却后来居上，超过了曾雄踞市场的领导品牌阿迪达斯、彪马、锐步，被誉为"近 20 年世界新创建的最成功的消费品公司"之一。个中缘由与耐克公司采取虚拟经营的方式不无关系。这种经营方式使公司本部人员相当精简而有活力，从而避免了很多生产问题的拖累，能集中精力关注产品设计和市场营销等方面的问题，及时收集市场信息，并反映到产品设计上；然后快速由世界各地的签约厂商生产出来，以满足市场需求，并以最快的速度把新产品投放到市场上去。

1. "轻公司"究竟轻在哪里

企业内部总是有一条价值链，如对于生产经营型企业来说，研发、设计、制造、销售等环节就是价值链的关键环节。所谓"轻公司"，其轻就在于借助外部资源，对价值链的某些环节予以创新或外包，经过创新减少企业价值链的某一个或多个环节。目前有很多企业开始积极利用互联网的力量来创新经营，如PPG衬衫、美特斯·邦威、耐克等知名企业。企业在研发、设计、制造、销售等环节上，通过对互联网力量的充分运用，使企业获得了"轻"的机会。批批吉服饰（上海）有限公司（PPG）是一家专营男衬衫的公司。它成立于2005年10月，员工总数不到500人，没有自己的厂房和生产线，没有自己的商店和专卖店，只有三个存放临时补给原料的小仓库，一个大约200席的电话呼叫中心。从PPG的规模来说，在服装行业是纯粹意义上的小公司。但是，小公司却做出了大业绩。目前，在国内男衬领域的销售第一名是雅戈尔，第二名就是PPG。PPG的成功离不开其独特的营销模式，这家公司把现代化网络电子商务模式与传统零售业进行创新性融合，以区别于传统的渠道分销模式，并且采用更优化的直效营销方式，辅助以卓越的供应链管理体系，进而在统一的品牌战略管理理念下，呈现一种全新的高效商业管理模式。换言之，PPG就是服装业的戴尔。

如今，社会分工越来越细，对于企业来说则是"有所为有所不为"，"为必为长，不为必弃短"。在这种情况下，业务外包成为一种非常时尚的选择，由于市场变化速度快，将非核心业务外包，利于小企业随时调整"船头"和"航向"，成本也好控制，而且与外包服务商签订的大都是短期协议，不满意可以随时改换合作方，这也有利于企业对服务外包商的质量监控。至于要将哪些业务进行外包，这个要从企业所处的产业链位置的实际情况出发。当企业的非核心工作已经标准化、低附加值或是不能营利的，而且又有很多成熟的企业可以承接这类业务时，就可以外包出去。如果企业追求规模大而全，必然会带来越来越高的管理成本。可以说，用外包形式让公司变轻，对新创的企业及中小型企业大有益处。

2. 创业者如何为企业"减负"

创业者可以立足于以下四个角度考虑为自己的企业"减负"，从而使企业轻身起跑：

第一个角度：为创业企业的商业模式"减负"。所谓为商业模式"减负"，就是直接建立简单、易行、低成本、高效率的商业模式，并不断对商业模式进行优化。在2007年9月举行的商界论坛最佳商业模式中国峰会上，批批吉服饰（上海）有限公司获得年度最佳商业模式第三名。PPG的获奖理由是其专注于男士衬衫，依托网站进行经营；不是互联网企业，却被称为"服务器公司"。由于没有工厂，没有门店，PPG以超低的销售成本对同业企业产生了颠覆性的冲击，造就了企业的成功。

第二个角度：为创业企业的组织机构"减负"。对于创业企业，关键的是组织职能的实现，而不是组织职能的形式。因此，设置核心部门即可。笔者曾服务过一家提供色彩咨询服务的小型民企，企业老板从公司一起步起就想打造一家非常规范的公司。于是，在组织结构设计上便按照大公司的组织模式设置了行政部、财务部、人力资源部、客服部、营业部、销售部、采购部……笔者问这位老板，你准备每个部门都设置专人吗？每个部门都有独立的办公室吗？这位老板笑言：尽量配置，有些人要身兼多职。笔者告诉这位老板，可以整合某些部门，诸如行政部、财务部、人力资源部可以整合为综合管理部。只要可以保证企业内部事务有人去做，又何必在意形式、增加不必要的组织成本呢？

第三个角度：为创业企业的业务流程"减负"。按照ISO9000的定义，业务流程是一组将输入转化为输出的相互关联或相互作用的活动。如果按照竞争力专家迈克尔·波特的说法，则是把一个或多个输入转化为对顾客有价值的输出活动。对于创业企业，业务流程一定要明确、清晰、简单、规范，这样可以提升效率、降低成本，更主要的是提升企业在业务上的反应能力。很多创业者，在创业初期搞得很复杂，认为这样才规范、才是注重细节的表现。实际上，这就错了。

第四个角度：为创业企业的经营业务"减负"。为经营业务减负，要关注两个关键词：一是剥离，另一个是归核。创业企业要做最有特色的、最擅长的、最具有竞争力的业务，而把成本高的非专长业务剥离，从企业外部去获得这种业务资源。对于小型创业企业，最重要的是专业、专心、专注，先努力做好最核心的那项业务。

（三）做"快公司"谋高效成长

瞪羚是一种善于跳跃和奔跑的羚羊，每小时奔跑速度80公里，它生性机敏、警惕性高，一有情况掉头就跑。正因如此，有专家把那些个头不大、跑得快、跳得高的中小企业称为"瞪羚企业"。有专家研究发现，"瞪羚企业"通常具有成长速度快、创新能力强、采用新发展模式、专注细分领域等特点。对于创业企业来说，成为"瞪羚企业"无疑是一个很不错的目标。其实，"瞪羚企业"也可以称为"快公司"。并非每一个小企业都可以成为"快公司"，这需要企业具备一定的条件：

1. 创业企业高效成长应具潜质

可以说，创业企业是否具备高效成长的潜质，与创业团队的素质、资源、能力密切相关，更与项目潜质等诸多因素有关。那么，什么样的创业企业具备高效成长的潜质呢？可以概括为八个方面：一是业务专一。立足某一特定细分领域，做深、做精、做久。二是专业专家。即成为某一个行业领域的技术领先者，甚至技术领导者。三是专注集中，即能够坚持在特定领域发展，并把资源集中使用于这一特定领域。四是专心求新。这是指企业创新能力强大，长期致力于创新。五是简单清晰。这是指商业模式简单清晰，企业能够把握其本质。六是效率效能。即企业运营优质、高效。

七是高瞻远瞩。企业能够目光长远地做事，规避短期行为。八是融合包容。即能够充分对外合作，能够与合作伙伴有效融合。

2. 高效成长就是一种"低成本"

实际上，高效成长会带来生产经营成本的降低，这主要是因为生产经营规模的增加会降低生产经营成本。但并不是只要企业生产经营规模增加，企业总成本就一定会降低，如重金投入广告轰炸、巨额公关时，虽然生产经营有所增长，但增长幅度与所做投入的额度却未必协调。因此，关键是要理解这里"成长"的真正含义，即高速、健康、协调、持续的成长。这里的健康又包括多层面的含义，首要的就是经营行为健康。而协调则是与社会、市场相协调，效益也要有机增长。实际上，一旦创业企业真正成为"快公司"，步入高效成长的轨道，降低项目运营成本也就不是难事了，可以说越成长成本越低。

【阅读思考】

1. 什么是精益化创业？精益化创业的核心主张是什么？

_____

_____

_____

2. 创业企业如何做到低成本宣传？请列举一下低成本宣传的实用工具。

_____

_____

_____

3. 什么是资源整合？资源整合为什么有利于创业企业降低成本？

_____

_____

_____

_____

4. 对于创业企业，内部成本控制的内容、原则与实战技巧有哪些？

_____

_____

_____

_____

5. 谈一谈你对"灵捷公司"、"轻公司"、"快公司"三种创业运营模式的认识。

_____

_____

_____

第七章

快速跨越创业过程中的"冰冻期"

我自己告诉自己,我做的事情是对的,我做的事情是非常艰难的。很少有人做得了,但是我愿意尝试,这是一个临界,你跨过这个临界,最艰难的黑暗,你就有可能看到曙光,黎明前的黑暗是最黑的。

——马云

一　在创业"冰冻期"创业者该做些什么

大学毕业生在创业之前,对创业的感觉更多是恐惧。一旦走上了创业之路,恐惧虽已不再,但却又会感到急躁与焦虑。要知道,在创业过程中,创业者必然要有一段倍感痛苦与煎熬的日子。作为创业者,每天都在投入,而回报却可能很小、很慢,创业资源也日渐消耗。或者说,创业企业每一天都可能在亏损的漩涡中挣扎。虽说创业者在创业之前,对亏损也有着比较充分的心理准备,但是,一旦真正身处亏损之中,早期的心理准备恐怕早已经失去作用了。很多创业者在创业之前,都曾经精打细算地计算了自己能够"挺"多久,仔细盘算自己的资金是否足够用于走出创业之初的寒冬。当然,这是立足于创业企业亏损的情况下来说的。对于创业企业来说,最理性的想法不是快速赚大钱,而是先活下来,只要活下来就有赚钱机会。

（一）创业"冰冻期"的经营逻辑

创业是一种"破冰行动"，快速突破创业"冰冻期"至关重要。那么，什么是创业"冰冻期"？就是从创业之日起到企业实现盈亏平衡这一特定经营阶段。首先强调一点，创业"冰冻期"的存在是正常的，或者说创业企业暂时性亏损是正常的。即便那些成功的企业，在事业拓展初期也往往是亏损的，这是预期之中的亏损，或者说战略性亏损。在这个特殊阶段，创业者必须以特定的指导思想与经营方针来运营企业：先求生存，再谋发展，并努力拓展市场、压缩成本与费用，实现快速止亏。

在创业"冰冻期"，创业者在经营上要遵守以下五个商业逻辑：

1. 先易后难

这里的易是指容易，难是指困难。对于创业来说，先易后难可以这样理解：先开发容易启动的市场，再逐步挺进难啃的市场。这样有利于创业企业先活下来，并建立继续前行的信心。俗话说：留得青山在，不怕没柴烧。当然，不同的创业企业，由于其创业者自身的素质、资源与能力等因素差异，采取的路线也可能不是先易后难，而是先难后易，但这条路线往往只适合于实力雄厚的企业，而非小型创业企业。我们所熟知的 TCL、非常可乐，采取的就是先易后难的战略，它们运用农村包围城市的办法，先进军市场竞争不甚激烈的农村市场，然后再向竞争激烈的城市市场渗透。

2. 先利后名

这里的"利"即利润，名则指品牌。很多创业者在创业初期就信誓旦旦要打造品牌。可是，品牌是无法速成的，并且需要创业企业大量的资金投入，更需要一定时间的坚持。对于中小投资创业者，如果刚开始就围绕打造品牌而大做文章，其实是没必要的，并且也不利于企业快速度过创业"冰冻期"。要知道，品牌的形成不是只靠资金投入就可以了，关键是市场销售业绩要突出，产品或服务能够得到客户的认可并形成口碑。这一点，小本创业与大投资创业不同，大额创业一起步往往就追求一个好形象，一起步往往就打品牌、塑形象。对此，可以概括为"小企业做事，大企业做势"。当然，中小投资项目也并非不可以走品牌化发展之路。但一定要秉持这样的发展规划和路径：先期取利，中期取名，后期取势。

3. 先人后己

大学毕业生创业千万不要对"独立创业"与"自主创业"的概念产生误解。"独立"也好，"自主"也罢，在创业初期必须要善于借力于自己身边的人脉资源。对此，马云这样认为："一个创业者一定要有一批朋友，这批朋友是你这么多年来诚信积累起来的，越积越大。这个时候，既需要自己交际圈子里的人首先来'捧场'，也需要自己所熟识的人能给自己带来新客户。"不过，创业者的人脉资源帮得了创业者一时，却帮助不了一世，关键要看创业者在客户面前的表现，以及创业项目的价值。对此，马云同样有着深刻的感悟："没有钱没有团队就得靠关系。我没有关系，也没有钱，我是一点点起来，我相信关系特别不可靠，做生意不能凭关系，做生意不能凭小聪明，做生意最重要的是你明白客户需要什么，实实在在创造价值，坚持下去。这个世界上最靠不住的就是关系！"

4. 先点后面

这里的点即市场切入点，面即规模化市场占有。从点到线，从线到面，这是一个合理的市场逻辑。创业项目运营初期，不适合四面出击、到处开花，而是需要精确行动，关键是准确抓住切入点，从而成功撬动市场。如果创业项目一上市，就村村点火、处处冒烟，这种广种很容易导致薄收。因此，创业项目进入市场一定要从重点市场开始，做好重点市场再进行下一步的延伸与扩张。总体来说，有三种扩张模式：正向渗透、反向合围与连片开发，而不是四面出击。所谓正向渗透是指企业优先占据重点市场，诸如占有一、二线市场，再逐步向三、四线市场渗透，这种模式是中心开花，如可口可乐、宝洁等企业。反向合围是先占据竞争不够激烈的三、四线市场，再围攻一、二线市场，这是一种"农村包围城市"的模式，如娃哈哈、纳爱斯等企业。连片开发则是指创业企业优先精耕自家门口的市场，再根据企业的辐射能力逐步扩张，逐步建立自己的根据地。

5. 先头后身

创业企业在经营业务上一定要重点、优先推出核心产品或服务，以核心业务冲击市场。然后再以核心业务带动辅助性业务。任何一家创业企业其所拥有或可掌控的资源总是有限的，不可能取之不尽，用之不竭。因此，创业者手中的资源必须集中使用、重点倾斜。但是在很多时候，创业企业却资源分散，无法向重点业务倾斜，做不到对重点业务"优生优育"。曾经有一个原料药经销商准备上马一个新的创业项目，该企业的老总向笔者提出了一个问题：公司现在有四种新产品，应该同时推出还是选择一个重点产品率先推出？其实，很多企业都面临着类似问题。企业往往存在这样的顾虑，先推出一个重点产品，害怕得不到渠道商的重视，更怕未推出其他几款产品而被别人抢占了先机。如果同时推出四种新产品，又觉得自身的资源和能力不足以同时运作。针对这种情况，笔者认为，如果是同一品类的系列品项，可以同时推出。如果是不同品类，将会使企业投入大量的资源，并且各品类之间难于兼顾，就不宜同时运作。另外，企业推出新产品要注意新老产品之间的合理搭配、重点突出，不要单纯追求品项的数量。实践证明，很多企业一口气推出很多新品项，结果有 70%—80% 的品项不超过半年销量就萎缩了，甚至退出市场了。

（二）创业"冰冻期"的止亏思路

对于不同的创业企业，"冰冻期"也就是说亏损周期的长短是不同的。在创业阶段，企业除了以精益化创业为指导思想，通过降低成本来减少亏损外，还可以考虑从下述五个方面来减亏、止亏乃至增赢：

1. 从产品着手止亏

从产品角度止亏，创业者可从以下几个方面入手：首先，削减隐亏产品。所谓隐形亏损，就是那种从表面上看起来是在正常销售，也存在销售利润，其实，计入各项真正的运营成本后，其销售成本大于销售利润，这就是隐形亏损的产品，其中很多都是卖得越多亏得越多。对于这类产品，创业者要毫不留情地予以削减。其次，产品本土化、市场化。很多创业项目的产品或服务都是引进的，未必适合当地市场的实际需求。在这种情况下，创业者除了要对引进的产品或服务进行本土化改造以外，还要进行本土化开发。再次，引进潜力型新产品，潜力产品或许可以为创业经营增添活力。最后，优化产品组合与搭配，组成强势的产品阵营，实现各种产品在销售上的相互带动。

2. 从服务着手止亏

创业企业从服务着手止亏，主要是削减过度服务。过度服务包括：客户并不需要的多余服务项目；增加客户成本的多余服务环节；对客户购买产生干扰的不必要服务；等等。以医疗过度服务为例，医护人员往往会对病人提供超过病情需要的诊治医疗服务，具体表现是让病人做不必要的检查，让病人过多服用和使用不必要的药品，或让病人服用和使用价格昂贵的药品，草率地收治病人进行不必要的手术治疗和住院治疗等等。过度服务为什么会影响到创业企业的效益？原因有三：一是过度服务会增加企业自身的成本费用；二是过度服务会增加客户成本，影响客户购买；三是过度服务会降低客户满意度，影响客户重复购买。可见，企业对客户的服务不是越多越好，关键是在恰当的时间、恰当的地点、采用恰当的方式为客户提供其真正需要的价值。过度服务的本质是没有真正发现客户的价值需求，却在向客户献着无聊的殷勤。对于创业企业来说，关键是如何发现过度服务，通常有两条渠道：其一，倾听一线销售或服务人员的心声，包括意见和建议；其二，倾听来自客户的声音，包括意见、建议和抱怨。

3. 从客户入手止亏

创业企业要准确识别无利润、无价值的客户，这类客户如果创业企业长期为其服务，收获的将是负利润。对此，将在后文中详细探讨，在此不赘述。

4. 从经营模式上止亏

创业企业要不断优化经营模式与业务流程，建立一个以客户为导向的业务管理流程体系。通过流程优化，可以给创业企业带来以下收益：一是核心业务、管理流程清晰简洁，提高工作效率；二是工作方法优化，提高工作质量与效率；三是流程顺畅，减少无效劳动，成本降低；四是工作流、信息流顺畅，运营成本易于控制；五是减少不必要的流程环节，提升效率；六是基础管理规范，实施信息化管理；七是业务流程的关键控制点加强，对工作的结果更加可控，目标更易达成。总之，创业企业通过优化经营模式与业务流程，可降低成本、提升效率，对于创业企业走过"冰冻期"具有关键性作用。

5. 从促销上止亏

很多创业者都有这样的感叹：促销本应赚钱，然而却经常赔钱。若想分析赔钱的原因，首先要了解什么是无效促销。在此，不妨把无效促销划分为无为促销和过度促销。所谓无为促销就是企业在实施促销后，没有产生什么良好效果，产出也低于资源投入，但也没有产生什么暂时性的恶劣的负面影响，更没有产生长远的不利影响。无为促销可以简单地理解为虽然实施了促销，但是没有什么作为。而无效促销的另一种表现形式——过度促销，则是指由于企业在促销过程中的短期行为导致市场竞争恶化。结果，促销力钝化，不但使促销的投入产出严重失调，更造成不可估量的负面影响。总体来看，过度促销有三大明显特征：一是破坏行业市场规则，使整体市场利益受损；二是有悖法律、法规、商业伦理，遭受政策制裁或者形象受损；三是企业资源被恶性透支，影响到企业的持续经营。因此，创业企业规避促销短期行为的同时，要提升促销的精确性与实效性。促销要么赚得销量，要么赚得名声（形象），否则做的就是赔钱买卖。

（三） 必须要规避的短期行为

处于创业"冰冻期"的创业者其心情可以用三个词来概括：急躁、冒进、焦虑。在这种心情下，最容易产生短期行为。要知道，企业与人一样，生存为大。为了生存，很多创业者铤而走险或者大打擦边球。其中更不乏手忙脚乱手足无措者，这更容易酿成创业败局。

创业者要注意规避以下四种短期行为：

1. 忌"赌"

"创业如同赌博，创业者就是押注者"，持这种观点的创业者并不在少数。一些创业者的创业热情很高，冲劲很大，可是，有些人就是创不成业。究其原因，就是因为他们缺乏理智，认为创业就是一种赌博，凭的就是运气。尤其在创业"冰冻期"，创业者的赌徒心态更容易暴露出来。但是，大学毕业生创业是赌不起的，小本创业拿什么去赌？大学毕业生必须具备粤商的创业精神——哪怕从摆地摊开始，也要扎扎实实，一步一个脚印，而不是拿原本有限的资金去赌明天。

2. 忌"繁"

在创业经营管理上，一定要简单可行，只有简单才能高效。很多创业者不这么想，在制度和业务流程上一味模仿大企业。如果在操作过程中，制度和流程过于复杂，必然会导致成本高、效率低。要知道，简单不代表不规范，简单不代表不标准。创业需要规矩，但不需要复杂的规矩，规矩复杂，不但难于执行，更是创业企业的负担。

3. 忌"贪"

俗话说："贪多嚼不烂。"很多创业者恨不得立即就突破创业"冰冻期"。在营销方面四处出击，结果导致资源不足，结果很多市场都成了夹生饭。要知道，一口吃成胖子并不现实，反而容易导致消化不良。所以，在创业初期，创业者必须逻辑清晰、重点突出，以踏实的心态来做市场，确保做一块精一块。

4. 忌"廉"

很多创业者在创业初期，为了引起市场反应获得更多订单，采取免费或廉价策略。但这样做往往存在很多问题，不但会降低利润率，更使创业企业在竞争激烈时无以应对。马云说过这样一句话："每一笔生意必须挣钱，免费不是一个好策略，它付出的代价会非常大。"确实如此，如果一开始就这样做，到竞争进入白热化阶段，创业者又该拿什么去维持局面？

二 快速破冰的关键是营销

没有哪一家企业能够脱离市场而存在，也没有哪一家企业能完全脱离竞争而存在。越是市场化、越是竞争，就越是需要营销。也就是说，营销是创业企业改变命运的首要环节。尤其对于新创企业来说，更是起着决定性的作用。作为创业者，必须时刻注意从营销的角度来考虑创业经营活动中的每个环节。如果创业企业长期处于创业"冰冻期"，很可能是因为营销没有做好。营销是一门科学与艺术相融合的学科，即便是同一创业项目，在不同创业者手里，创业成果也不会一样。这就是因为有些创业者的营销手法高，而有些创业者的营销手法低。为什么会出现这种情况？先看看营销大师菲利普·科特勒的精彩观点："营销是介于艺术以及科学之间的一个领域，它不能完全用科学的术语严格地规范，不同的营销总监有不同的营销理解，而不同的、完全相反的理解和行为在营销学科中可能都是对的。"正因如此，才决定营销是仁者见仁，智者见智，并导致不同创业者在营销上的有为与无为。同时，营销环境的复杂性使创业营销更加难以驾驭、更加扑朔迷离。在此，需要强调一点，创业营销并非始于项目正式上市运营之后，而是始于项目创意阶段或者说客户价值发现阶段和"选项"阶段。

（一）营销目标不等于销售目标

营销与销售是两个不同的概念。如果创业者以销售的观念来创业，那么可能会存在很多问题。营销大师菲利普·科特勒在《营销管理》一书中，给营销下了这样的定义："市场营销就是在适当的时间，适当的地方以适当的价格，适当的信息沟通和促销手段，向适当的消费者提供适当的产品和服务的过程。"站在客户价值角度去定义营销，则是关于企业如何发现、创造和交付价值以满足一定目标市场的需求，同时获取利润的经营行为。实际上，创业企业就是要识别未被满足的需要，定义、量度目标市场的规模和利润潜力，找到最适合企业进入的细分市场和适合该细分市场的供给品。创业者从哪个角度来认识营销都可以，关键是真正树立牢固的营销思想，而不是销售思想。要知道，营销要比销售复杂得多，因为营销是企业围绕销售所做的一切工作的总和，而销售则是推广产品或服务所提供的利益，以满足客户需求的过程。

创业企业要以"快销"为营销理念、营销目标。所谓快销，就是者新项目上市运营后，本着和谐、健康、可持续的营销原则，使项目在销售上快速突破盈亏平衡点实现赢利。同时，项目在销售增量上也要呈现出良好的成长性，市场份额稳步提升，品牌影响力与日俱增。通过项目上市营销，企业的战略目标或战术目标应逐步得以实现，能够有效地提升企业的竞争力与市场地位。"快销"是创业项目营销的最高境界，创业者可以以此为目标，但需要循序渐进，不可能一蹴而就。

创业企业的营销目标可以分解为以下四个方面：

1. 销售目标

为什么创业企业要制定销售目标？这是因为企业只有在销售达到一定规模时，其生产经营才能达到最佳状态，如设备利用率最高、采购成本最低等等。另外，只有销售达到一定数量规模，才能拥有必要的市场份额，这是项目立足市场的根基所在。那么，什么是市场份额？即一个企业的销售量（或销售额）在市场同类产品或服务中所占的比重，这个指标直接反映企业所提供的产品或服务对客户的满足程度，也表明企业的产品或服务在市场上所处的地位。市场份额越高，表明企业经营能力、竞争能力越强，在市场中就越有生命力。虽然很多行业领域很难通过调查评估拿出一个非常准确的数字，但毫无疑问，市场容量与市场机会总是有限的。在产品或服务日趋同质的时代，很多企业在推出新项目时，往往是脚前脚后，新项目可谓接踵而至，项目上市出现"扎堆效应"。这是竞争对手之间谁也不愿放弃特定目标市场的体现，也是市场难于高度细分的体现。在这种情况下，企业优先抢占市场份额甚至比眼前的利润还重要，谁先占有了市场，谁就拥有了市场根基。实践证明，只有一个新项目的市场份额快速跨越5%这个指标，在市场上才能相对稳定、安全；当市场份额达到10%—15%时，则基本可以在市场上树起龙头的大旗。

2. 利润目标

任何一个创业企业都不会忽略利润目标，利润永远是企业的第一目标。彼得·德鲁克曾一针见血地指出，"即使换了天使做CEO，她也会变着法地去赚钱"。通用电气原CEO杰克·韦尔奇也指出，"一切以利润为导向，一切以效益论英雄"。企业为利润而战，赢利是第一要务，让新项目早日实现赢利是每个创业企业的心愿。只有早日赢利，才能快速收回投资回报，才能快速进入经营上的良性循环。所谓盈亏平衡，即要求新项目的销售量或销售额达到一定规模，这个量值称为盈亏平衡点，又称为零利润点、保本点、盈亏临界点、损益分歧点、收益转折点，通常是指企业全部销售收入等于全部成本时（销售收入线与总成本线的交点）的产量。企业利润以盈亏平衡点为界限，当销售收入高于盈亏平衡点时企业赢利，反之，企业就亏损。盈亏平衡点可以用销售量来表示，即盈亏平衡点的销售量；也可以用销售额来表示，即盈亏平衡点的销售额。所以，快速突破盈亏平衡点、实现赢利往往成为创业企业操作新项目的第一个目标，这是新项目度过危险期的关键阶段。新项目上市后六到十二个月达到盈亏平衡为最佳状态，一到两年为可承受状态，三年以上几乎没有企业可以承受。

3. 传播目标

传播目标主要包括两个：一是促进销售目标的实现；二是为了获得形象上的提升。传播是创业企业塑造品牌的必修课。很多企业在创业初期树立了品牌目标，实现品牌目标自然离不开传播。但不是每一次营销活动都在为品牌形象做加法，有些负面传播也在为品牌建设做减法。实际上，快速建立项目品牌是延续项目销售基业、延长项目生命周期的最佳途径。对于新上市项目，创业企业无不希望在销售过程中实现"商标——品牌——名牌"的跃进。《22条商规》一书中有这样一句精彩的论断："市场营销不是一场产品战，而是一场心智战。"从这个角度来说，让客户"心动"的过程实际上是真正占有客户心智的过程或者真正认知的过程。营销不是产品战，而是认知战。所以，创业企业解决让客户心动这一问题，还要从品牌的层面来考虑和操作。任何客户大脑中都存在着一个品牌占位集合或者称之为诱发集合。通常来说，在这个集合里只能有一到七个品牌，在这些品牌中排序第一的为首选品牌。所以，创业企业要更加注重确保新产品从被导入开始就有良好表现，并快速进入并抢占客户心智，甚至打乱诱发集合中原有的品牌排序。实践证明，完全存在快速建立品牌的可能，实现品牌在客户大脑中的快速占位。

快速建立品牌虽然离不开必要的宣传与传播，但更有利于建立品牌的是项目销售与客户体验。如果没有一定的销售量支持，就很难在特定的目标群体那里建立品牌；如果没有实际的客户购买或消费体验，就难于建立品牌美誉度。根据中国市场的实际情况，创业企业要想建立品牌，至少需要一到三年的时间。根据国外统计资料显示，只有万分之一的商标能够成为品牌。品牌要想成为名牌更为不易，没有五到十年时间的打磨罕有成功者。

4. 竞争目标

创业项目上市运营都要以产品或服务竞争为载体。每一个创业者心中都会对项目在市场上的地位有明确的竞争定位，如扮演市场领导者、市场挑战者、市场跟随者或拾遗补缺者中的某一种角色。不过，仅仅是明确地对项目予以定位还不行，只有通过营销活动才能达到预期中的竞争目标。战略性竞争目标也好，战术性竞争目标也罢，创业企业推出新项目都有一个共同的重要目标，就是希望其在市场上能快速发挥应有的竞争作用，具有竞争力，而不致使企业经营陷入被动。

（二）创业营销的商业逻辑

创业初期正处于打江山阶段，此时的营销有其特殊性，即市场要经历一个从无到有、由少到多的过程，要完成项目销售在数量上的积累。这个过程并不简单。即便创业团队很努力，市场也很可能仍处于胶着状态。为此，创业者必须把握这个阶段特定的营销逻辑：

1. 营销重数量更重质量

创业者无不希望自己的创业项目上市后卖得快、卖得多。但是"快销"绝不是简单的对等于卖得快、卖得多的概念。创业营销不应单纯是数量上的概念，还应是质量上的概念。如果创业企业仅仅从数量角度评价项目营销，未免粗放、不科学。要知道，在创业企业的现实经营中，所经营的产品或服务卖得越多就赔得越多或者说有销量而无利润的事情也时有发生。这对于创业来说，绝对是不幸的。因为创业企业最需要的就是钱，需要实实在在地赚钱，这样才能在创业"冰冻期"存活下来。因此，创业企业要追求质量型营销，精益化操作项目营销。

2. 营销重眼前亦重长远

创业企业在没有进入持续赢利的快车道之前，可谓生死未卜。即便有些项目前景看似很好，然而黎明前却总要有一段黑暗的日子，营销就是要帮助创业企业冲破黎明前的黑暗。对于创业营销，战略固然重要，战术更为关键，战术对于中小投资来说更现实。马云曾经深刻地指出："对于小企业而言，战略就是生存下来，就是赚钱。"不过这并不是创业者只顾眼前的理由，在强化战术的同时创业者也要把眼光放远。很多创业企业在做项目营销时，可谓毕其功于一役，这也是一种赌博式营销。说其"赌"，主要表现在资源投入上，这种营销为实现项目销售与市场占有，不惜牺牲企业的大量资源，这样做的最大后果是企业在关键时刻断血。对此也可称为透支型营销。所谓透支型营销，是指破坏企业资源与生态平衡的掠夺式营销，逞营销上的一时之快，而缺乏系统的、协调的、可持续的营销发展观念。企业营销善始不善终，频频烂尾，就是因为企业喜欢砸市场，拿今天赌明天，好大喜功、盲目乐观，结果造出了市场泡沫。很多企业昙花一现，就有这个因素。

（三）以营销提速创业进程

前文曾经提到，项目营销贵在快销，贵在高绩效。项目高绩效营销主要体现在四个方面：一是在数量上销售得多；二是在利润上赚得稳；三是在生命周期上销得久；四是在市场竞争上销得赢。创业企业要想在营销上实现上述目标，需要有一定的过程来保障，要用"快销"策略来保驾护航。为此，创业企业要从下述七个方面来努力。

1. 项目精准定位

创业企业在项目营销上，要做的第一件事就是精准定位，即把产品或服务卖给真正需要的人。或许很多创业企业会问，把市场定位得那样窄，会不会影响项目销售量呢？实际上，真正放量的营销不是把产品或服务卖给所有的人，而是要把产品或服务卖给真正需要的人。因此，项目营销贵在抢夺行业细分市场，这可能要比争夺整个行业的市场其机会多得多，实际市场销售数量也可能多很多。

2. 项目全程营销

作为创业者，一定要以全程营销理念来操作项目营销，即把早期项目开发过程当作营销过程来做，项目上市前一到六个月就开始考虑预热市场，充分做好前期营销，而不是把项目营销视为上市以后的工作。项目上市通常有两种操作手法：一种是渗透式，从项目上市之前即把营销融合到工作中来，稳扎稳打，点滴积累。另一种是叫卖式，即项目采取爆破的手法上市，获取轰动效应，追求"不鸣则已，一鸣惊人"的效果。全程营销理念强调把营销工作提前，不放过任何一个有价值的营销机会，为项目成功营销争取更多的机会与时间。

3. 策略操作项目

市场如棋，多算胜，少算不胜。这里的"算"就是谋略、策略之意。实际上，这是在强调创业项目上市操作的策略性，不同的方式方法所导致的结果自然不同。这就是为什么很多业绩平平甚至已近夭折的项目交给专业营销顾问公司来做却销量大增。营销策略通常包括产品、价格、渠道和促销四大策略。这是众所周知的，但关键是看谁用得对、用得活、用得巧。这就需要创业企业在恰当的环境、恰当的时间、恰当的地点运用恰当的策略来操作项目上市营销，需要创业者把事做对。

4. 扩大市场覆盖

创业项目市场覆盖越广，市场机会往往就越多。创企企业通过扩大项目的市场疆域，增加市场覆盖来增加销售量。创业企业可采取的增加销售量的办法有两个：一是增加老客户购买量；二是增加新客户。无论新客户是老客户推荐的还是企业自行挖掘的，增加新客户都是项目营销的重心。而扩大市场疆域是增加新客户的办法之一，一个新的市场疆域可能会给企业带来难以计数的新客户。可以说，就如一个国王想统治更多的臣民一样，创业者也希望获得更多的客户。微软希望"让所有中国人都用上正版XP"，亿家能则提出"让一亿家庭用上太阳能"……这些口号不仅充分体现了企业坚定的发展理念，同时也体现了企业做大做强的决心。这个目标需要通过市场覆盖来实现。

5. 项目深度销售

项目深度销售是指创业企业针对任一区域市场的深度分销，实现精耕细作。项目销售主要包括两个重心：一是利用下游合作伙伴（如经销商）的力量，在其能力覆盖范围内对市场进行精耕细作；二是创业企业自行组建分销队伍，对合作伙伴（经销商）覆盖不到或不愿意覆盖的区域或终端进行分销覆盖，以获得更高铺市率。深度销售不仅是指在某一区域市场深度覆盖，还包括深度开发、深度促销、深度管理，使市场潜力得以最大化释放。通过对市场精耕细作来增加销售已为越来越多的企业所采用。

6. 项目个性销售

项目个性销售是指创业企业必须拥有个性化的营销模式。那么什么是营销模式？即创业企业必须围绕新项目市场开发而制定相应的营销策略，并采取一系列的系统化运作。当企业所采用的营销策略已经通过营销实践证明运作成熟，这时就可以称为一种营销模式。虽然企业在项目上市初期未必拥有成熟的营销模式，但其成熟程度却与项目的市场成长速度密切相关。很多创业企业的项目营销模式是在项目营销过程中甚至在多次遭遇失败后逐步摸索形成的，这是一种"后天模式"。实践证明，成熟而个性的营销模式有利于项目市场的快速成长。因此，在项目上市前，创业企业就要进行营销模式设计，并尽量使营销模式科学化或者说要使其作为"先天模式"来提前运行。

7. 项目整合营销

项目整合营销是指创业企业在操作新项目营销过程中，必须善于合作，善于整合资源。整合营销理论已为国内广大企业所接受并努力践行，而实施整合营销的一个关键即是"整合企业内部与外部资源"。对于创业企业来说，只有具备掌控资源的能力，才能拥有整合资源的能力，才能拥有更多的在市场竞争中胜出的机会。企业对资源的掌控能力越强，企业的营销就越安全。企业内部资源包括营销人员、产品、销售资金、销售物料、信息情报……而外部资源，则包括原辅材料供应商、渠道商、联盟伙伴、顾客等等。基于资源的营销理论认为，企业是一组资源的集合体，企业之间的竞争围绕着资源的争夺与利用来展开。一个企业的市场地位，不仅取决于其所拥有资源的数量与质量，而且取决于其对资源的利用效率。可见，对创业项目实施整合营销势在必行。

三　市场启蒙教育的文章如何做

任何一个创业项目，要想得到市场的响应与追捧都是有条件的。前文曾经介绍过销售上的 MAN 法则，强调目标客户必须具备真实需求、购买能力与购买决策能力。无论创业企业推广的是产品还是服务，第一要务是要让目标客户产生需求，或者说让客户了解、认识到产品或服务的价值，并产生兴趣与购买的欲望。尤其那些创新程度高的创业项目，要想让目标客户认识到其价值是有一定困难的，这就需要创业企业进行项目市场启蒙教育。就如对一个婴儿进行启蒙教育一样，这是创业企业快速打开市场大门的基础。当然，任何创业项目、在任何时期都需要对客户进行市场启蒙教育，而绝非仅仅创新程度高的项目才需要市场启蒙教育，并且这也绝对不是阶段性的工作。只不过原创性项目更需要市场启蒙教育，在创业"冰冻期"市场启蒙教育更为急迫，更是项目营销推广的重心所在，更是快速突破创业"冰冻期"的关键所在。我们常说，"头三脚难踢"，创业项目营销的"头三脚"就包括市场启蒙教育。创业企业难就难在市场启蒙教育上，因为市场启蒙教育的资金投入不可预期，市场启蒙教育的周期也不好预测。这对创业者来说，很可能是痛苦的，甚至造成永远的遗憾。

（一）解读项目市场启蒙教育

所谓项目市场启蒙教育，是指创业企业针对企业内部员工及目标客户所进行的一种有目的、有计划、有组织的促销活动。通过传授有关的产品知识、培训购买技能，培养科学的购买观念与使用方法，以此提高创业企业员工与客户素质，进而促进项目销售。可见，市场启蒙教育的对象包括创业企业内部员工与外部客户两部分。创业企业对内部员工进行市场启蒙教育，就是为了更好地向目标客户开展市场启蒙教育，这才是根本目的所在。

那么，对于创业项目而言，在什么情况下最需要市场启蒙教育呢？

1. 市场无知

所谓市场"无知"，是指客户对创业企业的产品或服务的价值缺乏有效认知，或者说不知道、不了解项目价值。如果目标客户没有见到过，甚至没有听说过某种产品或服务，就很容易会拒绝甚至排斥。对于"到不穿鞋的岛上去卖鞋"的推销故事或许很多读者朋友都听过，很多企业也都遇到过这种情况。当一种新产品或新服务刚刚推出时，客户对其完全没有认识，往往持有排斥的态度。就如卖鞋的推销员到荒岛上拓展市场，却发现岛上的人都不穿鞋，根本不知鞋为何物，更别说鞋有什么用途和价值了。无疑，岛上的人对鞋没有现实需求，对于推销员来说，陷入了一场僵局。但故事中的这名推销员却很乐观地看待这种情况——岛上的人都不穿鞋，市场太大了，机会太多了。可是，如何让岛民接受穿鞋这一观念呢？这又需要创业者去认真思考。可见，"新"既是一个卖点，又是一个难点。对于创业项目来说，虽然每一个创新点都是价值点，都是卖点，但是这些创新点却需要一一与目标客户进行沟通，这个过程或许很费周折。如果是原创性（或颠覆性）创新的创业项目，那恐怕需要从头到脚进行解释说明，才有可能让目标客户认识到其价值。否则目标客户很可能会因认为项目无价值，而放弃购买。

2. 市场恐惧

市场"恐惧"，是指客户对创业企业的产品或服务心存疑虑，害怕因选择购买产品或服务带来风险，甚至不可预知的严重后果。那么，客户恐惧什么？很多项目做了大量的促销，但客户依旧不买账。问题出在哪里？很重要的一个原因就是产品太"新"，而"新"就是门槛。客户对新产品或新服务缺乏足够的认识，会使其不得不考虑选择新产品的潜在风险。对此，可以称之为认知风险。最早提出认知风险观念的学者是保尔（Bauer），保尔于1960年由心理学发展出认知风险的概念，概念的核心在于购买者的行为含有风险，购买者所采取的行动都可能产生无法预期的结果，而且这些结果有些可能是不愉快的。正因如此，购买者才不敢贸然出手。此后，雅各比（Jacoby）和卡普兰（Kaplan）又进一步进行研究，细化出了五个风险因素：一是财务风险，购买行为结果可能会使客户受到财务上的损失；二是绩效风险，指产品未如预期而蕴藏的风险，诸如产品功效达不到预期而产生的风险；三是心理风险，购买或使用产品会使客户的自我形象受到损伤的风险，对于这种风险，又可称为自我印象风险；四是实体风险，产品或服务本身可能会对客户带来伤害而潜在的风险；五是社会风险，购买决策会受到周边人士或亲友嘲弄甚至会使客户尽失颜面的风险。这些风险成为压在客户心头上的大石头，只有卸掉这些心理包袱，他们才有可能成为客户。这就离不开一项重要工作——项目市场启蒙教育。

3. 市场"冷淡"

市场"冷淡"，是指虽然客户对创业企业的产品或服务有一定认知和了解，但是并没有表现出浓厚的兴趣，或拒绝，或观望，得不到有积极而热烈地响应。为什么创业项目会遭到市场冷遇？主要有以下三种原因：第一种是替代产品或服务占据优势。虽然目标客户有需求，但他们正在购买替代产品或服务，潜力暂时无法释放。第二种是价格因素遭遇抵制。客户往往认为"省下就是赚到"，谁便宜就买谁的，不会轻易忠诚于哪个品牌。新项目由于刚推出，产销往往达不到一定规模，因此价格相对偏高，难于获得这类客户的青睐。第三种是目标户已经形成购买习惯。目标客户作为竞争对手的忠诚"卫道士"，不但自己拒绝，还影响着身边的亲朋好友……在这种情况下，市场启蒙教育的重心应放在产品或服务的核心品质上，通过品质消化价格抗性，通过品质吸引客户。因此，市场启蒙教育的方式应灵活，如进行品质宣传、进行品质对比试验、开展品质体验传播……

（二）让市场启蒙教育高绩效

对于新项目来说，市场启蒙教育成本可能是高昂的。不但成本可能很高，而且周期一般也较长。这对创业企业来说十分不利，很可能使企业还没有突破市场"冰冻期"就倒下了。为此，创业企业必须努力降低市场启蒙教育成本，并尽力缩短市场启蒙教育的周期。

创业企业可以采取以下三大策略来提升市场启蒙教育的绩效：

1. 联合各种力量进行市场启蒙教育

创业企业联合同业企业或关联企业共同进行市场启蒙教育，共同分摊市场启蒙教育成本。联合竞争对手有一定困难。通常来说，大学毕业生创业更主要的是联合关联企业来进行市场教育。这里的关联企业，既包括产业链合作伙伴，如供应商、销售商，也包括与创业企业具有类似品牌特征、目标客户群体的异业企业，同时也有跨界联合的可能性和可行性。就拿乳制品来说，不同的包装形式在工艺上存在很大差异，代表不同的产品品质。利乐包材同乳制品企业一起宣传，以体现采用利乐包材的产品优点——"找到利乐，找到新鲜"。下游渠道商对于市场教育也有着不义不容辞的责任。另外，创业企业可通过完善产业链条的措施来实施消费者教育，如一些汽车经销商开办汽车教育培训机构，它们既是赢利单位，又是服务部门，可谓一举两得。

2. 力争独享市场启蒙教育的成果

创业企业开展市场启蒙教育，要注意不要被竞争对手揩油或利用。否则不但成果容易被竞争对手独占，而且在竞争中也容易陷入劣势。做市场启蒙教育没错，但关键是不要为别人做嫁衣。这包括两个方面：一是创业企业为新项目开拓了广阔的前景，却在市场启蒙教育的路上过早夭折，结果使市场上的后来者坐享其利；二是创业企业在为新项目做启蒙教育时，竞争对手却趁空搭便车。创业企业在做市场启蒙教育时，要学会对已存的竞争对手、潜在的竞争对手设置一定壁垒。针对潜在的竞争对手或可能进入的竞争对手，在进行市场启蒙教育时要强化品牌意识，以品牌为壁垒，防止被人揩油。否则辛辛苦苦地做了前期市场教育，竞争对手却靠相同卖点、更低价位抢走了客户，这是任何企业都不愿看到结果。如果已有直接的竞争对手，那么可以考虑牵手竞争对手共同开展市场启蒙教育，以唤醒整个行业市场。牛根生曾在蒙牛乳业创业阶段指出："只有把行业蛋糕做大，自己才能分到更大的一份。"那么，如何做大行业蛋糕？那就是通过共同进行市场教育，规范经营行为，来拓展行业空间，使市场潜力得以释放。就拿可乐饮料市场来说，市场并没有因为可口可乐、百事可乐以及新加入者——非常可乐的竞争而缩小，相反，大家的市场都在发展。

3. 精准锁定以最快的速度获取回报

创业企业开展市场启蒙教育，最好能够精准锁定目标客户，这样能够做到低成本、高效率。在区域遴选上，优先选择潜力最大的市场区域，进行市场启蒙教育；在策略确定上，力求精准定位、精准锁定、精准传播；在媒体选择上，选择目标客户普遍关注的媒体，进行市场启蒙教育。其实，这是一个常识，就如捕鱼一定要到有鱼的地方去撒网是一个道理。

（三）市场启蒙教育方法指引

很多创业者可能都会感叹，打开市场之门为什么那么难。其实，最主要的原因还是因为创业者没有真正找到打开市场之门的金钥匙。要知道，一把钥匙只能开一把锁，市场启蒙教育也要因地制宜，采取最适合的教育策略：

1. 体验教育法

体验最具有说服力，体验可以最大限度消除客户的顾虑，并使客户在感官上对项目有所验证。如经营食品、保健品的企业可以采取免费品尝的办法争取客户。日用产品则可以采取免费试用的办法，如日用化妆品、耐用消费品等都可以尝试这种思路。但是这种方法也有其弊端，总会有个别客户对创业项目感到不满，甚至追求毫无瑕疵的过度完美。创业企业在进行市场启蒙教育过程中，要注意这类挑剔的客户，防止出现负面传播。

2. 专栏教育法

创业企业可以通过在媒体上开办市场启蒙教育专栏，进行科普教育来进行项目宣传与市场普及。在媒体开辟专栏的好处在于专栏品牌化，专栏内容可以主题化、系列化，叙述更详尽、内容更丰富。这种方法效果虽好，但是成本却相对较高。

3. 课堂教育法

通过举办专项培训或召开培训会议等方式对目标客户进行市场启蒙教育，这种课堂教育方法的优点在于实效性、互动性强，沟通更充分。但是，对于目标客户难于识别的创业项目则存在目标客户不好寻找、邀请的难题。并且目标客户的召集和组织也不是一件容易的事情。

4. 配套教育法

配套教育法是指附随产品销售，就产品功能与使用方法提供延伸服务，如随产品赠送图书、录音带、光盘等等。在现实经营中，就有很多实际的例子：肉牛屠宰加工企业推出牛肉菜谱，用以介绍肉牛身上不同部位的牛肉适合烹饪的不同菜品，以此增加牛肉销售。再如，格兰仕微波炉在新产品导入期与成长期，通过赠送微波炉食谱图书、在报刊上开辟专栏等方式培育中国的微波炉市场，其科普营销赢得了巨大的产品竞争力。

5. 服务教育法

在销售人员或服务人员为客户提供销售服务过程中，进行市场启蒙教育。这种市场启蒙教育的方法效率很低，但却是直接而实效的，尤为适用于目标客户不多的创业企业。对于某些特殊行业，如工业产品或工业化服务创业项目很实用。

6. 广告教育法

广告教育法即创业企业通过发布广告，来实现市场启蒙教育这一目的。这种市场启蒙教育的方法成本相对较高。如果采取硬性广告的做法，对于目标客户来说，其可信度也将大大降低，甚至产生一定的抗拒情绪。因此，创业企业采取广告进行市场启蒙教育，适合选用软性广告的办法。

7. 经验交流法

经验交流法主要是充分挖掘老客户的潜能，利用老客户对新客户进行市场启蒙教育。这种方法的弊端是创业企业不可掌控，因为老客户与潜在客户沟通的时间、地点甚至内容等都不受企业的意志影响。但是，如果企业采取俱乐部、沙龙等组织形式，就更有利于发挥老客户的作用了。

8. 活动教育法

这里的活动包括很多类型，如大型主题活动、路演活动等。通过开展路演（Roadshow）与目标客户进行互动，可谓寓教于乐，体验性强，效果也好，同时成本也不是很高。路演活动适合在相对繁华并且目标客户聚集的地点举行。

9. 对比实验法

有对比才能见高低，才更容易让人信服。对比实验可以与竞争对手产品对比，也可以与替代产品对比。无论与谁比、怎么比，其前提都是要遵守《反不正当竞争法》。美的电磁炉在开发农村市场时，发现农村市场对这种产品存在很大的认知障碍，农村消费者对电磁炉的疑问主要体现在两个方面：用电磁炉做什么？价格这么高是否划得来？针对消费者普遍存在的疑惑，美的设计了"烧水对比实验"在农村的集市上频繁演示：用电磁炉和煤气罐同时烧水，然后计算烧同量水的成本。通过对比，使消费者明白了一个道理：只要使用两三年电磁炉，"电磁炉价格＋电费"的成本就会远低于煤气费。这种可感知的消费者教育方法，解决了消费者认知障碍，为美的快速打开农村市场立了头功。

四 摆脱长期处于盈亏平衡的"尴尬局"

总有一些创业企业日子过得不好不坏，既活不好，又死不掉，长期处于一种痛苦的挣扎状态。创业企业或者不赚钱，或者利润微薄，令创业者进退维谷。作为创业者，必须认识到不赚钱就是亏损。即便是"微利"，对于创业者来说也可能等同于赔钱，因为应该把时间成本与机会成本同样计入其中。创业过程中，企业长期处于盈亏平衡或微利状态称为创业经营的"尴尬局"。

如果创业者经过种种努力，最终还无法摆脱无利或微利状态，那么创业者只有两条道路可以考虑：一是争取把企业卖掉，力求卖个好价钱；二是增加新的赢利点，寻找合适的关联性项目。然而在大多数的情况下，经营不善的企业很难把自己卖出去，更遑论卖个好价钱了。很多创业者往往难于割舍自己的企业，没有到最后时刻，创业者通常不会放弃自己的企业。前文曾经说过，企业就是创业者的孩子，就是创业者的生命。在这种情况下，最好的办法就是创业者积极行动起来，增强创业企业的赢利能力，打破创业经营的"尴尬局"。

（一）陷入"尴尬局"的典型症状

很多创业者或许会问，我的生意很红火，营销做得很好，客户也很多，可是为什么不赚钱或赚钱很少呢？有此烦恼的不仅是创业企业，也包括那些成熟企业；不仅是中小企业，也包括那些大企业。然而，更多的创业企业遇到的则是另一种境况，经营业绩徘徊不前，市场销售达到一定规模后增速迟缓，始终在盈亏平衡点前后徘徊。出现上述情况，是因为创业企业遭遇了成长瓶颈所致。

总体来说，创业经营"尴尬局"主要表现为三种症状：

1. 利润时亏时赢

创业企业在利润上时亏时赢，始终没有进入持续赢利的状态。对于创业者来说，持续经营很关键，然而这需要企业的持续赢利来保障。总体来说，导致创业企业利润波动的原因主要有三个：一是缺乏核心竞争力，核心业务、主营业务优势不突出，经营业绩不突出；二是项目经营缺乏具有一定规模的常客支持。由于主要是临时性客户，经营业绩经常产生波动；三是由于创业企业促销措施不当引起的，过度促销使客户产生了心理依赖，促销则红火，不促销则生意冷清。其中最关键的因素还是创业企业缺乏核心竞争力，即核心经营业务优势。

2. 利润增长缓慢

虽然一些创业企业已经开始赢利，但是随着时间的流逝，企业的利润增长却愈益缓慢。创业企业出现种情况，主要是以下两个原因所致：一是市场空间及市场容量有限，市场日趋饱和，导致经营业绩的增量有限；二是企业经营模式老化，不适应企业的发展。创业企业在不同发展阶段都要进行适应性变革，否则陈旧的经营模式将阻滞企业发展。大名鼎鼎的谷歌公司有这样一个成长秘诀："明天的赢利能力来源于今天的进化能力。"这告诉我们：企业必须持续进化，使持续成长成为一种习惯。只有知道明天的利润在哪里，才有可能持续赢利。

3. 利润逐步下滑

很多创业企业经过努力打拼，终于赢利了，创业者也终于见到了回头钱。可是好景不长，利润开始逐步下滑，甚至突然又开始由正数变成负数。创业企业出现这种情况，主要有以下三个方面的原因：一是市场进入者增加，市场竞争加剧，竞争成本与费用与日俱增，在一定程度上吞噬了利润。二是很多客户在尝试购买以后，便不再"回头"。之所以出现这种情况，很可能是因为产品或服务缺乏特色或者吸引力。三是赢利很可能是受某种特别因素影响，如政府的保护性政策。在这种特别因素消失后，创业企业在销售上必然出现下滑态势。

（二）创业经营的"尴尬局"如何破

管理大师彼得·德鲁克认为，"企业只有一个利润中心，那就是顾客钱袋；经营只有一个目标，那就是造就顾客"。可见，创业企业摆脱经营尴尬局，其核心是提升市场销售，辅助手段是降低成本。对于提升市场销售，实际上只有四个操作点：扩大市场区域、增加客户数量、提升购买规模、增加购买频次。或者说，可以用这样的公式来概括：市场销售＝市场疆域×客户数量×购买规模×购买频次。

创业企业可以考虑从以下六个方面来突围：

1. 扩大市场领地

首先来说明一点，创业企业扩大市场领地包括四层含义：第一层含义是地理意义上的市场疆域，扩大市场销售辐射区域；第二层含义是抢占其他类型销售渠道，如一些酒水经销商，原本只做酒店，现在又开始进军商场超市，挺进新的销售渠道；第三层含义是开拓替代品市场，从替代品市场争夺市场份额；第四层含义是发现产品的新功能，以此获得新的购买群体。对于创业企业来说，扩大市场领地可以增加客户资源在数量上的潜在规模，通过强势开发有利于提升经营绩效。实际上，这也是在强调市场入侵，争取其他市场的客户资源。在一定区域内，市场将逐步饱和。企业固守即将饱和的市场，无疑是坐以待毙，唯一办法就是扩张。这与战争类似，很多战争的起因都是为了掠夺他国资源，以应对本国资源不足或资源危机的困境。

2. 提升购买规模

总体来说，创业企业通过提升客户购买规模，不但有利于降低交易成本，还有利于扩大市场占有，提升经营绩效。创业企业在提升客户购买规模上，要有长远的眼光，不要搞掠夺式开发，如劝说客户大量购买，结果客户购买的产品积压、损毁、变质致使客户受损失等等。这种短视行为将使客户一去不返，对创业企业来说可谓得不偿失。

创业企业提升客户购买规模的方法有很多，如从产品或服务角度来说，企业可以采取以下办法增加客户购买规模：加大产品包装、产品捆绑销售、产品多买多赠等等。从产品包装来说，增加产品包装规模，并适度让利给客户。创业企业还可以采取刺激客户增加购买量或使用量的办法，我们来看一个小故事：某地一家生产牙膏的企业营业额连续几年保持稳中有升，但到了第十年，营业额突然停滞，甚至有下降的趋势。总经理做出许诺：谁想出增加营业额的高招，重奖 10 万。结果该厂一名青年员工获得了这份大奖。按着他的建议，工厂果然效益看涨。你知道这个小伙子提出的是什么建议吗？他的主意是："将牙膏嘴的口径扩大 0.1 厘米。"

3. 核心客户

核心客户是企业的命根子。所谓核心客户应该具备以下几个特征：首先，必须是常客，即忠诚的客户；其次，必须具备一定的购买规模与较高的购频次；再次，这类客户必须具有极高的信誉，尤其在资金方面；最后，对创业企业的经营能够产生一定的影响，或在品牌形象或在利润上。可见，具有忠诚度的大客户更是企业的生命活力之源、利润之源。因此，创业企业必须对常客、大客户实施有效保留。创业者要认识到保留一个老客户的成本是获取一个新客户成本的 1/5。几乎所有的经营者都会明白这一道理：向一个现有客户销售产品要比不断寻求新客户容易得多。

对于客户保留，创业企业可以采取很多有效的措施：提高客户的让渡价值、采取会员制、建立资本联系等等。下面来解释一下什么是客户让渡价值：所谓让渡价值，就是客户总价值与客户总成本之差。其中客户总价值包括顾客在购买和消费过程中所得到的全部利益，这些利益可能来自产品价值、服务价值、人员价值或形象价值。对客户总价值的分析是客户理论研究的重点。客户总成本包括客户为购买某一产品或服务所支付的货币成本，以及购买者预期的时间、体力和精神成本。

4. 增加客户数量

增加客户数量，是指增加新客户的数量。那么，新客户从哪里来？主要有以下四种来源：一是主动上门的新客户；二是通过宣传吸引来的新客户，如看到广告或者促销活动而上门的客户；三是老客户介绍来的新客户，通过激励老客户使其推荐来新客户，即"以旧带新"；四是销售员推销。增加新客户的办法不只这些，创业企业还可以与具有相同客户群体的企业结成联盟，以实现客户资源共享。

5. 优化经营业务

对于创业企业来说，并非经营业务越多越好。因为这些业务之间很可能会相互消耗，各种经营业务之间的内耗也是不小的成本。笔者曾经接触过这样一家创业企业：该经销商除了经销国内某知名品牌系列乳制品外，还经销很多杂牌。笔者问他，这个知名品牌品种很全，销路也很好，为什么还搞这些杂牌呢？这位经销商这样回答：也卖不了多少，不过卖一袋是一袋。这个经销商的做法不但使不同品牌的同类产品之间相互"顶牛"，对于渠道货位资源也是一种浪费，并且杂牌还会增加销售费用，产生潜在的经营风险。因此，创业者应该根据经营需要，不断优化经营业务。对于优化经营业务，创业者可以从以下方面入手：如削减潜亏产品、削减过度服务、引进新产品或新服务、进行产品或服务的重新组合和搭配等。

6. 提高购买频次

百事可乐在销售上形成了独特的销售原则——"三分法"，即销售人员把产品售出，完成销售的1/3；经营者把产品销售给消费者，完成销售的又一个1/3；消费者把产品消费掉，并获得良好的反馈信息，至此才完成了销售的全过程。"三分法"的核心是只有把消费者的工作做通，让其心动并实现消费，才算真正完成了销售。只有真正地完成了首次销售，客户才有可能有下一次的购买，其中隐藏着客户购买的周期与频率问题。一般而言，客户的购买行为在一定的时限内进行是有一定规律可循的。所谓购买频率，是指客户在一定时期内购买某种产品或接受某类服务的次数。购买频率是度量客户购买行为的一项指标，它一般取决于客户的使用频率。那么，创业企业如何增加客户的购买频率呢？如可采取发行积分券、限量发售有期限的优惠卡、限制特价购买等促销手段来实现。

五　市场不景气时期的基本创业规则

2008 年以来，美国次贷危机引发的金融风暴席卷全球，此时中国却迎来了大学毕业生创业的高潮。对此，很多大学毕业生可能会感到困惑：在市场不景气的时候，该不该创业？此时创业是不是有些不合时宜？在这种情况下，创业有没有什么特殊规则？创业"冰冻期"会不会更长？如何做营销才能解决市场低迷的难题？……对此，大学毕业生不必多虑。金融危机并不可怕，只要创业者遵循一定的规则，在经济萧条时期同样可以成就自己的事业。

（一）市场不景气是怎样造成的

导致市场不景气的原因是复杂的。但是，市场不景气时期的特征是相似的，如市场上徘徊、观望、恐惧的气氛弥漫，客户会控制支出。遭遇市场不景气，对创业者来说是一个不幸，因为很多项目要启动市场可能会困难重重。不过创业企业还是可以根据导致市场不景气的具体原因，制定应对策略。

导致市场不景气的因素可以概括为以下五个方面：

1. 行业供需失调导致不景气

如果某一行业总供给能力大于总需求，就会导致供给能力过剩，进而产生库存积压。在这种情况下，就会出现市场低迷。不过，这种情况下的市场低迷只是行业性的或者局部性的，而不是全局性、社会性的。至于市场低迷的具体根源，这要根据市场需求情况来做进一步分析。如果市场确实没有需求潜力或者说没有更大的真实需求，那么这种市场低迷就是因为市场空间狭窄所导致。如果需求只是暂时被打压，而有恢复或回暖的空间，那么这种市场低迷则可能是政策、竞争等因素所致。

2. 政策导致的市场不景气

很多行业领域受宏观政策的影响很大，可以说是"政策市"。如股票、石油、汽车、房地产等行业市场对宏观政策很敏感。至于敏感到什么程度，甚至可以说"一抓就死，一放就活"。像房地产、汽车行业，国家在金融信贷政策方面的紧缩几乎可以第一时间打压这些产品的销售。因为不但企业需要资金，消费者也需要资金来支持消费。因此，总会有一些房地产开发商或汽车经销商在国家金融紧缩政策下倒闭、破产或者主动退出市场。实际上，不仅是创业企业所处产业的相关政策可使市场处于低迷，关联产业政策也可能会导致创业营销遭遇困局。在此说明一点，这里的关联产业包括价值链上下游企业所在产业，以及替代产品所处产业。对于宏观产业政策，或者直接作用于企业所在产业，提升企业项目经营的政策壁垒，提高经营门槛；或者直接作用于消费者，对消费者的购买行为产生重要影响，从而影响项目销售。

3. 社会危机导致的市场不景气

经济危机可引发社会危机，社会危机可导致经济危机，二者之间有着必然的联系。当然，这里的社会危机包括很多方面，如自然灾害（地震、水灾、雪灾等）、社会突发事件（如"非典"、"禽流感"、"三聚氰胺事件"等）、恐怖袭击（如美国"9·11"恐怖袭击）、战争（如伊拉克战争）等等。上述社会因素导致的市场低迷所产生的影响大部分是行业性的，如2008年三鹿婴幼儿奶粉引发的"三聚氰胺事件"，对整个乳制品行业来说都是一场灾难，不但导致奶粉行业的市场低迷，还使液态奶市场遭受重创。但如战争、"非典"等所产生的市场影响则是广泛性的。在这个非常时期，市场营销成为最大的难题，几乎什么生意都不好做。

4. 替代品走旺导致市场不景气

在同一行业领域内，同类产品或服务之间可以相互替代。在市场销售上，则可能体现为此消彼长。而非同类产品或服务之间也可能存在替代。如电视发展起来了，带来了收音机市场的低迷与没落；手机市场的兴起让BP机产品最终退出了市场。另外，很多产品的正品还被假、冒、伪、劣、仿、盗等产品所替代。如唱片市场、图书市场不景气，往往受盗版、网上下载的影响。再如，手机领域的"山寨机"，化妆品领域里的"山寨化妆品"，这些"山寨"产品对那些知名品牌造成了极大的冲击，甚至导致"正品"市场低迷。

5. 经营"错轨"导致市场不景气

经营"错轨"是指企业之间不当竞争或过度竞争导致的市场不景气，或者说这种市场低迷是由于竞争性因素所致。就导致市场低迷的竞争因素而言，主要有两个：第一个因素是行业过度竞争。由于行业内企业的总产能过大，供过于求，导致市场竞争过于激烈，从而使行业市场走低。总体来说，容易出现这种情况的主要是那些科技含量低、市场进入门槛低的行业。如音响行业对整机生产的技术要求并不高，加上资金投入量相对较少，进入音响行业的门槛就偏低，结果行业内出现了大量"板凳工厂"、"螺丝刀工厂"，最终导致行业市场混沌。第二个因素是行业内企业整体竞争策略失当。主要是行业内企业的市场竞争策略与市场脱轨，如价格策略，行业内企业的产品价格水平整体脱离市场实际，价格令消费者望而却步导致市场低迷。那么，什么样的价格会抑制新项目营销呢？第一种情况是行业市场产品或服务价格普遍过高，偏离消费者实际购买能力；第二种情况是竞争企业之间频繁降价，导致消费者徘徊观望而持币待购，这也是一种市场低迷。

6. 经济危机导致市场不景气

经济危机的本质是生产力产能过剩与供给过剩，有效需求饱和与不足。如果要想摆脱经济危机，使经济复苏，需要适度增加有效需求。这仅仅通过企业努力是不够的，还需要政府制定刺激需求政策，并采取拉动需求的实际行动。同时，企业必须开发、创造新的生产力，才能从根本上战胜经济危机。总体来说，经济危机包括三方面原因：一是追求发展速度和追求利益最大化所导致的投资冲动和利益驱动，同时伴随着投资拉动型的通货膨胀；二是过度消费和超前消费导致的消费需求增长过快，同时伴随着需求拉动型的通货膨胀；三是投资冲动、利益驱动与过度消费、超前消费单独作用或联合作用并积累到一定程度时，经济泡沫涨大到极限时，就必然会破裂。在这种情况下，必将造成资金供给短缺，正常的资金供应链条断裂，进而引发连锁反应。如2008年起源于美国次贷危机的全球金融风暴，先是金融领域爆发信贷危机和信用危机，之后就引发了实体经济产能过剩的危机。结果，企业大规模破产倒闭，劳动力大量失业，导致购买力下降，有效需求不足，形成恶性循环。

（二）市场不景气时该不该创业

为什么"大气候"会对创业产生影响？对此可以从五个方面来分析：一是市场需求被宏观政策打压，抑制了购买需求转为购买行为；二是过度竞争导致整体市场需求被分割，僧多粥少，新项目作为弱者度日艰难；三是一些企业的不当竞争行为使市场丧失信心，引发市场徘徊观望；四是由于行业普遍性的诚信缺失，如品质问题、服务问题、消费欺诈等等，使市场对同类产品或服务失去兴趣与信心；五是受季节影响出现市场淡季，导致市场需求缩减，新项目遭遇市场阶段性萎缩……

只有不景气的企业，没有不景气的市场。即便市场处于不景气的低迷时期，同样存在市场机会。在1981年的经济衰退时期，IBM的首席执行官约翰·奥佩雄心勃勃地推出了具有划时代意义的个人电脑，大力拓展个人电脑市场，因为他发现当时个人电脑需求急剧升温，进入就会收获商机。结果，IBM在个人电脑市场领域里实现了逆势飘红。美国知名天使投资人格雷厄姆（Paul Graham）认为，"新创公司比大公司更适于在经济衰退时期生存"。他认为，公司的成败取决于创业者本身的特质。当然，经济因素多少会有所影响。但作为衡量一家公司能否成功的指标，创业者本身最能说明一切，相比之下经济因素则甚至可以忽略不计。微软和苹果的相继创立正处于上世纪七八十年代中期经济衰退的时期。当然，也的确有些创业项目在遭遇市场不景气时，应该缓行或者绕行，而不是硬闯。

1. 市场危机之中必然潜伏着商机

宾夕法尼亚大学沃顿商学院国际管理学教授马洛·吉兰指出："经济衰退也可以产生胜利者和失败者，就像繁荣时期一样。"危机即商机，在每次市场危机中都会倒下一批企业，但同样也会崛起一批企业。我们可以看到很多例子：2003 年，我国爆发"非典"，结果病毒灵、板蓝根等医药保健品一度畅销到脱销的程度，同时成就了很多健康产品的销售。这次社会危机也给全社会上了一堂课，那就是把"健康"概念深深地烙在每个人心里。结果，很多以"健康"为概念的产品深受欢迎。再如在 2008 年，因三鹿婴幼儿奶粉引发的"三聚氰胺事件"，在把蒙牛、伊利等大品牌拖下水的同时，以完达山为首的二线奶粉品牌却乘机大赚了一笔。在液态奶领域，一些区域性小品牌本来已经被大品牌逼迫得进退维谷，却也利用这个机会开始绝地反攻。这对于创业者也是一个启示：要善于从危机中去寻找商机。

2. 市场不景气时期创业成本低

被称为"经营之神"台商王永庆也曾说过："经济不景气的时候，可能是企业投资扩产的最佳时机。"王永庆之所以这么说，是因为他发现在经济不景气的时候进行投资扩产所需的建设成本比较低。在市场不景气时期，如人力成本、原料成本、并购成本等等都是很低的。无论创业者是自建企业，还是购买企业，在市场不景气的非常时期成本都相对较低。不过，市场不景气时期创业，可能要面临较低利润率的考验：为了吸引客户，为了刺激购买，为了资金回笼，不得不给客户以更多的回报。

如法国服装和纺织品市场年初以来一直低迷不振，服装销量比去年前一年萎缩近10%。市场不景气有天气的原因，但更主要的是宏观经济形势的影响。燃料和食品价格不断攀高，令居民的实际购买力呈相对下降趋势。消费者为应对不断上涨的各类费用，只好缩减服装开支或推迟采购。在经济危机影响下，为应对市场的不景气，法国服装经销商不得不降价销售，并提前开始实施夏季促销：买二赠一、购买第二件衣物打两折、直接降价30%至60%。服装商们希望通过提前促销，尽早吸引顾客、刺激消费、回笼货款。

3. 市场不景气时期竞争压力小

那些缺乏理性分析与判断力的创业者通常只会盲目跟风。在市场经济不景气时期，很多准备创业的大学生都会蛰伏起来，跟风的势头也相应减弱。在市场不景气时期创业，恰是反其道而行之。另外，在市场不景气时期，很多企业都会减少市场投入，甚至有些企业根本没有想过要在非常时期赚钱，而是准备低调过冬。在这种情况下，竞争压力相对较小，创业企业更容易脱颖而出，进而在市场上快速站稳脚跟。

（三）市场不景气时的创业规则

市场不景气时期，几乎所有的行业都会受到影响与冲击。当然，必然会有一些行业或企业遭受的冲击更大些。在这个非常时期创业，自然会受到大气候的影响，如某些行业市场前景不明朗、客户投入减少、市场销售抗力大等等。这就决定在经济萧条时期创业选项要针对这个特殊环境做到趋利避害。那么，在市场不景气情况下创业，创业者要遵行哪些规则呢？

1. 小投资创业为主

大学毕业生在这个时期创业，选择小额投资项目尤为关键。在此，介绍一个概念：微型创业，即投资额在 10 万元以内、员工数量在 10 人以下的小型企业。微型创业企业具有灵活性和低成本性，包括低组织成本、低人力资本、低管理成本。同时，一般具有这类性质的创业项目可以享受税费减免、贷款担保、免费培训等优惠扶持政策。微型创业项目和创业方式往往门槛低，原则上没有注册资金的要求，且项目投资少、实用运用性强。

2. 非敏感行业为主

前文曾提及，对于每一次市场不景气，都会有关联行业遭受较大的冲击。因此，在市场不景气时期创业首先要选准行业，不能入错行，此时可以入选的商机应具有以下特点：一是在市场不景气中呈现出的新商机．这种商机必须具有延续性；二是在危机过后可以快速暴露出的商机，只要坚持一段就可以见到曙光；三是危机过后可以快速恢复的商机。也就是说，创业者在选择行业时，最重要的是要抓住市场潮流脉动，才能降低创业风险。据《山东商报》发表的《充电或成金融寒冬中新商机》一文分析，在金融危机环境下，最具"钱途"的创业方向前五名依次为：平价概念、健康概念、个性化概念、教育概念与女性概念。其中，最具赚钱潜力的行业前十名依次为：儿童文教、健康医疗、成人补教、健康食品、个性化商品、早餐店、瘦身美容、电子商务、休闲饮品与中式小吃。这个排序可供读者朋友参考。

【阅读思考】

1. 什么是创业"冰冻期"？在创业"冰冻期"如何实现止亏？

_____

_____

_____

2. 创业营销要坚持哪些商业逻辑？如何提速创业营销？

_____

_____

_____

3. 什么是市场启蒙教育？市场启蒙教育有哪些常用方法？

_____

_____

_____

4. 创业经营的尴尬局包括哪些情况？如何摆脱这些尴尬经营局面？

_____

_____

_____

5. 导致市场不景气的原因有哪些？在这种情况下创业要注意哪些问题？

_____

_____

_____

第八章

创业运营的核心是客户价值管理

> 企业成功的秘诀就是要不断地给目标客户提供更多的附加价值和不断提高客户的让渡价值。

> ——［美］菲利普·科特勒

一 客户价值是市场运营的主线

创业企业与成熟企业的至高目标都是相同的，就是把企业价值及经营利润最大化，而达成这个目标需要企业学会开源节流。所谓"开源"，其根本就是要保持价值客户的持续贡献，并把非价值客户培育成为价值客户。所谓"节流"，是要求企业努力提高投入的有效性，或者说能够有效提升客户价值，并对客户的购买行为产生重要影响。管理大师彼得·德鲁克在其著作中深刻地指出"顾客就是企业"。对于这句话的内涵，我们可以这样理解：为客户创造价值是企业存在的唯一价值和理由。正因如此，客户的价值观才决定着企业的价值观，企业的愿景、使命与核心价值观也应该服从于客户价值。

（一）客户价值是企业的一切

管理大师彼得·德鲁克指出："有些机构非常清楚他们应该传达什么样的价值，只不过他们通常不理解如何从客户的角度看待这些价值，他们

265

只是根据自己的理解做些设想。"这位大师还认为,"企业的目的,就是创造客户,也就是创造客户认知的价值"。同时,他一针见血地指出:"企业有且仅有两个职能:营销和创新。营销是企业的独特的职能,企业不同于任何其他组织的地方就在于企业经营产品和提供服务。"这句话明确了企业营销的本质:客户价值管理。

那么,如何理解客户价值?客户价值具有哪些特征呢?

1. 客户价值具有差异性

从表面上来看,客户购买产品或接受服务,似乎买到其所要买的东西,客户价值就实现了。如客户需要某品牌的洗衣粉,如果你觉得只要出售的产品是真品,并且确实有效,客户价值就实现了。这样想就错了,要知道客户想购买的还有洗衣粉之外的东西。并且,不同客户的客户价值也有所差异,如年轻的家庭主妇到商店里以预定的时间、预定的价格获得了产品就得到了满足。而行动不便的老人可能还需要商店按特定的价格、预定的时间送货上门。只有这样,客户价值才能得到实现。上述假设还没有考虑情感因素。只有客户愉快地购买了产品或服务,客户价值才能得以完美体现。也就是说,客户价值不仅是理性的,也是感性的;不仅是物质的,也是情感的。正因如此,创业者才要充分考虑不同客户对同一产品或服务的价值需求的差异性,以及同一客户对不同产品及服务的差异性,这样才能获得客户的最大化满意。只有客户价值得以实现,创业企业的生意才会兴隆。

2. 客户价值具有双向性

客户价值是一个双向概念。对于创业企业来说,客户价值就是客户对企业的回报与贡献。而对于客户来说,客户价值则可以理解为客户的真实需求,只有这种真实需求得到满足,客户价值才真正得以实现。实际上,这也说明创业企业与客户之间只有互相创造价值,合作关系才能长久。对于价值无法满足的客户,企业可以暂不考虑。同样道理,对于无法满足客户价值的企业，客户也具有否决权，不选择其产品或服务。

3. 客户价值具有动态性

创业企业是发展的，客户也是始终处于变化之中的。从客户角度来说，需求是不断变化的，人们对产品或服务的要求越来越高，客户预期也是不断提升的，客户价值日益增值。创业企业只有跟上或领先于客户的变化，才不会被客户所抛弃。随着创业企业的发展，原来的大客户可能变成小客户，原来的小客户可能已经失去价值，或者小客户变成了大客户。因此，创业企业要针对客户价值实施动态化管理、针对性管理，这样可以有效地避免创业企业资源的浪费。

4. 客户价值具有感知性

客户价值包括形象价值与经济价值。对于形象价值是可以进行定性描述的，甚至可以评估量化。而经济价值通常是可以量化的，如客户的购买规模、客户的利润贡献等等。衡量客户的经济价值常用的计算方法有两种：一种是减法。将客户所获得的价值，扣除客户为购买此产品或服务所付的成本，比如金钱、时间成本等，如果是正数，则表明此项产品或服务提供了客户价值，反之就是无价值。另一种方法是除法。分子为回报，分母为成本，如果大于1，则表明此项产品或服务提供了客户价值，反之就是无价值。只有客户价值可感知、可衡量、可评价，才能更好地促进项目市场销售。

（二）项目市场运营"五步曲"

很多创业者习惯于按照陈旧的思维来看待企业运营的整个过程，如生产制造企业的目光总是被"研发——供应——生产——销售"这几个环节所填充，而商业企业则是"采购——仓储——销售"。从这个视角我们无法看出企业运营活动的主线。实际上，在上述任何一个环节都隐藏着不同形态的客户价值,任何一个环节都是在为客户价值而奋斗。因此,从客户价值角度来审视项目运营更具有现实意义。创业企业从客户价值角度,运营可以分为下述五个环节:

1. 发现客户价值

对于客户价值,还可以理解为客户购买产品或接受服务的理由。实际上,任何产品或服务都不可能百分之百地体现客户价值。最关键的是产品或服务要具备核心价值点,核心价值点往往就体现在最关键的若干方面,在这些核心价值点上要得到客户的认同。核心价值点应是竞争对手不可复制或难于模仿的,并且对客户来说是最具诱惑力的。如麦当劳的价值点QSCV,即质量(Q)、服务(S)、清洁(C)、价值(V)。再如宜家的价值点为低价、一站式(解决方案)。

发现客户价值就是指发现客户的真正价值需求,实际上这也是商机的本质所在。对于创业者的自有项目来说,只有真正立足于客户价值,这个项目才有意义。而对于通过选项获得的项目,发现客户价值的原始环节在于项目方,而创业者可以针对客户价值需求,对创业项目进行改造创新,使之更加契合市场。

不过,要想发现客户价值,可能需要创业者专门去进行专项调查研究,并针对目标客户进行测试。当然,偶尔听到的一声客户抱怨,也可以成为来自身边生活的商业机会。《渗透营销》一书的作者就给我们讲了这样一个故事:一位刚刚完成大学学业而又不知道自己究竟该干些什么的学生,从他的几个朋友那里听到了这样的抱怨:"这个世界除了比萨,就没有什么外卖可叫了吗?"这个学生从周围朋友既不愿走出门去吃东西,又厌倦了单调的比萨的心理中敏锐地发现了商机。他决定开创名为"拨叫侍者"的送餐服务。他先与附近6家饭店达成协议为其送餐,后来又发展为40家饭店,并且自己拥有了10台送餐车。他与这些餐馆合作,除了收取6美元的服务费外,还可从饭店拿到30%—35%的折扣,这是一笔不小的数额。就这样,从这几个人的抱怨中,这个大学毕业生开始了自己的创业之旅。

2. 设计客户价值

有时创业者虽然已经发现了客户价值，但是由于客户价值可能还不够清晰、精练，因此还需要对其进行丰富与设计。并将这些价值点集成，最终以产品或服务为载体，来体现客户价值。或者说，要进行价值化产品或服务的创意设计，并最终在生产、技术、服务、销售等环节把价值现实化。以日本丰田普锐斯汽车为例，其所主推的"绿色"核心价值就集中体现在发动机动力系统、油耗、排放、声音、蓄电池等诸多方面，可以说是全方位的展现了其"绿色"价值。

价值设计是一项精细化的工作，需要针对特定目标客户精雕细琢，或者说需要一个价值精准定位与价值优化过程。我们来看一个刊载于《中国汽车报》上的关于宇通客车的案例：宇通客车非常注重车身图案设计，强调新颖、时尚、舒适、快乐的美感。在设计时，兼顾客户、地域、欣赏习惯和流行色等因素。为了时刻保持对美的敏感，宇通车身图案设计小组经常搜集和观察国内外最新流行元素和流行色，把这些色彩和元素巧妙地融入车身图案中，以适合不同国家和地区客户的审美习惯。2007年，宇通客车销量突破2.5万辆，车身图案设计小组的工作异常繁忙。为了不耽误客户提车，设计人员经常加班加点。有一次，伊朗客户订购了100多辆宇通车。设计小组仔细研究伊朗的风俗习惯，根据流行元素进行多次改进后，设计了以渐变的六角星为主题的车身图案。忙碌了一天的设计团队终于要松口气的时候，细心的设计人员突然发现六角星是伊朗的一大禁忌。设计部门当即将情况通知伊朗客户，对方意识到问题的严重性，不禁大惊失色。为了保证车辆的准时交付，车身图案设计小组队员又熬了一个通宵。第二天一早，他们把修改后的方案交给客户，对方情不自禁地竖起了大拇指，对他们的专业精神和职业素养表示敬佩。这个案例对我们理解客户价值设计的精细与准确颇具启迪。

3. 创造客户价值

所谓创造价值，也可以理解为生产客户价值，包括实体产品生产和服务生产。创造价值也是价值转化、变现的过程，这就要强调速度。客户价值是可以交换的，提供了客户价值，就可以获得客户的价格支付。如企业按时将客户需要的商品送到了客户的手中，客户就会为此向企业支付金钱。不过，一定要强调在恰当的时间、恰当的地点、恰当的环境来创造价值。在时间上，早了不行，早了可能会过度超前于市场；晚了也不行，晚了可能会跟不上市场的步伐。在地点上，只有在合理的地理条件下，这种价值才能实现，如麦当劳选址都在繁华商业区，肯德基选址都在繁华区的大商场。再如，一些生产制造企业为什么会出现企业迁移集群热潮，就是因为只有形成了集群的产业规模优势，产业集群内的企业才能获得影响力和相对低成本，产品或服务价值才能够真正体现。最后，再来说说环境。只有宏观环境、微观环境都适宜，或者说符合价值生产的条件，才能更有利于价值生产与价值创造。

4. 交付客户价值

所谓交付价值，即价值传递、价值兑现给客户的过程。价值交付过程包括销售过程与服务过程。然而，这个过程并不简单。这个过程中的每一个细节都关系到客户满意度。因此，创业企业要对价值交付进行系统设计。这包括两个方面：其一，在销售过程中的价值交付，包括交付策略规划、交付渠道规划、交付方式规划等。其二，对于服务过程中的价值交付，主要是服务体系规划，以及客户关怀规划。不但产品可以为客户创造价值，服务更是产品价值的延续，甚至可以说是没有终点的价值交付。

5. 共享客户价值

交付价值不是营销活动的结束，相反却是营销活动的开始。对于创业企业，营销的重心在于常客，而常客的获取与保留则要依赖于价值互动，并在价值互动过程中实现价值共享。无论创业企业是面向个人销售，还是面向商业团体销售，都需要客户的反馈，以及客户不断变化的需求信息。而客户则需要创业企业提供服务保障与人性关怀。这是一个持续获得双向满意的过程，只有这样，企业与客户之间的合作关系才能长久。

二　参与式营销把客户价值最大化

对于创业企业而言，项目成功运营的关键是快速建立客户对项目价值的认知，并不断提升客户价值。然而这个美好愿望的实现，离不开目标客户的参与，即通过参与式营销实现创业企业与客户之间的价值互动。这无疑是一次营销观念变革。传统销售观念往往是单向的，企业通常要拿出主动进攻的态势，目标客户对信息的接收则多是被动的，可以说是一种填鸭式销售、干扰式销售。在传统销售理念下，创业企业与目标客户的沟通并不充分，尤其是客户缺少知情权、话语权与参与权。实际上，这是不尊重客户价值的最恶劣体现，不但创业项目容易远离客户价值，而且目标客户也无法得到心灵上满足。创业者必须把目标客户作为自己的"合作伙伴"，吸引目标客户全程参与到自己的创业项目中来。这样创业项目才能真正实现"从市场中来，到市场中去"，并把客户价值最大化，进而实现自身经济效益的最大化。

（一）参与式营销终结单向营销

很多创业者认为，中小企业的营销机会很少，容易被大企业凌厉的营销攻势所淹没。实际上，并非如此。为什么中国共产党领导下的人民军队能够打败强大的国民党军队，就是因为人民军队能够与广大的人民群众融为一体，并且是为广大人民群众的利益而战。创业者开拓市场与其亦有相通之处。创业企业做营销不怕企业小，就怕企业脱离市场，就怕企业脱离客户。只要创业企业能够与客户紧密融合，任何强大的对手都不可怕。

参与式营销是企业自发地、主动地邀请客户参与营销的全程，通过与客户合作，实现客户价值最大化。能够这样做的创业企业很聪明，因为合作过程即是营销过程。过去客户只是单纯从电视或报纸广告来接收产品或服务信息，这是一种单向的信息输入，客户没有能力选择或拒绝，只能被迫接受或者不予理睬。但现在不同了，数字时代客户注意力被碎片化，企业越来越难接触到客户。由于选择越来越多，媒体的受众不断分化，单个媒体的受众数量也在不断萎缩，信息传播受阻，使得过去那种依赖占据传播渠道来获取注意力的营销方式效用大减，堵截、干扰、侵入式的营销已经越来越难有收效，甚至在某些领域完全失效。

总体来说，创业企业操作参与式营销，可从以下三方面来最大化满足客户欲望：

1. 客户话语权

过去客户在购买了产品或接受了服务之后，即便是对产品或服务不满意，也只能自认晦气。因为客户抱怨与诉苦的渠道有限，并且也很少有企业愿意倾听。现在不同了，随着计算机的迅速普及、网络的飞速发展，不管企业想不想听或者爱不爱听，客户都拥有了足够的自由与空间去发表自己的意见。在这种情况下，企业与其压制客户不让其说话，不如主动邀请他们为企业建言献策，并尽量把客户提出的问题提前解决掉。聪明的创业者要给客户话语权，给客户以说话的机会。

2. 客户知情权

按照《消费者权益保护法》的界定，消费者的知情权是指消费者在购买、使用商品或接受服务时，有知道商品和服务真实情况的权利。在销售过程中，虽然很难完全实现信息对等，但聪明的创业者要勇于为此做出努力，除非创业者做的是见不得人的生意，否则就要尽力使客户的知情权得到保障。现在看来，隐瞒不是销售的最好办法，只能是一种短期行为。如果蒙骗客户，创业企业恐怕将会付出更惨重的代价。

3. 客户参与权

客户的要求总是在不断提高，甚至对企业运营的内情也产生了越来越浓厚的兴趣。在客户看来，"内幕"总是神秘的，总是让人忧虑与牵挂。诸如客户购买食品，会关注食品所采用的原料是否合格、生产环境是否达标。同时，还会考虑自己在价格上是否受到蒙骗。为此，客户会产生主动检验或参与监督的想法。在这种情况下，企业不妨邀请客户参与，让客户亲身见证，满足客户的愿望，这也是一个体验营销的过程。

（二）参与式营销有利于提升业绩

为什么参与式营销更有利于创业企业提升经营绩效呢？参与式营销可以大幅提高客户的忠诚度和推荐度。最新的研究证明，那些有着高客户推荐度的公司，能够获得持续增长和更多的利润。根据国际著名的管理咨询公司——贝恩公司的研究结果，客户忠诚度每提高5%，企业的利润就会有25%以上的提升。

下面，从四个方面来对参与式营销的价值与作用加以阐述：

1. 参与就是帮助改善经营

对于创业企业来说，最重要的是要倾听来自客户的声音。无论是客户的抱怨还是建议，对于经营的改善都大有助益。只有这样，才算真正做到了客户导向。通常来说，客户的抱怨往往就是产品或服务缺陷所在，而这个缺陷很可能是客户在接受服务过程中首先发现的，客户的抱怨无疑是给企业一个"改过"的机会。因此，创业企业一定要积极搭建客户参与互动的沟通平台，给客户以足够的空间来反馈意见。

2. 参与就是在下订单

对于很多创业项目，客户参与的过程即完成了销售工作。如自助餐饮店、DIY 制作店、超级市场等，都属于这种情况。客户自己参与了产品或服务的生产，同时也完成了订购过程。

3. 参与就是一种销售激励

让客户感觉到自己被重视，无疑会极大程度地调动客户购买的积极性。这在很多方面都可以得到很好的印证，如超市这种零售业态大兴于市，就是因为通过顾客的自我参与可以调动其购物的积极性，从而大大增加销售量。因为对于顾客来说，敞架式购物是一种乐趣，让顾客自由选择，很容易让他们产生购物冲动。

4. 参与可增强客户信任度

当客户对企业及产品（或服务）产生疑问时，企业通过让客户参与其生产经营过程，可以有效消除误会，去除疑问，进而提升客户信任度。当红太阳骨髓壮骨粉所使用原料受到质疑之时，为了证明产品原料牦牛骨髓骨粉十分充足，红太阳实业集团公开面向全国征集消费者代表参与"去青海，看牦牛，回归自然之旅"活动。这次见证活动消解了消费者心头的疑云，保证了日后销售的顺利开展。

（三）参与式营销可提升客户价值

管理学家 C. K. 普拉哈拉德说："消费者的行为方式正在挑战公司传统的价值创造逻辑。在以用户为中心的互联网刺激下，尤其在网络对于互动、速度、个性和开放性的强调下，消费者在价值创造上的参与度从未如此强大过，这种影响正蔓延到企业的整个价值链。"因此，创业企业如果希望获得客户的瞩目，就不能像过去那样一厢情愿地面对客户，而是要沉潜到客户群体之中倾听，调整企业的沟通策略，将重心从干预转移到吸引他们参与上来。创业企业开展参与式营销，有利于把客户价值最大化。

下面从四个方面，就参与式营销的实操来加以阐述：

1. 互动发掘客户价值

这里的发掘客户价值包括两个方面：一是发现客户的新需求；二是发现客户没有被满足的需求。创业者在项目调研过程中或者后期项目经营过程中，不可忽略目标客户的声音。可以说，客户才是真正的专家。很多创业企业在项目难于打开市场时，很喜欢集中员工开闭门会。与其这样，不如敞开门，把目标客户请进来，或者走出去接近目标客户，或者通过其他渠道听取客户的声音。作为创业者，其实有很多办法可以获得客户的心声，如举办客户座谈会、研究客户投诉电话、开展网络互动调查等。

2. 互动设计客户价值

这里的客户价值设计包括原始客户价值设计与客户价值改进设计。对于原始客户价值设计，创业企业可以吸引客户进行新产品或服务的研发和引进。这里尤其需要强调的是客户价值改进设计，原始客户价值设计可能与客户真实的价值需求存在偏差，这时就需要创业团队在经营过程中，根据客户真实的价值需求，对原始客户价值不断进行修正。

3. 互动交付客户价值

客户价值交付过程也要积极吸引客户参与。在这个过程中，客户参与有很多好处：如果是消费品或服务项目，可以增加客户亲自动手的机会，以及身临其境的体验。在提升客户消费乐趣的同时，更可调动客户购买的积极性。对于工业项目，可以组成联合项目组，共同落实价值交付。价值交付过程，既是销售服务过程，也是意见相互融合、项目改进提升的过程。

4. 互动提升客户价值

对于互动提升客户价值，可以从两个方面来说明：第一个方面是提升客户情感价值。客户价值包括功能价值与情感价值，仅仅提升客户物质价值还不够，互动还可以使客户产生情感满足，有利于提升客户情感价值。

第二个方面通过互动可以实现随需而变或精准创新。所谓随需而变，即客户有什么新需求，都可以及时得到满足，这也是对客户价值的一种提升。而精准创新则是创业企业准确地预测到客户的未来需求，进而提前对客户价值做出考虑与反应，可给客户带来超乎其预期的满足。

三　实施客户价值管理的基本操作规则

创业营销的最终目的是企业效益最大化，其中包括经济效益与社会效益两方面。创业营销强调通过满足客户价值需求来追求企业效益的最大化。服务管理北欧学派代表格朗鲁斯（Christian Gronroos）在评价顾客价值时指出，客户购买的不是产品，甚至不是服务本身，而是由产品或者服务所带来的利益。如果觉得这个理论不好理解，那我们再来看看在营销界流行的一句销售经典："顾客买的不是钻头，而是购买用钻头钻出的孔洞。"实际上，这是在提醒创业者，要善于揭示隐藏在产品或服务购买背后的需要，如文化上的价值需求、情感上的价值需求等等，只有这样创业者才能真正发现客户价值。发现客户价值才是创业营销的真正起点，也才是创业项目运营的真正起点。作为创业者，不能唯利是图，首先要进行价值付出，才能换得价值回报。客户价值管理是一种双赢主张，首先让客户成为赢家，在此基础上创业企业也可成为赢家。可见，创业运营的焦点依然集中在客户身上。企业不只是为自己谋取价值，首先要为客户谋取价值。

（一）　客户价值管理的关键

客户管理主要有三大任务：其一，客户的价值管理；其二，客户的生命周期管理；其三，客户的需求管理。客户价值管理是以客户价值创造为核心，系统化地来管理客户价值、提高客户忠诚度，乃至最终实现企业价值最大化的过程。对于创业企业，客户价值最大化是主产品，企业利润最大化是副产品，即创业企业要在客户价值最大化的前提下谋求企业利润最大化。可以说，这是创业企业进行客户开发与管理的基本准则。

创业企业在推动客户价值管理（CVM）的过程中，往往容易陷入各种误区和陷阱，致使企业的客户获取成本加大、流失率升高、忠诚度降低，进而影响企业长期获利能力，甚至使企业陷入恶性循环之中。出现这种情况的最根本原因就是因为没有对客户价值采取精细化管理，没有识别出真正的价值型客户，结果导致资源无法与客户价值匹配，造成资源的浪费。对客户管理缺乏差异化管理容易降低核心客户的忠诚度，造成客户流失率升高。因此，创业企业实施客户价值管理的关键在于以价值型客户忠诚为终极目标。

客户管理的终极目标是建立价值型客户的品牌忠诚，这是战略合作伙伴关系的核心。不过，在中国市场上，建立客户忠诚并不是一件容易的事情，相对而言中国人更善变。在欧美国家则完全不同，客户是不轻易更换（供应商）品牌的，合作关系基本上较为稳定。在欧洲，只要没有明显迹象表明这个品牌有巨大的风险，采购合同基本上会长期续签。而包括中国在内的亚洲客户则比较灵活，合作中容易生变，甚至今天还在蜜月之中，明天就可能分道扬镳。虽然这不是一种理性的合作，但目前的国内市场却是一种现实。对此，创业企业必须积极面对，采取措施让合作关系变得更牢靠。

对于企业来说，客户的忠诚是无价的，客户就是企业的市场根基。价值型客户不啻为企业的血脉——利润源泉，而忠诚度直接关系到客户的利润贡献度。据相关研究显示，客户忠诚度每上升5%，利润上升的幅度将达到25%以上。针对客户管理，需要强调一下"客户占有率"这个新概念，它是指客户时时刻刻满足于特定企业的产品或服务，不去购买其他企业的产品或服务。实际上，这也是在强调客户忠诚。因此，创业企业应该把"客户规模"、"客户价值"和"客户忠诚度"三个指标结合起来，替代原来的"市场份额"观念，以正确地开展客户营销。注意，这里的说法与以前不同了，不是追求所有的客户忠诚，而是追求价值型客户忠诚。

（二）客户价值管理的基本规则

创业企业要对客户价值管理进行创新，就要实现以下八大转变：

1. 由"关系管理"转变为"价值管理"

传统的关系管理已经不能适应今日的营商环境了，如个人关系、感情关系、利益关系等均无法长期维系企业与客户之间的联系。客户管理的本质是对客户的全程价值管理，即发现价值、设计价值、创造价值、提供价值和共享价值。全球著名的管理咨询公司科尔尼在 2004 年就采购卓越性做了一项调查，通过评估发现，采购的最大挑战在于从供应市场上获得价值，而非仅仅关注成本削减。同时，调查数据显示，1999 年有 28% 的管理供应组织设定了价值创造目标，到了 2004 年坚持采取相同举措的供应管理组织则增加到 66%。商业用户如此，个人客户更是如此。可见，客户购买"价值第一，价格第二"。客户购买，完全是价值驱动，而不是单纯的价格驱动或个人关系驱动。可见，由原来的"客户关系管理"转变到"客户价值管理"符合市场发展的潮流。

需要强调一点，这里的"关系管理"与"客户关系管理"（CRM）不是一回事，前者是指以利益为交易达成与维系的手段，后者是指选择和管理有价值的客户及其关系，以辨识、获取、保持和增加"可获利客户"的一种商业策略。客户关系管理包括客户选择、客户服务、客户维系、客户管理等环节，其核心是客户的价值管理。从本质上来说，客户关系管理是选择和管理有价值的客户，即对有潜力或有价值的客户进行全程管理。现在，很多企业对这个概念还是模糊不清，甚至认为客户关系管理就是建立并维系好客户关系。这种认识是片面的，危害很大。客户管理需要真正意义上的"客户关系管理"，而不是传统意义上的"关系管理"。

2. 由"粗放管理"转变为"精益管理"

什么是粗放管理？企业盲目追求客户规模，根据客户数量进行资金和资源投入，却忽略了合理的投入产出比，甚至使利润极其低下的一种经营状态。针对客户实施粗放式管理有其弊端，即导致管理效率低下，成本高，收益小。同时，也增加了企业与客户之间的合作风险。那么，什么又是精益管理？就是围绕客户管理，不投入不必要的资源与要素，以追求客户质量与效益为核心。为此，企业要严格区分"成本型客户"与"利润型客户"，敢抓敢放，把那些食之无味的"鸡肋客户"淘汰出客户队伍。同时，针对每一个客户进行资源优化配置，让每个客户都产生效益。对于确实难于产生效益的客户，也要敢于放手。很多客户是企业过度服务的客户，过度服务导致服务成本费用过高，甚至超过了客户价值贡献，结果企业利润很少甚至是负利润。在这种情况下，企业就有必要根据客户潜力和客户价值做出取舍。现在来看一个案例：陶氏集团通过其全球机构计算每个客户联络渠道的成本和效果。通过这项工作，陶氏每年节约了1500万美元的成本。但实际效果远不止此，陶氏希望通过增加顾客忠诚度和提高生产力，再节约至少1亿美元的成本。

3. 从"用商思维"转变为"养商思维"

很多创业企业在客户开发上急功近利，甚至杀鸡取卵。对客户采取掠夺式开发或者说过度开发的策略，如向客户销售不必要的产品、向客户大量配货等等。就拿钢材生产企业来说，合金高强度结构钢产品 Q345 钢分为 ABCDE 五种质量等级。不同等级以冲击韧性来区分，A 级无冲击要求，而 BCDE 级则存在冲击要求。假设客户用 A 级可以满足生产要求，如果企业向客户销售 BCDE 级则属于过度开发。结果势必造成大客户的资源、资金被不合理占用甚至效益低下，这就是典型的"用商思维"。客户作为企业的市场资源，如果过度开发，就会破坏客户企业的生态平衡。因此，企业不能急功近利，必须奉行"养商思维"，利用自身政策、资源、能力来培育客户，降低大客户不合理库存、减少其资金占用、降低大客户的资源浪费。只有帮助客户做得更强更大，才能在客户的成长过程中获取更大的回报。

4. 从"同质管理"转变为"差异管理"

客户管理是一个不断个性化、差异化的过程。最初，创业企业可能会让所有客户享受统一的政策。随着企业的发展，企业应当根据客户规模制定差异化的政策。待企业真正成熟强大后，即便同是价值型客户，也会根据价值差异采取不同的政策。根据价值差异客户可以分为四种：一是高价值客户，合作处于稳定期，企业要通过提供一对一的定制化需求解决方案来深度挖掘客户潜力；二是次价值客户，合作处于稳定期，但客户价值潜力有限，应给予客户适度关怀；三是潜在客户，处于识别期或发展期，应该强化营销力度使合作进入稳定期，使价值不断发掘；四是低价值客户，处于合作衰退期，企业要进行成本、利润、价值分析，以决定挽留还是淘汰，或者采取措施使客户价值再生。

客户管理差异化主要由以下六个部分组成：模式差异化（商业模式的核心原则：客户价值最大化原则）、组织差异化（组织的价值存在于客户价值之中）、政策差异化（政策是企业价值输出的形式）、品牌差异化（品牌是企业价值的识别符号）、产品差异化（产品是企业价值输出的核心载体）、服务差异化（服务是产品的附加价值）。从本质上来说，企业针对每个大客户进行的差异管理就是要实现定制化管理，这种定制化就是一对一式的个性化服务，它可以有效提升客户的满意度和忠诚度。

可以说，客户管理就是一个不断差异化的过程。IBM 在对客户进行科学分类后分别对其采取相应的差异化对策：对忠诚型客户，即对公司产品忠诚，但是销售成长不大的客户，采取"加强和保证客户售后服务满意度"的措施；对快速增长型客户，即销售增长非常快的客户，采取"将销售人员增多，保证全面周到的销售和服务"的对策；针对睡眠型客户，即曾经是公司的客户，但近期没有新的业务和增长的客户，采取"为他创造新的需求，创造新的消费"的对策；针对值得培养和重视的客户，采取"积极跟进，确保将信息和服务及时通告对方"的对策。

5. 从"市场驱动"转变为"驱动市场"

创业企业要从市场驱动型企业（追随者）向驱动市场型企业（领跑者）转变。驱动市场的本质是驱动客户发展，其前提是洞悉并把握客户的下游市场需求。对于消费品以及民用服务，驱动市场就是立足于客户未来价值进行主动创新，对客户进行引导消费。对于工业品项目，可以说企业与下游客户所面对的是同一市场，企业营销的最高境界就是与客户共同发现市场机会或者先于客户发现市场机会。企业通过帮助客户发掘市场潜在机会，并与客户共同策划、把握这些潜在市场机会，来提高客户的竞争实力，这符合合作双方的共同利益，也是战略合作伙伴关系的重要层面。就拿柯达 GCG 公司来说，这家公司是图文影像领域的领导者和最具实力的数字化印刷技术解决方案提供商。柯达 GCG 在经营上推行蓝海战略，希望通过寻找新的市场，与客户一起跳出"红海"，实现与用户以及用户的用户共同开创崭新的"蓝海"的目的。柯达 GCG 销售给用户的不仅是产品，而且是一个新的市场，一项价值创新的业务。如柯达 GCG 推出的 Photobook（照片书）业务，国外已经十分流行，国内还只是刚刚起步，竞争度很低。这一业务的核心是利用网络与数码印刷技术的结合，快捷、高效地为客户提供照片书的编辑、制作和印制服务，利润率十分可观。再比如银行、电信等企业的彩色账单，在发达国家已经成为一种新兴的广告媒体，印刷企业根据客户的消费习惯印制个性化的宣传广告，从而实现业务增值。这就是柯达 GCG 驱动市场，而不是由市场来驱动企业的成功典范。

6. 从"外置管理"转变为"内嵌管理"

创业企业与客户合作逐步实现由松散到紧密、由边界化到无边界的过程。在这个过程中，组织边界变得模糊，甚至正在消失。从另一个角度来说，创业企业与客户合作已经进入渗透与融合阶段；或者说，合作从"资源共享"向"渗透运营"的战略方向转型，共同搭建运营平台，深化战略联盟。要知道，"融合促进发展，渗透创造价值"，这就是这种"混合双打"模式的优势所在。以钢铁行业的龙头企业——宝钢集团为例，其生产的汽车板在国内市场的占有率已达50%以上，同时汽车板使用技术研究在国内也处于领先水平，因而可以"嵌入"到原本是汽车厂先期环节的选材、材料使用效率设计及参数调整等工序中。宝钢在大客户营销方面采取的就是嵌入式合作：宝钢汽车板配送中心成了汽车厂商家门口的原料仓库；轿车新车型试模阶段，宝钢作为上游供板企业就已先期介入；宝钢在汽车板生产中已不单纯依照通行的钢铁业标准，而是添入了用户需求标准，达不到用户需求标准的钢材也属于"不合格产品"。有数据显示，2005年国内平均每三天就有一款新车型上市。为了做到成本最优，越来越多的汽车厂商在开发新车型之前，主动向宝钢寻求钢板方面的专业技术支持，有的厂家甚至希望宝钢提供从车型设计、模具开发到投产支持的一揽子解决方案。通过先期介入，宝钢已与上海大众、上海通用、一汽大众等国内主要汽车厂商建立了长期稳定的战略合作关系。

7. 从"静态管理"转变为"动态管理"

客户管理不是静态概念，而是一个动态概念。这可以从两个方面来理解：一是随着企业的发展，原来的大客户可能成为小客户，小客户也可能成为大客户。二是随着客户生命周期的变化，客户的价值可能逐渐增长，亦可能逐步消退，或者说客户的价值波动决定其是否留在企业的大客户名单里。对于一个逐渐走向衰退的客户，企业可能无法获取深度营销的机会。当然，不排除通过企业的努力，帮助客户重振的可能。因此，一个客户的历史价值并不重要，关键的是现实价值与未来价值。对于客户管理，企业不能搞"终身制"，应该根据客户实际价值贡献随时调整策略。对客户进行动态管理，就是为了不浪费企业资源、激励大客户采购、提升其他客户满意度等目的。

8. 从"临事管理"转变为"常态管理"

所谓"临事管理"，即企业在有交易的情况下，才向客户提供必要的产品及服务或者解决方案。这是一种功利性的做法，也是一种被动的做法。而主动的办法则是把客户管理常态化，这就需要创业企业在日常运营中，对客户实施有效的客户关怀。客户关怀有多重要，我们可以通过下面研究数据中窥见一二：据施乐研究中心的调研报告，一个持"非常满意"态度的客户其购买意愿将6倍于一个仅持"满意"态度的客户，而2/3的客户离开是因为企业对客户的关怀不够。

可以说，客户关怀贯穿了市场营销的所有环节，包括客户服务（包括向客户提供产品信息和服务建议等）、产品质量（应符合有关标准、适合客户使用、保证安全可靠）、服务质量（指在与企业接触的过程中客户的体验）、售后服务（包括售后的查询和投诉，以及维护维修）、情感关怀（如客户答谢会、客户座谈会等）……实际上，客户关怀就是要营造出友好、激励、高效的合作氛围。为此，创业企业要制定一份客户关怀计划，根据不同客户的实际情况，明确切实的客户关怀方式，使客户的满意度得到提高。这样不仅可帮助企业更好地挽留现有客户，而且还可使企业找回已经失去的客户，更好地吸引新客户。

四　努力把现实客户的价值贡献最大化

现实的才是美好的，明智的人总是珍惜眼前的一切。不仅在生活中要遵循这个道理，创业亦是如此。创业者不能喜新厌旧，相反的却要对现实客户倍加关爱。只要客户还有价值，或者还有潜力，就值得创业企业去维护、去挖掘。所谓现实客户，是指企业已有的老客户，他们不但支撑了创业企业的昨天和今天，同时也可能是企业明天的脊梁。美国著名推销员乔·吉拉德有一句名言："我相信推销活动真正的开始在成交之后，而不是之前。"销售是一个连续的过程，成交既是本次销售活动的结束，又是下次销售活动的开始。因此，创业企业在成交之后继续关心老客户，不但会赢得老客户，还有利于吸引新客户，使生意越做越大，客户越来越多，财富的雪球也就越滚越大。从某种意义上来说，现实客户就是企业的摇钱树。因此，创业企业对老客户要予以有效保留，并对他们的价值进行大力挖潜，以此扩大项目销售。相反，失去一个老客户则可能会给企业带来巨大损失，或许需要再开发十个新客户才能弥补。正因如此，创业企业不但要有效保留有价值的老客户，更要充分挖掘老客户的潜力与价值，以服务于新客户的开发。

（一）现实客户就是摇钱树

现实客户是块宝，能否成功创业，能否快速度过创业"冰冻期"，现实客户很关键。要知道，老客户深度开发不但成本低，而且是销售增量的重要支柱，更是创业企业利润的源泉。小天鹅集团经过多次市场调查，得出了一个环比公式：服务好一个老客户可以影响25位潜在的消费者，这其中有8人可以产生购买意愿，8人中有一人会成为实际的购买者。所以，服务好一个老客户，就会产生一个新客户，这中间还不断地产生25个潜在的客户和8个准潜在客户，依次交往循环。可以说，老客户既是在帮助创业企业节流，又是在帮助创业企业开源，是企业最重要的财富源泉。

1. 挖掘老客户的购买潜力更经济更划算

根据帕累托法则，开发一个新客户的成本是维系一个老客户的四倍。所以，创业企业把资源（如时间、金钱、政策等）用于老客户身上或许比用于新客户身上更划算。创业者维系老客户的价值在于两点：一是老客户不流失，在企业的努力下，每位老客户的价值或许都可以增值。有研究成果表明，当企业的客户流失率降低5%，平均每位客户的价值就能增加

25%以上。二是老客户是企业的"兼职推销员"，老客户会通过为企业带来新客户而实现价值增值。研究数据也证实了这一点，如汽车行业，那些客户满意度较低的品牌汽车专营店每年至少要流失20%的客户，而争取一位新客户所花的成本是留住一位老客户的5倍，失去一位老客户的损失只有争取10位新客户才能弥补。可见，新客户很可能是芝麻，而老客户则很可能就是西瓜，对于丢了西瓜捡芝麻的傻事，创业者还是少做为宜。

2. 老客户是企业不发工资的兼职合作者

实际上，只有老客户才容易形成口碑，口碑是由体验与感受产生的。只有客户的长期体验才会产生满意，只有满意才会形成忠诚，从而产生口碑。究竟什么是口碑？不妨把口碑理解为"口头传播"，即一种口头形式的、人对人的传播，也就是我们通常所说的"口口相传"。那么，什么又是口碑营销呢？就是由企业及潜在客户以外的第三方（尤其是老客户）通过明示或暗示的方式，传递品牌、产品及服务信息，从而使潜在客户获得其所需要的相关信息，进而影响潜在客户购买行为的双向式、互动化的营销传播策略。创业者从事创业营销工作，关键是培育老客户的口碑，让老客户为你带来新客户。通过老客户推荐新客户，使企业的交易网不但越来越广阔，而且越来越紧密结实。实践告诉我们，创业者在开发新客户时，从陌生人着手，遭遇到的困难会较多。若能经由老客户口耳相传，那就容易多了。要知道，口碑永远比广告更有说服力。

3. 老客户就是开发新客户的"代言人"

当创业企业的销售人员开发新客户时，相信客户总会问企业曾经或正在与哪些客户合作。那么，客户为什么要问这个问题呢？其理由有三：一是验证企业的产品或服务的市场接受程度，如果没有客户接受或者很少有客户接受，就会增加新客户对你所在企业、产品及服务的认知风险，影响其购买信心和决心；二是了解一下其竞争对手的相关情报，如企业与其他客户合作的一些细节，诸如合作方式、价格、付款方式、服务条款等；三是想知道企业的产品及服务的市场价值，或者说企业为其他客户创造了哪些价值。不可否认，客户在购买过程中存在着一定的从众心理。尤其当企业的老客户中有大牌客户时，如果把大牌客户树为标杆，则更具有说服力，更容易增加新客户的信心，更有利于促进他们的购买行为。可见，品牌客户就是样板，就是你说服新客户的最有利工具。

（二）挖掘现实客户的潜力

对于增加老客户的购买，可以从以下两个方面来理解：一是增加老客户的购买品类和品项，如果创业企业产品线很丰富并且品项繁多的话，完全可以这样做；二是增加老客户单一品类或品项的购买数量，即购买规模。作为创业者，必须清楚一点，客户增加购买规模往往是三种因素作用的结果：第一，客户要扩大产能或销售力度，进而使采购需求增加；第二，客户产生新的需求，而这种新的需求需要新的产品或服务；第三，客户压缩或终止从其他供应商那里的采购量，而增加对创业企业的采购规模。

创业企业欲增加老客户购买，可以考虑以下四个思路：

1. 在帮助客户获得更大成功中获得回报

老客户的购买规模是否已经到了上限？是否还有潜力可供挖掘？这是创业者应该常常思考的问题。潜力需要挖掘，关键在于创业企业或创业者帮助客户实现更大的市场销售，帮助客户获得更大的成功。当然，这是针对商业客户而言的，而对于个人客户，创业企业可以为客户消费提供更好的"情境"，或者做出消费激励，促进客户消费。如果创业企业是原辅材料或零部件供应商，可以帮助老客户寻找新客源，客户的市场销售上去了，客户采购规模自然也就上去了。如果创业企业是生产厂家，就可以帮助经销商拓展终端客户，通过帮助其提升终端销售来提升创业企业的产品销售量。创业者可以从两个方面做出努力：一是积极进行市场助销，促进客户的生意规模提升；二是帮助客户找市场，客户的市场规模增加了，客户购买需求也自然会相应增长。

2. 把"关联产品"组合销售给老客户

关联销售是指客户已经购买了一种产品，创业企业可通过努力使客户再购买企业的其他相关产品。创业企业通过关联销售可以增加客户的采购品类及品项，但是有一个重要前提，那就是客户确有现实需求。关联销售的手法我们身边就很常见，如你想到当当网购买某一种图书，那么网站会把同类图书的信息都展示给你，立足你的需求点与兴趣点来扩大不同品种的图书销售。在销售过程中，创业者有责任、有义务为客户提供最适用的产品或产品搭配（组合），以为客户创造最大价值。如果客户只需要一个品种，那么你要提供最具价值的产品。如果客户需要更丰富的品类或品项，那么你要为客户进行产品搭配（组合），而这种搭配（组合）应该是对客户最具价值的。一般而言，客户如果存在多元需求，那么产品需求搭配（组合）可以采取独家搭配或选择性搭配。所谓独家搭配即客户只选择一家供应商合作，而选择性搭配则指客户选择多家供应商合作，从不同供应商那里选择购买最适合的产品进行组合。因此，创业企业开展关联销售重在促进客户实施独家搭配，提升产品的客户占有率。

3. 与老客户结成长期战略合作伙伴关系

如果创业企业的产品或服务能给客户带来质的转变，如降低成本、提升效率，甚至创造了一种先进的经营方式或一种先进的生产方式，那么你在客户那里将获得更大的销售机会。只要竞争对手创新的步伐跟不上你所在的企业，那么你就可以采取帮助客户进行经营创新或业务升级的办法，来把竞争对手驱逐出客户的采购队伍。同时，通过建立紧密的战略合作伙伴关系，把那些想进入客户采购名录的供应商阻止在客户的大门之外。作为创业者，应该努力成为客户变革、升级、进步的积极推动者，帮助客户企业不断发展，以此来获得客户的采购回报。

创业企业可以从下述三个方面做出努力：一是帮助客户提升速度和效

率，包括新产品开发效率、工业生产效率、市场营销效率等等；二是帮助客户降低作业成本，包括采购成本、生产成本、营销成本、物流成本等等；三是帮助客户提升经济效益，包括开源获利及节流获利。

（三）利用好老客户的资源

老客户本身就是一种资源，同时老客户手里更是掌握着大量的外部价值资源，这对于创业企业开展营销工作将大有裨益。企业拥有老客户资源不算什么，关键在于是否善于挖掘并利用老客户资源，这关系到老客户资源的利用率。创业企业可以从四个方面入手挖掘利用老客户资源：

1. 挖掘老客户身边的关联群体

老客户身边的关联群体可分为两类：一是同业群体，如行业协会内的企业，这些企业之间往往有类似的采购需求；二是个人群体，如同学、同事、亲属等亲朋好友群体。按照"六度空间理论"，你和任何一个陌生人之间所间隔的人不会超过六个，也就是说，最多通过六个人你就能够认识任何一个陌生人。看来，这个世界真的很小，所以这个理论又可称为"小世界理论"。因此，只要有人在中间牵线，你就可以认识很多人，或者说可以找到很多潜在客户，而最好的中间人就是老客户。

这些群体既可以为老客户的口碑所感染，也可以在老客户的带动下产生购买行为。世界顶级营销大师菲利普·科特勒曾引用过的一则研究表明，7000个来自欧洲各国的消费者中有60%的人承认他们曾在家人和朋友的影响下尝试购买新的品牌。我们来看一个真实的例子：马自达6在客户定位上以追求个性的成功人士为核心群体。这款车上市后也确实得到了成功人士的青睐与追捧。于是，便有了一个口碑营销的案例。我国著名篮球国手胡卫东买了一辆马自达6轿车自用，两年之后又劝妻子买了一辆同样的马自达6轿车，他的品牌忠诚度无非来自六个字"车好，服务更好"。在他的口碑传播影响下，他的朋友、演员范明也购买了马自达6轿车，而又由于范明的力荐，范明妻子的同事同样购买了马自达 6 轿车。

很多时候，老客户在没有利益驱动的情况下，就可以为企业推荐新客户。尽管如此，企业与创业者也千万不要忽略了对老客户进行适度的激励，鼓励老客户以旧带新，即为你推荐新客户。

2. 利用好老客户的购买号召力

老客户具有采购号召力，尤其是那些有影响力的品牌客户更具深远的影响力。创业者利用品牌客户聚拢新客户，其主要的操作着眼点有两个：一是开发新客户时，用品牌客户为企业产品"背书"，起到证言与担保作用，可以免去很多口舌；二是利用老客户的采购联盟。同行业企业为降低采购成本，会自发地或在行业协会的协调下，组成采购联盟，实施规模化采购。这时，老客户就可能发挥作用，把采购的杠杆向创业企业倾斜。

3. 会议营销利用好老客户资源

如今，会议营销成为很多企业推广产品的新平台，如召开新品发布会、新品招商会等等。这类会议通常会邀请一些老客户参加，并做现场发言，通过老客户的购买体验来感染、带动新客户的加盟。同时，老客户所操作的市场往往会成为样板市场，即获得成功的"明星市场"，甚至企业创业者可以带领潜在客户或准客户去参观那些样板市场。样板市场启动成功，才是产品价值最好的证明。这对于新客户做出购买决策会产生重要的影响，要知道榜样的力量是无穷的。

4. 俱乐部营销利用好老客户资源

所谓俱乐部，就是由企业经营者出面组织，会员在自愿、互助、互惠的基础上自主参加，并有相应的权利和义务的自由协会或团体。俱乐部营销即指企业通过组建俱乐部吸收会员参加，并提供适合会员需要的服务，以培养企业的忠诚客户，乃至获得经营利益的营销方式。实际上，俱乐部的存在就是为了团结老客户，争取新客户。俱乐部就是一种销售渠道，就是一个销售平台。在俱乐部内，除了激励老客户重复消费，还鼓励老客户"以旧带新"。可见，企业组建俱乐部的目的是为了深度开发老客户，而不是单纯地回馈老客户。

五　实施精细化客户管理才能出效益

很多创业企业在市场运营初期，由于求成心切，在客户开发上可谓"眉毛胡子一把抓"。只要是客户就来者不拒，这几乎是创业企业的通病。但是，创业者仔细一算账就会发现，虽然客户很多，但在销售上却是有数量没效益。为什么会出现这种情况？就是因为有些客户贡献的利润被其他客户吞噬了。这足以提醒创业者，千万不要把所有的客户都视为你的上帝或朋友。要知道，有些客户非但不是企业的衣食父母，而且还在无情地消耗着企业的资源，吞噬着企业的利润。对此，创业者还会把这样的客户当成企业的上帝或朋友吗？所以，在客户管理方面，创业者千万不能大意，而是要对客户实施精细化管理，围绕客户价值精打细算。

（一）精细化客户管理的内涵

客户管理精细化，就是要求创业者立足于客户价值的基础，对客户的历史价值、现实价值及潜在价值做出研判，并在此基础上对客户进行业务开发规划。同时，根据客户的价值贡献，对客户实施动态化、差异化管理，在培育客户的同时，获取客户最大的价值回报。精细化客户管理要求创业企业在客户管理过程中，注重细节、数据和工具，而不是仅凭经验、直觉和判断，"拍脑门"是拍不出效益来的。

客户管理精细化包括两部分内容：第一部分是客户的精细化开发。即便是创业企业"等米下锅"，在客户开发上也要对客户的历史价值、现实价值及未来潜力价值做出研判，以此确定是否要提供服务，以及提供什么样的服务。如果创业企业开发的是商业客户，那么多是长期合作，就更要对客户的价值做出判断。即便是开个小店，创业者也要认真考虑这个问题。如经营提供外卖服务的小饭店，创业者就需要考虑最低起送量、配送可服务区域半径等问题，否则就可能做赔本买卖。第二部分是客户的精细化管理。本书多次强调，要抓常客和大客户，要注重深度开发。这就要求企业对客户进行长期管理，根据客户的现实价值与未来价值，提供恰当的政策，以此孵化客户价值并使客户价值潜力得以释放。

为实现客户精细化管理，创业企业要做到以下两点：

1. 客户分周期管理

客户存在生命周期，按照其生命周期发展阶段来归集和管理客户信息是客户精细化管理的基本要求。创业企业要关注客户终生价值，要关注客户生命周期价值，即同一客户在与企业保持合作关系的整个生命周期内，为企业创造的价值总和。企业可依据客户生命周期对客户分类，可以分为待识别客户、潜在客户、销售机会、订单客户、用户等，针对不同周期客户的特点实施不同的管理。另外，创业企业还要关注客户购买周期。无论创业企业是面向个人客户，还是面向商业客户，客户购买与消费都是有周期的。这很好理解，如美发店，顾客不可能天天去理发，而是要头发长了或者发型发生了变化才能再次光顾。虽然不同的客户购买周期不同，但是创业企业还是可以从中发现一些规律。如果创业者能够准确识别客户购买或消费周期，针对客户提供提醒服务或者及时做出购买激励，客户很可能会再次采取购买行动。如保健品商店发现顾客只购买了可服用 10 天的保健品，那么从第 7 天的时候就可以采取回访行动了，如给客户打电话、发电子邮件，或许顾客第 9 天就会上门购买了。

2. 客户分价值管理

客户分价值管理，其本质是对客户进行分类管理。传统的营销观点认为，客户就是上帝，企业对所有客户无论大小都应一视同仁。实际上，今天这条看似合理的游戏规则已被打破，取而代之的是将客户分成三六九等，因为越来越多的企业发现80%的收入是由20%的客户带来的，甚至有些企业90%的赢利是由不到10%的客户创造的。利润的核心贡献者主要是常客或大客户。因此，创业企业要根据客户价值分类，对客户实施动态化、差异化管理，并对客户优胜劣汰和优化组合。这样不但有利于创业企业降低客户成本，提升客户利润贡献，而且有利于创业企业把优势资源集中使用在那20%能给企业带来核心利益的关键客户上。

（二）客户精细化管理的细节

客户精细化管理主要包括以下七个关键性细节：

1. 客户价值识别精细化

创业企业进行客户价值识别，目的就是要找到真正的"上帝"，进而面向他们进行销售。这由两部分工作组成：第一部分是客户价值界定，或者说进行客户特征描述。对于个人客户来说，包括性别、年龄、职业、文化、民族等等；对于商业客户则包括行业性质、客户规模、地理区域、需求特征等方面。第二部分是客户价值调研。对目标客户进行购买需求、财力、信誉等方面的调查研究，以判断其是否具备成为客户的条件。

2. 客户价值获取精细化

当创业企业锁定目标客户后，下一步就是要进行客户开发。在此过程中，创业企业需要制造与客户的接触点，这是获取客户的前提。基于此，对于客户价值获取精细化又可分为两部分：一是制造最具投入产出比的接触点。接触点包括人员接触、广告接触、活动接触、网络接触、信函接触、电话接触等等。众多的接触方式，可能成本不一、效果也会有所差异，因此创业者要选择最恰当的接触方式。二是客户沟通精细化。在与客户沟通过程中，既要注重细节，又要力争降低成本。如销售人员上门拜访客户一定要事先约好，不浪费时间。在与客户交流过程中，也要尽可能少花钱多办事……

3. 合作模式精益化

在创业企业与客户合作模式方面，要能体现出合作上的低成本、高效益、高效率。为此，创业企业要注重两方面工作：一是业务模式；二是业务流程。本书曾对此做过探讨，在此不赘述。

4. 客户分类精益化

对客户进行分类，不同行业、不同企业的方法不尽相同，如按客户购买规模、按客户利润贡献、按客户的购买周期、按客户价值等等。但针对创业企业实际，最佳的客户分类方法往往只能有一个，这要因行业、企业不同而异。对客户进行分类是为了制定政策并提供价值，使资源（产品、服务、政策等）与客户匹配。因此，客户分类是否准确，直接关系到政策的合理性与政策资源是否会造成浪费。创业者制定客户管理政策一定要针对客户的真实价值需求，这样的政策才能赢得客户心。

5. 价值添加精益化

价值添加精细化也就是价值交付精细化。这主要包括两个重要方面：第一个方面是以最精益化的方式交付价值。如客户需要一台设备，创业企业需要考虑的是自行派车运送，还是要通过物流配送，以做到运输成本最低；在设备安装调试上，是厂家直接派员，还是委托当地的服务商，以做到服务交付成本最低。第二个方面是价值资源能够为客户最大化利用。如何让创业企业的价值性资源最大化地为客户接受或利用，这也是精细化管理的一个重要方面。否则，客户利用不好，也是创业企业的失败。

6. 信息精细化管理

对于信息精益化管理，主要要求创业者做到两点：一是不管客户最终

是否与企业合作，只要接触客户，即便不购买产品或不接受服务，也要让客户留下信息：意见或建议，以用于改善经营、提升服务水平；二是要具备甄别、加工、分析、利用信息的能力，读懂信息的本质，这是有效利用信息并把信息价值最大化的前提。

【阅读思考】

1. 什么是客户价值？为什么说客户价值是项目市场运营的主线？

_____

_____

_____

2. 什么是客户参与式营销？如何通过客户有效参与来提升其价值？

_____

_____

_____

3. 对于客户价值管理，创业企业要遵守哪些基本规则？

_____

_____

_____

4. 什么是现实客户？如何挖掘现实客户的价值与潜力？

_____

_____

_____

5. 什么是精细化客户管理？创业企业如何实施精细化客户管理？

_____

_____

_____

第九章
创业路上的"十字路口"

思想的动摇并非正确与错误之间左右不定，而是一种理智与非理智之间徘徊。

——［瑞士］荣格

一　先要利润还是先要市场

按照常规的经营思维，企业销售的产品越多赚钱就越多。但实际上却未必如此。一些企业虽然销量不大，但利润却很丰厚；相反一些企业，销售量很大，但利润却很微薄。对此，很多创业者都感觉到困惑：我不断提升销售、扩大市场占有率难道错了？别人赚到了那么多钱，而我却赚得很少，问题究竟出在哪里？其实，之所以出现这种情况，就是项目销售价格和运营成本这两大因素发挥了作用，要知道利润不仅仅取决于销量，还与销售价格、运营成本密切相关，它们决定着创业项目的经营利润率。

正因如此，一个令创业者倍感矛盾的问题出现了：创业项目的市场启动，是应该低价销售，还是高价销售呢？低价销售有利于扩大市场份额，但是却会降低项目的利润率。这对于创业者来说，似乎很难做出抉择。因为创业企业往往既想快速打开市场，又想尽快收获利润并使其实现最大化目标。然而市场份额与项目利润率就如鱼和熊掌，很难兼得。既然如此，创业者应当如何根据创业项目的实际情况做出抉择呢？

（一） 市场与利润哪个更重要

对于"市场与利润哪个更重要?"这个问题的本质可以表述为：创业企业是先取"势"，还是先取"利"。所谓取"势"，是指创业企业以尽可能快的速度进行市场覆盖，乃至实现大规模市场占有与客户占有，这通常是规模较大的企业的做法。采用这种做法的创业项目多为市场辐射性广、市场潜力大、目标客户群体广泛的民用项目，如消费品生意或民用服务项目。而取"利"则是创业企业在市场相对狭窄、目标客户数量较少、市场辐射能力有限的情况下采取的经营策略。采取这种经营策略的项目往往是一些区域性项目、奢侈品项目、高技术含量的创新型项目等。

下面就分两种情况来探讨以价格为核心的创业经营策略：

1. 市场潜力及市场规模大

对于市场潜力和市场规模大的项目，创业企业适宜先取"势"再取"利"。在创业项目销售定价策略上，适宜采取市场渗透定价，即企业为吸引大量客户把创新产品的价格定得相对较低，以尽快提高市场占有率。从营销实践上来看，创业企业采取市场渗透定价还需要考虑项目是否有现实的市场需求，且市场需求对价格极为敏感。只有抓住市场需求这个基础条件，低价才会刺激市场需求迅速增长，市场占有才会快速实现。同时，创业企业的运营成本和经营费用也才会随着项目运营经验的增加而下降，更重要的是此时的低价还不会引发现实或潜在的竞争。此外，低价还为潜在的竞争对手进入设置了壁垒，通过降低项目利润空间大大降低了潜在竞争对手参与角逐的兴趣。

2. 市场潜力及市场规模小

对于市场潜力和市场规模都较小的项目，创业企业应采取先取"利"再取"势"的策略。在定价策略上，创业企业适宜采取撇脂定价法，即企业在项目市场开发之初设定高价，以求在最短的时间内收回开发成本。然后再从市场中一层一层地撇取收益。成本回收之后，剩下的就是利润的经营期。采用这种定价方法，对于市场价格经常变动的经营风险有很大的适应能力。不过，撇脂定价法在一定的条件下才具有合理性：一是项目质量和形象必须能够支持产品的高价格，并且有足够的购买者需要购买。二是即便小规模生产或销售，项目运营成本也不会高到抵消设定高价格所取得的利润。三是竞争对手不能轻易进入该项目市场进行压价。如果缺少了这三个基础条件，撇脂定价法只是空想。例如软件行业，它的更新换代周期特别短。所以，要在新的产品推出市场之前，尽快把成本收回，只有这样才能在竞争中立于不败之地。再如奢侈品尽管销量有限，但是经营者却照样赚钱，就是因为奢侈品定位中高端，能够支持高价格，利润空间巨大。即便是竞争对手进入一般也不会在价格上大做文章。

（二）低价获取市场要讲究策略

很多创业项目具有很强的原创性，在市场上少有竞争，甚至几乎没有对手。这时，低价虽然有利于快速打开市场并迅速扩大市场占有，但却容易失去赚钱机会。在这种情况下，使用低价策略未必是理性的举措，而应先取"利"再取"势"。那么，对于创业企业，在什么情况下，可以考虑以低价策略来快速占有市场呢？又应该采取怎样的价格策略呢？

1."放水养鱼"策略

所谓"放水养鱼"，即通过低价或免费策略吸引客户，先通过必要的投入来培育市场，待客户认可或形成购买习惯后再收费或进行商业性涨价。这种策略常见于商业招商项目，即商铺，项目方往往以优惠政策吸引业主加盟，待商铺生意兴盛时再进行收费或商业性涨价。当然，采取这种模式的不仅是商业项目，还有一些网络项目。如淘宝网商户在网站免费经营店铺。但其眼前的免费，未必是终身的承诺，网站的经营者很可能是在等待网购市场的充分成熟。淘宝网要想赚钱，首先要开店的商户得到实惠。等到时机适宜，即使收费，这些网上开店的用户也不会跑掉之时，淘宝网可能就会伸手要钱了。通过这种模式，先占有客户，再长期拥有客户；先掏钱"养商"，再要商家"还钱"，这就是"放水养鱼"策略的经营之道。

2. "资源掠夺"策略

《哈佛商业评论》（中文版）2008年12月号刊登了一篇非常有价值的文章，《"免费"客户价值几何》。在这篇文章中，作者苏尼尔·古普塔（Sunil Gupta）和卡尔·梅拉（Carl F Mela）提出了这样一种商业模式：公司通过向某一类客户收取少量费用或提供免费服务，来吸引足够数量的同类客户。然后，再依靠他们大量吸引另一类客户，而后者贡献的收入将大大超过公司获取和服务前者的成本。据作者估计，全球最大的100家公司中，有60家的大部分收入都源于这种商业模式。采取此类模式的企业包括大型购物中心、房地产经纪公司、信息技术提供商、拍卖行、印刷和网络媒体、职介和婚介服务机构等。婚介服务中常见的女会员免费入会男会员收费即是一例。再如房产中介，有时对房源一方免费登记，而将服务收入取自租房者或买房者也是这一模式的运用。通过这种模式，可以有效获得并占有一定的营销资源，成为创业企业经营的资本。

3. "母子产品"策略

所谓"母子产品"策略，即创业企业在产品或服务经营上，把产品或服务分为基础产品（或服务）与后续产品（或服务）。其中，基础产品（或服务）低价销售，而主要从后续产品（或服务）获利。为此，创业企业要首先推出一个可以扩展的基础产品（或服务），在以后的使用中，一直要与其后续产品（或服务）搭配才能发挥功效。在客户购买了基础产品（或服务）后，不得不长期购买其后续产品（或服务）。基础产品（或服务）的销售额和利润可能都不高，但其后续产品（或服务）的利润却是持续稳定而极具吸引力的。这种模式很好理解也有很多现实案例，如照相机属于基础产品，而胶卷、存储卡等则属于后续产品；剃须刀属于基础产品，剃须刀片则属于后续产品；打印机属于基础产品，墨盒属于后续产品；电热灭蚊器属于基础产品，蚊香片属于后续产品；通信领域里的移动电话是基础产品，而话费服务则是后续产品……创业企业可以充分利用这一策略，通过低价推广基础产品（或服务），争取较大的市场份额，在此基础上收获丰厚的后续产品（或服务）利润。

二　永远"单拼"还是适时引进战略合伙人

每个创业者在做出创业的决定后，都会首先遇到这个问题：是自己单枪匹马地拼，还是与人合伙集体上阵打天下？道理上是这样的：创业已非纯粹追求个人英雄主义的行为，团队创业成功的几率要远高于个人独自创业。虽然道理如果，但现实的情况却是：有人凭一己之力闯出了一片天地，也有人却因身单力孤败下阵来；有的合伙创业因企业内部"龙虎斗"而使本已形势大好的事业半途而废，甚至合伙人之间对簿公堂，反目成仇，有人则因合伙人同舟共济打下了天下，最终干出了一番大事业……可见，合伙创业和个人单干各有利弊。

很多企业在创业获得成功后，却应了"合久必分，分久必合"的古语，合伙人之间开始拉山头、闹矛盾、搞分立。据国外一家研究机构对100家成长最快的小公司所做的调查发现，其中有一半的创业团队无法在公司头五年中顺利存活，而钱德勒与汉克斯（Chandler&Hanks，1998）在他们所研究的12个创业团队的个案中发现，只有两家在创立后的五年后创业团队还保持着创立初期的完整阵容。

无论是创业伊始，还是创业途中，都可能会引进合伙人或战略合作者。这不是一件小事。因为合伙人的加入有机会也有风险，有优势也有劣势。不过，劣势与风险的存在不是彻底否定合伙创业的理由，因为在某些特殊环境下，合伙创业是成功的必然选择。

（一）创业起步是否要"单拼"

几乎所有的创业者都有这样的心理：既然选择了创业，那就要做一个真正的老板。那么，在创业者心中怎样才算是真正的老板呢？大致有四点：一是投资方面，要是全额投入；二是资产方面，要全部为创业者本人所有；三是决策方面，有绝对的拍板权；四是权力方面，在企业内部拥有至高无上的绝对权力。如果创业者持这种心理，在很多情况下，对于创业企业经营是有害的，这在很多方面都有所体现：在资金使用方面，不愿意融资；在工资分配方面，吝啬专断；在决策方面，由于过于主观，难免有失偏颇，必然要吃大亏；在权力方面，由于过于集权，无法调动创业团队员工工作的积极性……

创业者要认识到合伙创业的优势，如可以拥有更多的资源、更多的经营智慧等等；要选择最恰当的合作方式与合伙人合作。既要让合伙人把创业企业当成自己的企业，做到全身心投入，又保证在合伙创业过程中拥有合理的权益。创业者可以根据实际情况，从下述两种合作模式中做出抉择：

1. 有资本联系的合伙

合伙人在法学中通常是指以其资产进行合伙投资，参与合伙经营，依协议享受权利，承担义务，并对企业债务承担无限（或有限）责任的自然人或法人。这也就是指合资经营或者说股份合作模式。合伙人参与合伙经营可以以货币、实物、土地使用权、知识产权或者其他财产权利出资，只要合伙创业各方认可，并符合《公司法》及合伙创业的相关法律法规即可。创业者如果既需要目标合伙人的"钱"或"物"，又需要目标合伙人这个"人"，就可以考虑采取以资本为纽带来建立合伙关系。

2. 无资本联系的合伙

没有资本联系的合伙创业是一种虚拟合伙制：第一种是干股模式。合伙人不持有创业企业的资产或股权权利，但却拥有按约定比例进行利润分红的权利。第二种是契约合作模式。作为合伙人，可以自由承揽业务，或接受企业委派的业务，将收益按一定比例分成。这是一种新兴的合伙模式，在律师服务、咨询、广告等行业领域应用广泛。这种无资本联系的合伙创业方式主要是想长期而稳固地留住目标合伙人，一般看中的是目标合伙人的个人能力。

（二）合伙创业过程中的烦恼

合伙创业固然优势众多，但也确实存在很多问题。如果处理不好，不但会给创业者带来烦恼，更会对创业企业产生不良影响。其中最主要的问题是内耗，这往往是企业经营最大的成本。同时，也是企业的隐形杀手。

总体来说，在合伙创业过程中，最容易产生以下三方面矛盾和冲突：

1. 决策冲突

对于合伙创业，合伙人之间可能会在重大问题的决策上产生重大矛盾与冲突。在决策过程中，由于决策群体在成员构成、成员所处位置、考虑问题的角度等方面的差异性，因团队成员意见不一致而产生决策冲突是难免的。但这种群体决策冲突很容易引发一个严重的后果，就是决策者意见分歧、观点冲突导致长期争论不休而使决策难产。这对于创业企业来说是最致命的，决策需要讲究效率，经营强调快速反应。这种意见冲突产生的决策成本也是一种不可忽视的外部成本。

2. 利益冲突

即便合伙人在合作之初明确确立了利润分配规则，但也有可能难避免日后的利益冲突。因为在创业企业运营过程中，不同合伙人所发挥的作用有所不同，给企业创造的经营业绩也不同。这时，经营业绩突出的合伙人可能就会感到心理不平衡。久而久之，积怨就可能会爆发，产生矛盾与冲突，甚至带走员工、另立山头。很容易导致创业企业分崩离析。

3. 人事冲突

在合伙企业中，一些合伙人为提升自己在企业内部的话语权、影响力会向创业企业内部安插"心腹"或者说"亲信"。当然，也有很多合伙人并无这种意识，单纯是为了给亲朋好友提供工作机会。但是你也想安插，他也想安插，工作机会是有限的，这时就容易出现矛盾。有些安插进企业的员工也会觉得自己有靠山，在企业内有恃无恐，难于管理，甚至产生小帮派彼此勾斗。可见，人事冲突可以从合伙人之间延伸到下属、员工。

（三）战略合作者的引进规则

即便创业者在起步阶段没有与人合伙进行群体创业，但这并不意味着创业途中永远"单拼"。不过，对于在创业中途引进合伙人，确实需要创业者进行审慎考虑。因为这种情况下，创业企业引进的合伙人往往是战略合作者。

对于以下四种情况，创业者可以考虑引进战略合作者：

1. 关键资源缺失

对于创业企业来说，什么是关键性资源？如资金，没有资金经营循环将中断；人才，指那些手中掌握关键客户资源的人才；品牌，品牌可以快速成就一门生意；专利，具有良好市场前景的专利项目；厂房，投资很大的基础设施……对于手中掌握这些关键性资源的人，创业者可以通过合伙的方式获得这些创业企业所缺少的资源。

2. 重大能力缺陷

企业能力是指企业在生产、技术、销售、管理和资金等方面力量的总和。创业企业要想生存，就要在市场上具备竞争力，而竞争力则是由组织能力决定的。企业组织能力主要分为三种：技术能力、功能性能力（产品开发能力、生产能力、营销能力）和管理能力。组织能力来源于企业核心员工的个人能力。当创业企业存在某种重大能力缺陷，而又无法通过聘用人才或与人才松散合作来解决时，就只能考虑引进战略合作伙伴了。

3. 重要机会把握

生意场上自有其利益法则：要想获得某种利益，就必然要牺牲另一种利益。机会总是留给有准备的人，创业者如果不适时地引进新的合作伙伴，就很可能错失扑面而来的机会。至于一个机会有多重要是不可简单概括的。它可以使创业企业起死回生，也可以使创业企业再上新台阶。

4. 战略性退出

创业者引进战略性合作者，也可以为自己战略性退出做一个铺垫。对于这个过程，创业者可以分四步走：第一步是进行资源与资产盘点清算；第二步是确定引进战略合作者方案；第三步是引进战略合作者，参与企业运营；第四步是进行资产或股权转让，即转让给合伙人，进而实现战略性退出。

三 项目遭克隆，是转项还是创新

在2009年中央电视台的春节晚会上，二人转艺人"小沈阳"因小品《不差钱》一炮走红，接下来在中国大地上掀起了模仿小沈阳的热潮，这是由娱乐因素引发的驱动效应。对于创业项目也是一样，一旦某个创业项目在市场上业绩飘红，那么同样会引来一批克隆者，这是受经济利益驱动所致。克隆原意是指幼苗或嫩枝以无性繁殖或营养繁殖的方式来培育，也可以理解为复制、拷贝，就是从原型中产生出同样的复制品。虽然创业项目无法被彻底克隆，但却可以被部分克隆，甚至以假乱真。对于那些模仿、跟风、假冒或复制的创业项目或创业者，我们不妨称其为"乱市者"。对于"乱市者"的出现，可能很多创业者不屑一顾。但创业者要知道，任何一条"鱼"的出现，都会分食市场。尤其创业者在市场上立足未稳、品牌尚未形成之时，客户本身就未建立明确的品牌识别，这时"乱市者"出现将会产生极大的破坏力。创业者首先不要轻易跟风他人的成功项目，同时更要注意防止自己的项目被别人跟风、模仿、假冒或复制。

（一）创业项目如何被克隆

当一种创业项目开始热销，就难免会被那些挖空心思赚钱的人打主意。这就是市场趋利法则。那么，那些模仿、抄袭与复制者会怎样做呢？

1. 研究项目

那些跟风、模仿或复制者在看到一个项目在市场上走红后，往往会首先研究项目。如果创业项目技术性不强，那么很容易就可以模仿、跟风或复制。如果技术性很强，这些"乱市者"也不会轻易放弃，甚至采取先进的科技手段研究创业项目。如在碳酸饮料行业，很多竞争对手都在努力破解可口可乐的配方，甚至在实验室中反复研究可口可乐的配方和成分。通过对创业项目进行研究，为下一步模仿设计和试制做准备。

2. 模仿试制

在这一阶段，那些跟风复制者开始对项目进行设计和试制。这种设计和试制往往立足于品质比对的基础上。通常，这些跟风复制者要进行多次试验、试制和测试，直至仿冒品在品质上已无大的缺陷为止。只有做到这一点，项目上市后才能对先行者具备一定竞争力。实际上，这些"乱市者"甚至高超得可以让仿制品的品质几无缺憾，甚至以假乱真，蒙蔽客户的双眼。

3. 规划包装

在这个阶段，跟风复制者会立足于市场先行者的项目运营经验，取长补短，进行市场规划与项目包装。仿冒者在项目包装方面往往是采取打"擦边球"的办法，取势取利于市场先行者，以混淆客户的视听。

（二）创业项目被克隆的危害

那些容易被克隆的创业项目一般多具有以下几个特点：首先，技术含量低，技术门槛低，基本不存在技术壁垒。其次，非原创性，这类项目基本无任何秘密可言。再次，大众性项目，老百姓都可以尝试。最后，热门项目，越是热门项目，跟随者就越容易蜂拥而至。可以说，容易被克隆的创业项目其市场生命周期往往相对较短。

总体来说，一旦创业项目遭遇克隆，可能会给创业企业造成四种危害：

1. 市场秩序混乱

可以说，一旦创业项目被跟风复制，企业必然会陷入过度竞争和恶性竞争的泥潭。过度竞争的结果是供过于求，为求生路，竞争对手之间的必然走向恶性竞争。起初还可能是价格竞争，但当有些企业在无力承受价格战的时候，就开始打产品或服务的主意，如降低产品或服务质量，以次充好。结果，劣质产品损害了整个行业的利益，影响客户的购买信心。

2. 市场份额被分割

俗话说，"没有不开张的油盐店"，任何竞争对手的出现都会分流客户。虽然竞争对手的加入也有利于拓宽行业市场，但那要有一个前提，就是行业良性竞争。而跟风复制者在任何行业市场都只能是搅局，而难以促成行业整体的发展，因此他们的出现所带来的必然是市场先行者利益上的损失。

3. 品牌形象容易受损

客户是有判断的，尽管这种判断可能是错误的，也有可能张冠李戴。可以这样说，如果哪个行业领域过热，那么在这个行业领域内多半就会出现害群之马。1993年，中华鳖精借着当年马家军的田坛神话着实风光了，在保健品市场上叱咤风云，业绩骄人。但后来《焦点访谈》记者通过实地暗访发现，偌大一个鳖精厂仅有一只鳖，那成箱运到市场的鳖精产品只不过是冒充鳖精的红糖水。此节目一出，鳖精保健品立即成了过街老鼠。这时即便真的有其他品牌的真品鳖精恐怕也会受到牵连，导致形象大损。

4. 经营成本费用上升

创业者为了应对来自"乱市者"的袭扰和恶性竞争，必然会付出更多的精力、时间和资源，从而直接导致经营成本上升。举例来说，以下成本费用可能就是在所难免的：权益维护费用、品牌强化费用、广告促销费用、人员成本、渠道建设与维护成本等等。

（三）防止克隆重在事先防御

古语云："凡事预则立，不预则废。"为了防止创业项目被克隆，创业者一定要把防御工作做在前面。对于事先防御，创业者可以从下述三方面着手：

1. 技术防御

所谓技术防御，就是要对项目的核心技术进行防御性保护，包括知识产权层面的保护与技术应用层面的防御性保护。就此，创业者可以从两个方面来考虑：一是申请法律保护，如申请专利技术保护。二是技术诀窍保密，严防外泄。这就要求创业者慎重聘用员工，并建立保密机制，以确保技术保密。一旦核心技术被员工所掌握并因此流失就是非常危险的，甚至会对创业企业形成致命打击。

2. 品牌防御

品牌防御主要是品牌名称及品牌形象保护，创业者可以通过商标文字及图案注册来实现。美国加州牛肉面在中国曾一度出现很多"克隆店"。有些"克隆店"甚至做到了以假乱真。首先，店面文字名称相同，都是"美国加州牛肉面"；其次，在视觉识别上都采用"李先生"的头像；再次，在"李先生"头像周边，虽然没有注上"李先生"三字，但却写上了"季先生"的字样。如果顾客不仔细看，很难看清"李"与"季"，这就会对客户形成误导。

3. 渠道防御

所谓渠道防御，就是创业企业授权并许可专有渠道销售产品或提供服务，以此来实施项目保护；或者创业企业在宣传过程中，提醒客户到自己的直营销售网点购买产品或接受服务。这些措施是非常有效的。这常见于以下三种情况：第一种是自建产品或服务销售渠道；第二种是与合作伙伴共同建设产品销售或服务渠道；第三种是特许销售或服务渠道。通过有效的流通渠道控制，有利于进行项目权益保护。

（四）遭遇克隆该如何应对

如果创业项目遭遇跟风、模仿甚至复制，作为创业者，应该如何应对呢？

1. 法律维权

对于在法律层面上存在侵权的杂牌，创业者可以通过法律途径来清理市场。对于法律维权，可以从以下两个角度寻找突破点：一是从知识产权保护的角度；二是从竞争行为角度。创业企业法律维权的主要依据是广告、不正当竞争、商标、专利等方面的法律法规。企业可以要求侵权者停止侵权，同时对经济损失进行索赔。

2. 强化品牌

市场越是混乱，创业者越要增强品牌的可识别性，让自己的招牌更加夺目。强化品牌可以围绕以下几点着手：首先，创业者要着力提升企业、品牌及项目形象，包括理念、视觉、行为三个层次。其次，积极打造"先行者"形象。先入市者为王，不但要在形象上第一，还要在标准上做到第一，如产品标准、服务标准、技术标准，并且要对标准加以推广，在标准上更胜竞争对手一筹。再次，创业企业要进行必要的品牌宣传推广活动。最后，聘请典型客户作为形象代言，这种方式最具说服力，并且成本较低。

3. 清理市场

创业企业清理市场除了依靠法律手段外，还可以采用竞争手段。采取竞争手段，创业者一定要基于自身的优势。如果项目销售具有低成本优势，则可以通过成本来强化竞争；如果项目具有品质优势，那么可以通过强化客户体验来强化竞争；如果创业企业具备技术优势，则可以通过更好的技术、更好的产品或服务来脱离眼前的恶性市场竞争。

4. 强化服务

作为创业者，千万不要以为客户的眼睛已经被那些"乱市者"所蒙蔽。其实并非如此。客户的眼睛是雪亮的，客户购买那些"乱市者"的产品或接受他们的服务，是因为客户有选择他们的理由，或者品质相近，或者价格便宜。客户在购买行为上习惯于货比三家，同等质量比价格，同质同价比服务。只要创业者强化服务，尤其是关键细节上服务，夺回客户的机会很多、很大。要知道，服务是差异化营销的最大做点，其中有很多文章可做。

四　面对商机诱惑，是固守还是挺进

创业实际上是一个发现商机、占有商机并收获商机的过程。但创业者不应什么钱都想赚，而是要立足于自身的优势领域去谋利，这就需要创业者具备一定的定力：对项目专一、专心、专注，敢于对各种商业机会的诱惑说"不"。要知道，每个成功的企业都有其独特的利润发动机，即立足于各自的专业领域去赚钱。要创业者视很多商机如不见，对于创业者来说是一个巨大的挑战，因为资本的意志就是生财。但是大学毕业生作为初次创业者必须"禁欲"。网际快车信息技术有限公司总裁黄明明有这样一段精彩的表述："在创业过程中，如果说压力，我认为选择什么不做是非常大的压力。因为在这个过程中受到的诱惑太多了，每一个新的概念都可以做很大的东西。在商业上的策略不是决定做什么，而是决定不做什么。"

（一）　创业不是观光看风景

作为创业者，要意识到创业不是观光看风景，哪里风景好就到哪儿去看，或者哪里人多就到哪里看。面对种种商机，创业者必须具有良好的自我把持能力或者说定力。在第一个创业项目没有被证明可以成功或者无法成功之前，创业者一定要慎重操作下个项目。不但不要去做，甚至不要去想。否则，不但第二个项目不容易获得成功，反而会影响到第一个项目的成功。尤其是在经济危机的特殊时期，创业投资重在稳重。在金融危机的冲击下，银行信贷紧缩，企业的业务范围、投资意向、心理预期都要收缩。在这种情况下，资金链的安全至关重要。如果同时操作多个项目，资金很难保证。因此，无论是投资还是创业，首先要做的都是抗拒诱惑，而不是抓住机遇。简单地说，就是要创业者有说"不"的勇气。那些失败的创业企业往往具有一个共性，那就是没有抵挡住诱惑，结果使企业战线过长、摊子太大、负担太重，最终面临难以收拾的败局。作为创业者，必须树立责任意识，对于任何创业项目都必须看准吃透，然后再考虑进入问题，切不可盲动。

1. 只见机会不见风险

虽然可以对新项目的机会与风险进行必要的预测与评估，但是更大的风险往往难于探及，而灾难可能就深藏其中。很多创业项目在论证时，被认为有着非常好的市场潜力与市场前景。但运作上市后却发现，市场很难启动。原因何在？就是因为论证中过多考虑了理想状况，而忽视了难于预测的风险变化，在这种情况下做出的"项目可行"结论，存在偏差也就很正常了。在这方面，马云为创业者做出了必要的提醒，"一个公司在两种情况下最容易犯错误：第一是有太多的钱的时候，第二是面对太多的机会，一个 CEO 看到的不应该是机会，因为机会无处不在。一个 CEO 更应该看到灾难，并把灾难扼杀在摇篮里"。

2. 项目过多资源短缺

可以说，任何一个创业项目都要消耗创业者和创业团队的时间、精力与资源。操作一个项目无论对创业者来说，还是对创业企业来说，都是不小的负担。对此，马云曾经做了一个精彩的比喻：阿里巴巴在路上发现小金子，如果不断抬起，身上装满的时候就走不动了，那他就永远到不了金矿的山顶。因此，不如不管小金子直奔山顶。确实如此，作为创业者必须清楚什么是"西瓜"、什么是"芝麻"。现营项目往往就是"西瓜"，而对于创业过程中遇到的新商机，即便看似很有前景，也应当首先视其为"芝麻"再细加考察。

（二）有些商机必须坚决放弃

任何创业企业的创立、发展、不可替代资源的获取以及核心竞争力的形成都是有一定的内在和外在原因的，一家企业之所以做一件事而非做另一件事，也是受一定的逻辑和规律所支配的，而不是决策者"拍脑门"就可决定的。在全球范围内，多元化经营总体来讲并不是一种成功的经营模式。当然，也不乏成功的个案。下面以经济最为发达的美国为例，"财富100强"的前十名公司中有两家石油公司、两家汽车公司、两家电信公司、一家零售公司、一家金融公司和一家技术公司，其中只有通用电气一家是多元化发展的大型企业集团。绝大多数跨国企业都有鲜明的主营业务，一提企业名字，很多人都能说出这些企业主营业务是什么。也就是说，这些企业的主业很突出。在很多行业领域里，全球领先的跨国巨头的发展趋势不仅不是多元化，恰恰相反，却都在通过出售或者分拆，试图把没有核心竞争优势或整体利润率较低的业务剥离出去，向优势的专业领域回归。

正因如此，创业者一定不要轻易把经营业务多元化，多元化经营往往是一个陷阱。所谓多元化，又称多角化，是指企业同时经营两和以上基本经济用途不同的产品或服务的一种经营战略。多元化包括产品或服务的多元化、市场的多元化、投资区域的多元化和资本的多元化。而一般意义上的多元化经营，则多指产品或服务经营的多元化。对于企业来说，只有在下面两个条件同时满足的情况下，才应该考虑多元化经营的问题：第一，企业已经在自己的主体市场做到了绝对或者相对领先；第二，这个市场确实已经开始呈现饱和状态，增长放缓，竞争加剧，利润率下降。

实际上，很多企业都因误入多元化误区而惨遭失败。在中国，这样的失败案例比比皆是。很多成功企业在经历多元化之后也开始反思，并着手于业务调整与削减，改变业务分散的多元格局，甚至砍掉多元化业务，向专一业务领域回归，如房地产行业的龙头企业万科集团。万科集团董事长王石从万科成功的 100 条理由中择取出最关键的一条，就是"万科专业，只做住宅"。这种住宅的专业化打造，被业内戏称为万科的传家宝。可见，小企业更要注意，一定要力争专业化。因为小企业更禁不起折腾，出现一次差错可能就会前功尽弃、满盘皆输。

（三）什么样的商机值得驻足

虽然创业者在创业路上要专心、专注、专一，但并不是要创业者视所有商机为不见。在一些特殊情况下，对于新项目、新商机可以尝试，不过这要有很强的原则性。

那么，什么样的商机才值得创业者考虑呢？

1. 与现营项目的相互关联性

创业者必须认真判断新商机与现营项目的关联性。对于关联性，可以这样理解：一是产品或服务的同类性。同类性强的新项目可以实现新老项目之间在资源上的共享，提升资源利用效率。二是产品或服务的互补性。互补性强的新项目与老项目之间能够相互促进、相互带动，在拓展市场上相互提升，实现良性带动。

2. 与现营项目的资源匹配性

创业者操作新商机也是要消耗资源的，这可能会使现营项目的资源得不到保障。要知道，大学毕业生创业，资源短缺往往是最为严重的问题。但是，如果新商机能够与现营项目共享资源，而不会增加更多的或者说企业难于承受的资源消耗，或者可以盘活现有的闲置资源，那么这样的新商机创业者还是可以考虑的。

3. 与现营项目的市场共生性

新商机必须在市场上不能与现营项目相冲突，它与现营业务必须是共生的，甚至是相互促进、相辅相成的互补关系。如果在市场上相互掣肘，彼此分割市场，那么就要坚决放弃新项目。新老项目的冲突可以表现在多个方面：一是项目之间在市场上的竞争冲突，相互蚕食市场份额；二是项目之间在市场上的文化冲突，包括民族文化、消费文化等层面。

五　创业遇困境，是继续坚持还是果断放弃

有位管理学者曾讲过这样一句话："创业，其实人人都会成功。只是有些人被陈腐观念所束缚，也就失去获取成功的最佳时机，未能成为幸运的宠儿。"其实，创业者不但会错过成功的时机，也很可能等不到时机的来临，便已经撤离战场了。从这个角度来说，创业是一个捕捉时机、谋势而动的过程，成功创业离不开"天时"。

当创业企业经营陷入困境之时，创业者可能每天都在期盼奇迹的出现，甚至做着赌博式的挣扎，尝试种种可能奏效的努力。就如管理专家汤姆·埃弗林（Tom Evslin）所说的那样："如果公司还未站稳，你就得每天下一次赌注。"即便如此，更多的企业依旧会行走在黑暗之中，看不到黎明的曙光。在这种情况下，是坚持还是放弃往往会成为困扰创业者的最大烦恼。虽然很多大师或专家关于"坚持"言辞可谓磅礴而富有激情，诸如约翰生的名言"成大事不在于力量的大小，而在于能坚持多久"，还有如"如果在胜利前却步，往往只会拥抱失败；如果在困难时坚持，常常会获得新的成功"。但是，无谓的坚持是痛苦、艰难的，甚至会使企业在困境中越陷越深。正因如此，面对创业困局，解决"是坚持还是放弃"这一论题具有至关重要的意义。

（一） 坚持或许就会峰回路转

创业的坚持有两方面的含义：第一个方面是企业经营的坚持。这里的坚持可以理解为创业者即便面对困难，仍然努力支撑企业的经营局面，以待经营转机。第二个方面是经营业务的坚持。在创业过程中，很可能会要求创业者对经营业务（项目）作出取舍，或者把创业项目进行到底，或者中途更换项目，即转项。创业者把创业项目坚持到底也是一种坚持。

对于创业坚持，阿里巴巴的董事局主席马云可以说是一个力挺派，他曾在多个场合强调"创业贵在坚持"。马云 1995 年便开始致力于电子商务。按照他的说法，现在依托阿里巴巴平台成为千万富翁的几百名老员工不是因为聪明，也不是因为勤奋，而是因为坚持，因为聪明的人都已经另谋高就，勤奋的人到处都有，只剩下没有去处而坚持在阿里巴巴的人真正享受到了阿里巴巴的上市所带来的巨大回报，这些老员工大多都因持有阿里巴巴的股份而成为了百万富翁甚至千万富翁。但阿里巴巴毕竟经过坚持获得了成功，而对那些即便坚持到底最终还是难免关门厄运的创业企业，马云的理论还成立吗？可见，马云的创业坚持理论也不是放之四海而皆准的真理。要知道，创业路不同，各有各的难处，创业者只能根据自身的情况做出判断与取舍。

创业坚持也是要有目标的，至少要可以看到希望的天使未来可以降临。那么，创业者应当为什么而坚持呢？

1. 为市场转机而坚持

坚持是一种期待，坚持是一种希望。市场是有周期的，经济学家的研究结果显示，市场总是冷暖交替，每隔七年就会有一次轮回，没有永恒的旺市，也没有恒久的暗夜。如果创业企业身处淡市，为市场回暖而坚持也是可以理解的。本书前文曾就市场不景气的原因进行了探讨，并指明创业者要认真分析目前创业企业处于淡市的真正原因，以及企业是否具备继续

"挺"下去的资本，或者有无外部支援可以帮助企业在困境中坚持下去。

2. 为政策利好而坚持

如果创业项目市场不振是由于政策因素所导致，那么创业者就要认真考虑以下几个问题：政策是长期性的还是阶段性的？政策何时能解禁？政策松绑后能给市场带来哪些有利因素？……要知道，国家对不同行业有着不同程度的政策管制。政策走势可以分为四种情况：一是先紧后松。政策先是从严，然后逐步解禁；二是先松后紧，先是缺乏有效管理，初期管理比较松懈，嗣后逐步从严；三是政策稳定，变化不大，处于比较稳定的状态；四是暂时性政策管制，即根据阶段性工作需要，进行阶段性政策管制。如果创业企业所在行业属于敏感性行业，创业者要想坚持，首先要看是否可以等到政策的春天。其次，要分析政策春天的到来，对于创业企业经营会有多大幅度的提升。如果缺乏良好的预期，创业者坚持下去也没有意义。

3. 为资源拥有而坚持

获得不同的关键性资源可以为创业企业带来不同的转机。如获得资金，可以使企业增加促销投入或者让企业坚持更长的时间；获得人才资源，尤其是手中掌握客户的关键销售人才，可以有效提升企业销售业绩；获得渠道资源，可以促进产品或服务销售，大规模占有市场。笔者在某食品企业做销售经理时，手下有一名销售员离职创业了。他做了这家食品企业在某地级市的销售总代理，负责分销公司生产的系列产品。他与众多的创业者一样，历经万难，但市场做得仍举步维艰。眼看就要做不下去了，他也产生了放弃的念头，准备重新回原企业做销售员。但就在这关键时刻产生了转机。当地新开了一家大型超市，他代理的产品进入超市后，非常畅销。结果，他的代理生意不但不亏损，还有所盈余。现在他不但坚持下来了，还成为该产品在当地非常有影响的经销商。实际上这就是新兴渠道业态为产品销售创造了商机。如果创业企业仅仅因缺乏某项关键性资源而身陷困境，争取或获得这项资源又是有希望的，那么坚持就是有道理的，坚持或许就会迎来光明。

（二）是否坚持需要审时度势

"坚持"这个词，说来容易，要想做到何等之难！有相当的创业者为什么不坚持了，选择了放弃，就是因为没有坚持下去的资源特别是资金来源，而并非从主观上不想坚持。资金是企业的血脉，血脉不畅，企业的生命循环也必将骤然停止。当然，也不乏确实对自己的事业感到心灰意冷，对漫无希望的企业前途失去信心的创业者。企业家朱骏曾说过这样一句话："无论是一个企业，还是一个人，都一定是时势造英雄，千万不要英雄造时势。顺流而上，这是手法。形势好了，大家才有机会成为英雄。只有成为英雄后，才有可能去适应时势、改造时势。"这句话对创业者也是一个提醒：在必要的时候，要学会理智地放弃。

那么，在什么情况下，创业者可以确定不再继续坚持呢？

1. 遭遇强制性政策壁垒

宏观政策对创业企业的影响是巨大的，甚至可形成毁灭性的打击。我们来看两个例子：从 1994 年国家颁布行业标准 QB/T1980-94《半汁葡萄酒》到 2003 年 3 月国家正式废除该标准，在中国执行了近十年的《半汁葡萄酒》产品标准正式退出历史舞台。伴随着旧标准的废除，2003 年 5 月 17 日，企业停止生产半汁葡萄酒。2004 年 6 月 30 日后，半汁葡萄酒产品彻底从流通市场上消失。这意味着在中国市场上存在多年的半汁葡萄酒将被彻底淘汰出局。再如，政府为了节约资源，保护生态环境，引导消费者减少使用塑料购物袋，从 2008 年 6 月 1 日起，我国正式实施"限塑令"，在全国范围内实行塑料购物袋有偿使用制度，并禁止生产、销售、使用厚度小于 0.025 毫米的塑料购物袋。2008 年 6 月 1 日是"限塑令"实施首日，从这一天起，所有超市、商场、集贸市场等商品零售场所一律不得免费提供塑料购物袋，也不得销售不符合国家标准的塑料购物袋。上述两个政策就对半汁葡萄酒、塑料袋生产经营企业产生了巨大的冲击。

2. 因市场难于打开而退出

市场无法打开往往是创业失败的最关键因素。市场难于打开多是由于以下几个原因造成的：一是创业项目太新，企业无力承受高昂的市场启蒙教育成本，或者被过长的市场启蒙教育周期拖垮。二是市场竞争过于激烈，市场争夺极其困难，企业难于在市场上分得一杯羹。三是项目定位存在偏差，项目无法与真正的目标客户群体对接……市场打不开，或者是因为市场竞争激烈而无缝隙，或者市场本身就缺少机会。

3. 因资源短缺而退出

因资源缺失而导致创业企业步入举步维艰困境的并不少见，就如军队，没有武器弹药如何作战？资源缺失的原因是多方面的，如资源枯竭，有限的资源被竞争对手占有，创业企业因资金能力有限无法承受过高的资源获取价格。还有非正常因素导致的资源丧失，如特许经营项目因总部突变导致作为加盟者的创业企业无产品货源，在经营上无以为继。

4. 因遭遇经营危机而退出

很多时候，跌倒了是很难爬起来的。尤其小企业抵御危机、应对危机的能力更加薄弱。因遭遇危机而倒闭的企业很多。企业在生产经营过程中难免出现危机，无论是日用消费品行业，还是工业品行业，或者服务业，质量责任事故往往是企业危机中最致命的一项。一旦出现重大质量事故，即便采取危机公关，创业企业也难以挽回被动局面。一旦爆发危机，轻则市场衰退，重则企业衰亡。

（三）放弃创业也是一门学问

很多创业者很好面子，害怕因创业失败而被人耻笑，或者失去做老板的风光与体面。结果，面子成为其苦撑着创业企业的唯一理由。就创业而言，成虽荣耀，但败亦不足耻。今天的失败或许孕育着未来更大的成功。作为一个曾经的失败者，史玉柱说过这样的话："一个人倒下去之后，这个人的价值应该是增加的，因为教训能够使一个人成熟，成功能够使一个人头脑发昏，失败能使一个人更有价值。"

作为创业者，要敢于承认失败，勇于放弃前途已不光明的事业。但是，放弃之中蕴含着大学问。要知道，放弃创业绝对不仅是办理注销手续、停止营业、解散人员那么简单。即便是放弃，也要有原则地放弃。

1. 经济损失最小化原则

创业遭遇失败，几乎注定了要赔钱。但是，绝对不能一赔到底，创业者要努力把经济损失降到最低。这就要求创业者认真考虑什么时间退出、什么方式退出，退出成本最小，自己的经济损失最低。创业者首先要盘点创业项目的资产与资源，明确自己手里究竟还掌握着什么有价值的东西。实际上，创业企业资源与资产的净值就是处置企业的底限。

总体来说，除了直接关门，处理资产与资源外，创业者可以考虑如下退出方法：第一种退出方法是寻找企业的整体买家，如果能够整体出售，是一个较为理想的途径。如创业者资源或能力不足导致的关闭，完全可以由具备资源与能力的人或企业接手，由接手者继续经营。第二种退出方法是租赁经营，寻找承租方继续经营。在资产与资源所有权不变的基础上，获得租金也是一种收益。另外，在退出时机上，创业者也要有所考虑。如要想出售、转让或出租，那么在旺季时退出比淡季更容易一些。淡季时，生意冷清，更难找到买家了。

2. 社会形象最大化原则

第一次创业失败不意味着第二次创业也会失败，更不意味着以后每次创业都会失败。第一次创业即便失败，同时也积累了经验与资源，这都是再次创业的宝贵财富。但创业者失败了，不能因为失败就不去承担社会责任，不能因为失败就忘记自己的社会形象。这里的社会责任包括很多项目，如依法办理注销手续、发放员工工资、缴纳欠缴税款等等。这些都要以法律为依据，遵守《公司法》《合伙企业法》等相关法律法规。

君子留路后来走，人生的路还很长。金钱失去了，可以再赚。但是人品失去了，以后就难于立足社会了。创业者在退出创业之时，也必须遵守诚信规则。对此，巨人集团的史玉柱最具发言权："做任何一件事或者违反任何一个规则，都是要付出成本的。只不过我觉得作为一个企业，你不诚信而付出的成本是十分巨大的，这个是用血的教训换来的。"我们知道，史玉柱是一个传奇式人物。当初他创办了巨人集团，涉足保健品、软件开发等领域。但因资金链断裂而负债累累。后来终于从操作脑白金入手，实现了东山再起，不仅还清了所有债务，还借此提高了他本人及其企业的知名度和美誉度。CCTV 中国经济年度人物颁奖词曾对史玉柱有这样一段精彩的概括：第一次，他上演了一个成功的版本；第二次，他演绎了一个失败的案例；这一次，他从哪里跌倒就从哪里爬起，并完成了对企业家精神的定义。执著、诚信、勇于承担责任。确实如此，史玉柱从一无所有到亿万富翁，他是一个著名的成功者；从亿万富翁到一无所有，他是一个著名的失败者；再从一无所有到亿万富翁，他是一个著名的东山再起者。可以说，他演绎了一个中国乃至全球经济史上绝无仅有的传奇故事，也为无数后来者诠释了企业责任的要义。

六　创业经营陷误区，创业者该如何自拔

创业者初次创业并非易事，因为创业至少要过三道关：一是资金关，至少要拥有启动企业的原始资金；二是关系关，要有平衡各种社会关系的能力；三是心理关，要有承受创业艰难的能力。就创业者的心理而言，应该说是极其复杂的，可能害怕赔钱，可能想拼命赚钱，还可能想一开始就

以高起点运作，把企业做出名堂来……米卢说过"心态决定一切"，这句话用在创业者身上似乎更为恰当，正是初次创业的种种心态导致了很多企业老板在经营管理过程中踏入误区，大大降低了初次创业的成功率。根据相关统计资料，我国初次创业的企业成功率不足5%，明显低于西方发达国家。有些问题看似简单、初级，但创业者往往"不识庐山真面目，只缘身在此山中"，当局者迷，不能果断做出科学决策，进而贻误了发展机会。基于上述原因，有必要对老板初次创业的误区进行归纳、分析，让创业者把握成功要素，尽快踏上财富之路。

误区一：过度强调程序和标准

1. 症状表现

（1）企业部门林立，分工过细，人浮于事；

（2）规章制度过于严格苛刻，甚至违背法律法规；

（3）业务程序过于复杂烦琐，存在诸多不必要的中间环节。

2. 处方提示

对于创业企业而言，基础工作必不可少，包括建立组织机构、颁行规章制度、勘定计量标准、制定业务流程等。规章制度建立健全无疑会起到强化企业管理的作用。需要强调的是，刚刚处于起步阶段的企业，对于基础工作，可以坚持"适合就是最好的"这一原则，而不要过多、过繁。

（1）对于组织机构，只要管理上没有明显的漏洞，各项工作有人负责就可以，要因事设岗，而不要因人设岗，要注意员工所分管事务的关联性。

（2）规章制度要保证起到激励与约束员工的作用。对员工的约束要坚决执行相关法律法规，做到有法可依，以保护员工的积极性。同时，要摒弃以罚款管束员工的指导思想。要知道，创业初期的企业的凝聚力至关重要，甚至可以说是一种生产力。

（3）业务流程应清晰简化，不要以为手续多、报表多、台账多对企业管理就有益，那样既容易使员工疲于应付复杂的程序，又容易使信息管理复杂化，更容易给创业者掌握项目运营情况带来难度，甚至影响决策效率。

误区二：过度追求产品完美

1. 症状表现

（1）为追求最优的产品质量，把原辅材料档次提高，使产品成本增加；

（2）不考虑市场容量与市场潜力，把产品目标客户定位于高端，与市场脱节；

（3）对低档产品采取高档包装，内容与形式不统一。

2. 处方提示

（1）对大多数有形产品而言，材料成本是产品成本的最核心部分。质量也是有成本的，过高的质量成本，对开发市场很可能会起到相反的作用。最好的办法就是从市场的角度去定价，然后再回过头来制订成本计划，选择与成本计划相对应的原材料。

（2）产品要与目标客户群体相对接，要考虑目标客户的消费心理、消费能力与消费形态。从市场需求出发确定最适销对路的产品。

（3）产品与包装要匹配，核心产品与附加产品（形式产品）要高度统一，不能"挂羊头卖狗肉"，只有华丽的外表而没有实质的内容最终也难于打动目标客户。

误区三：沉迷于追求高额利润

1. 症状表现

（1）以高利润行业的利润标准衡量本行业；

（2）定价脱离市场，价格虚高，有价无市；

（3）不能根据市场变化灵活调整价格，一味谋求厚利。

2. 处方提示

刚刚开始创业，创业者给自己和员工树立信心最关键。因此，企业的第一桶金对老板和员工来说都是至关重要的，好的开局是成功的一半。但创业者不要只看眼前的利润，形象、品牌、市场份额或许更为重要。

（1）各行业在市场趋于成熟时，都会形成平均利润。在此之前，每个行业都有自己的利润点，如房地产可达15%—40%，零售业可达到10%—25%。创业者不应以其他行业的利润率作为确定企业目标利润率的依据。

（2）市场会惩罚那些不尊重市场价格规律的企业，没有卖不出去的产品，只有卖不出去的价格。

（3）竞争会使企业的价格趋向更能为广大目标客户接受的额度，如果价格不能应市而动，最终只有死路一条。

误区四：创业过程半途而废

1. 症状表现

（1）在创业困难时期，企业前途尚未明朗，便做决策解散企业；

（2）因其他事业牵扯精力而放弃创业，使创业中途夭折。

2. 处方提示

（1）在创业过程中，难免有一个爬坡阶段，恒心和毅力至关重要。企业和产品一样，都要有一个成长、成熟与衰退的过程。因此，困难时再坚持一下，可能就会到达胜利的彼岸。

（2）创业者要分清自己的主业与副业，初次创业不要同时运作多个项目，否则难以集中精力打歼灭战。

误区五：运作非能力所及的项目

1. 症状表现

（1）无资金基础却运作资金密集型企业；

（2）无核心技术却想在市场上跟风，追逐其他企业；

（3）上马政府法律法规明文规定限制或禁止的经营项目。

2. 处方提示

（1）做事业不能搞"大跃进"，也不能搞"浮夸风"，更不能一味笃信所谓"没有做不到的，只有想不到的"。在融资能力范围内，有多大能力办多大事。

（2）在技术上盲目跟风是很危险的，因为竞争对手可能已有专利、商标等知识产权方面的保护，仿冒或跟风可能要惹上官司，乃至赔了夫人又折兵。

（3）创业要考虑政策风险，没有哪家企业有改变国家相关法律法规的本事。要知道，国家对允许私营企业进入的事业领域都有所界定，创业不可顶风而上。

误区六：把希望寄托于职业经理人

1. 症状表现

（1）创业者完全放权，对自己的事业过问过少；

（2）仅仅注重职业经理人的资格和履历，忽略了职业经理人与企业的融合；

（3）忽视对职业经理人的激励与制约，特别是对其经营业绩的考核。

2. 处方提示

从企业治理的角度，应倡导企业所有权与经营权分离。但一定要理顺所有者和经营者之间的关系，即建立约束与激励机制。在大多数的情况下，创业者所开展的事业都是自己所熟悉的行业或者已经模式化的经营项目（如特许经营），而职业经理人却未必对该行业或项目有足够的了解，尽管其综合素质较高。另外，职业经理人对企业的运作可能因过于强调正规化、标准化、制度化，而在经营管理过程中出现急于求成的心理。要知道，这对于正在成长中的企业未必适合，可能会使企业与职业经理人产生双向不适应。

（1）理顺决策层与执行层的责、权、利关系，各司其职、科学运作。

（2）要让职业经理人与企业融合、与文化融合、与员工融合，这是合作的前提。

（3）在保证职业经理人的运作合法、合理的前提下，用业绩说话，少看过程，多看结果。

误区七：任人唯亲排斥外人

1. 症状表现

（1）创业者把重要岗位都安排给自己的亲属；

（2）偏信亲属；

（3）以亲信做耳目，监督其他员工工作；

（4）放任亲属在企业内为所欲为，仗势压人；

（5）夫妻对唱，里应外合，不分主次。

2. 处方提示

很多私营企业在创业过程中都经历过一个特定阶段，即家族化阶段。应该承认，很多企业在开办初期，受经济实力、工作环境等方面制约，难于吸引人才加盟。因此，企业家族化有其客观性因素。当然，也有其主观性因素，如创业者认为家族成员可靠、值得信任等等。要知道，企业家族化对经营管理是一个难题，尤其将来企业做大后企业家族"元老"的安置问题将更为棘手。那么，如何应对上述症状呢？

（1）以德为本，量才使用，给家族员工与家族以外员工以平等的竞争与上岗机会。

（2）要知道"兼听则明，偏信则暗"。谗言不能作为考核员工的依据，人品和业绩才是考核指标。

（3）管理要有层级，但不排斥员工间的相互监督，可是把亲属都当成千里眼、顺风耳却不够恰当，有时会错怪好人。

（4）在家族企业内部，家族成员不能"以善小而不为，以恶小而为之"，否则企业所立的规矩将被打破，容易使企业散作一盘沙。

（5）夫妻共同创业本是正常事，但是也要明确职责分工。否则做决策时政出多门使员工无所适从。夫妻之间也要能者上庸者下，做各自擅长的工作。

误区八：做市场四面出击

1. 症状表现

（1）企业没有主打产品，产品线过广、过深，产品全面上市；

（2）产品全面进入全国各个区域的市场；

（3）广告全面轰炸、遍地开花，全国上下一盘棋。

2. 处方提示

（1）任何一家成功的企业都应有其主打产品（或拳头产品），这个产品应当具有良好的市场成长性，并且是企业利润的主来源。如果与竞争对手攀比产品种类，企业在做市场时必将失去重点，甚至市场份额。

（2）选择重点区域进行试销，待试销取得成功后再全面推广，这样可以减少进入市场的风险和降低资金、人员风险，这也可为调整后期销售策略奠定基础。

（3）全国各区域的实效媒体各不相同，并且各地消费者的消费习性（包括消费心理、消费特征）、购买能力、市场环境等因素也不尽相同。因此，创业企业应采取差异化的区域性市场营销策略，而不是全国上下一盘棋。

误区九：进入不熟悉的行业领域

1. 症状表现

（1）创业选项不是跟着市场走，而是跟着厚利行业走；

（2）与朋友或其他合作方共同开发自己不熟悉的市场领域；

（3）盲目地同时启动多个创业项目，包括自己不熟悉的行业领域。

2. 处方提示

"生意不懂不做"，这是一条重要的法则。行业间虽然有一定的共性，但每个行业都有其深度，这个深度构成了企业进入这个行业的门槛。不懂就会带来盲目与浮躁，使经营管理肤浅、泛化。

（1）每个行业的厚利都有其阶段性，因为规范的市场环境会打破垄断，使行业内充满竞争，并最终促进各行业形成平均利润。因此，创业企业应跟着市场走，而不是跟着利润走，更何况创业者并不是对每个厚利行业都熟悉。

（2）即使与朋友合作也不要盲目。因为一旦牵扯到自身的经济利益，就会产生利益分配上的矛盾或经营管理决策上的分歧。这种情况下，"不懂"就意味着"吃亏"。

（3）集中精力做好一件事，这是成功的法则。创业者要首先从自己熟悉的行业做起，这样更有利于资本的原始积累，更有利于企业发展。

误区十：不去创造机会而等待机会

1. 症状表现

（1）创业前期准备时间过长，总是觉得时机不成熟，不敢承接业务；

（2）在市场面前习惯于徘徊观望，决策速度缓慢；

（3）开发市场缺乏主动性，多被动应付市场变化；

（4）重生产，轻营销和研发，企业经营管理重心失衡。

2. 处方提示

过去有句话，"有条件要上，没条件创造条件也要上"，创业者应对这句话充分咀嚼，把握其内涵。很多企业都是边创业边完善，边完善边发展，最后在摸索中发展壮大。

（1）机会不等人，可以边干边摸索，错了不怕，怕的是畏缩不前。

（2）市场形势瞬息万变，需要创业者果断决策、及时应对，该出手时就出手。

（3）市场属于开拓者，市场容量是有限的，哪家企业主动，哪家企业就有更多的机会获得更大的市场份额。

（4）企业不应是纺锤形（轻研发、营销，重生产），而应是哑铃形（重研发和营销）。市场和技术创新是企业成功的两把钥匙。

【阅读思考】

1. 市场与利润哪个更重要？如何以价格为武器快速打开市场？

_____

_____

_____

_____

2. 什么情况适合"单拼"创业？什么情况下需要引进战略合作者？

_____

_____

_____

3. 对于项目克隆，创业者如何进行有效防御和积极应对？

_____

_____

_____

4. 作为创业者，如何面对创业过程中遇到的新商机的诱惑？

_____

_____

_____

_____

5. 在创业过程中，什么情况下需要坚持？什么情况下必须放弃？

_____

_____

_____

_____

参考文献

1. 赢在中国项目组编著：《马云点评创业》，中国民主法制出版社2007年版。

2.［日］泽旺尚美：《从白手起家到月收一百万》，吴珺译，国际文化出版公司2009年版。

3. 贾昌荣：《快销》，中国经济出版社2009年版。

4. 贾昌荣：《从零到赢》，中国经济出版社2009年版。

5. 贾昌荣：《营销无死棋》，中国物资出版社2009年版。

6. 贾昌荣：《服务营销战》，中国经济出版社2006年版。

7. 贾昌荣：《伙伴式营销》，中国物资出版社2009年版。

后　　记

　　历时五个月，终于完成了这部筹划已久的书稿，压在心头上的这块石头也终于落了地！

　　早在 2007 年 6 月，我就产生了为大学毕业生做点事的想法。作为职业营销顾问，我经常被大专院校邀请去演讲。在演讲过程中，我深深体验到了大学生们的求知热情，也感受到了他们潜在的创业激情。同时，我更感受到了他们的忧虑。台下那一双双对未来充满憧憬的眼睛，虽然充满希冀却隐藏着一丝淡淡的忧虑，为未来而忧虑，为道路而忧虑，为缺乏经验而忧虑……"毕业就失业"似乎已成为梦魇困扰着即将走向社会和那些已经在商海中挣扎的大学生。面对就业压力与竞争烦恼，他们已经有些疲惫。这些莘莘学子需要帮助，需要有人引路，更需要有人为他们指点迷津，帮助他们迈好事业之旅的第一步。"万事开头难"，好的开端可以说是成功的一半！

　　作为中国最早一批接受市场经济大潮洗礼的大学毕业生，我深深地感到自己应该为那些即将毕业和刚刚毕业的大学毕业生做点事了。由于种种原因，有相当数量的大学毕业生与销售有缘，或主动或被动地从事着与销售相关的工作。对于那些准备做和正在做销售的大学毕业生们来说，销售充满了神秘与挑战，甚至是恐惧与无奈。其实，这些对于他们来说是痛苦的。为了帮助他们走出彷徨与迷失，在销售事业上有所成就，在 2008 年 10 月我完成了《从零到赢：毕业就做销售的快速成功法则》的创作，并于 2009 年 1 月由中国经济出版社出版。然而，对于大学毕业生来说，毕业之后的发展之路不是唯一的。除了选择一份自己满意的工作之外，还有一条光明大道,那就是打破就业观念,积极自主创业。然而,大学毕业就创业这条道路却并不那么好走,看似布满鲜花的路上总是潜藏着危险的误区与陷阱,尽管不乏成功创业的个案。正因如此,笔者才积极着手创作了这本《毕业就创业:大学毕业生快速立业法则》,作为《从零到赢:毕业就做销售的快速成功法则》的姊妹篇献给大学毕业生,供他们在创业过程中参考。

我有信心走进大学毕业生的内心世界和他们创业生涯的现实境界。通过这本书我将与他们做最亲密的接触,甚至做最彻底的沟通。因为我也曾经像他们一样,在创业过程中彷徨过、迷失过、痛苦过、收获过,类似的经历无疑会拉近我和他们的距离,让我们产生共鸣。1994 年,当我满怀希望与信心走出大学校门迈入社会,残酷的现实打破了我的一切梦想。不用说实现自己的理想,就是生存甚至都遇到困难。经过努力,不但扭转了困局,还获得了一定的成功。虽然我没有大学毕业就创业的亲身体验,但是我有个人创业经历,并且对其中的酸甜苦辣深有感悟。同时,在为企业做咨询策划和培训过程中,很多客户都是初创企业或者成长型企业,他们的创业经历与经验都很值得借鉴和学习。另外,我长期从事的创业指导工作无疑也给了我力量与动力,使这本书更加贴近市场,更加贴近大学毕业生的需要。虽然我不敢称自己为他们的榜样,但我却可以把创业理念、策略和技巧写给他们,供他们参考,助他们一臂之力!

在企业咨询策划领域,我得到了来自社会的认可,自然也迎得了鲜花和掌声。但是,我不敢忘本,总是警告自己要常怀一颗感恩之心与平常之心,坦诚而谦卑地面对一切。我永远都不会忘记刊发我处女作的专业营销期刊——《市场周刊》杂志,正是这本杂志激励我走上传播思想之路,对我的个人事业起到了里程碑的作用。同时,我亦感恩于那些在我处于生活或事业低谷时伸出援助之手的亲朋好友,是他们坚定了我的信心,是他们激励我不断努力改写自己的人生,创造自己职业生涯的奇迹。这一切都无以回报,唯有用我的努力,用我收获的成功与亲朋好友共享!

本书在创作的过程中,参考了一些专家、作者的研究资料,在此一并表示感谢！正是以他们的智慧为阶梯，才使我站得更高、看得更远、走得更快，不断地收获更大的成功！

2009 年 5 月 1 日于长春

更多资讯

本书作者贾昌荣先生作为国内颇具影响力的实战派咨询策划专家，倡导全程营销、系统营销与深度营销相融合的"三位一体"营销理念，立足营销策划、品牌规划、形象设计、实战营销及管理培训等精专领域，为中小企业、初创企业提供系统化、一站式的咨询策划套餐服务：

一、营销策划

市场调查、营销诊断、产品卖点包装、招商策划、渠道规划、样板市场建设、营销团队建设、服务体系规划、营业策划、广告策划、公关策划、展会策划、商业连锁经营体系规划等。

二、品牌管理

品牌战略规划、品牌形象系统设计（BIS）、品牌管理制度制定、品牌营销策略制定、品牌整合营销传播、品牌形象升级与再造等。

三、形象设计

企业形象识别系统（CIS）导入、店面形象（SI）设计、卖场展场形象设计、产品包装（PI）设计、平面宣传品设计等。

四、实战培训

贾昌荣先生不但是一位优秀的咨询策划师，更是一位出色的培训师。在培训方面，主张"授之鱼，不如授之以渔"，注重培训内容的过程、方法与细节，强调实战、实用、实效，让学员乐得学、学得会、用得上。多年来，累计为60余家企业提供过营销或管理实务培训，深受客户好评。主要课程如下：

1. 简单经营管理系列

简单营销、简单品牌、简单管理等简单经营系列课程。

2. 责任与执行力系列

新员工入职培训、员工执行力培训、员工责任管理、员工自我管理等系列课程。

3. 工业产品营销系列

工业品品牌管理、工业品渠道建设与管理、工业品营销实务等系列课程。

4. 企业服务营销系列

服务品牌管理、服务营销实务、服务一线人员培训、店铺营业员培训等系列课程。

5. 品牌管理实务系列

打造品牌的 20 个常见误区、快速打造品牌的 22 个法则、弱势品牌市场突围策略、品牌形象管理方略、领导品牌自我修炼与可持续发展、品牌安全管理等系列课程。

6. 渠道管理实务系列

产品招商管理、渠道规划、终端管理、渠道冲突管理、一线销售员培训、经销商培训等系列课程。

7. 销售管理实务系列

企业销售体系建设、分支机构管理、区域市场开发与管理、团队文化建设、销售人员考核与奖惩等系列课程。

8. 营销安全管理实务

企业营销安全体系建立、营销风险与危机管理等系列课程。

9. 新产品高绩效营销

新产品高绩效营销模式、高绩效营销体系建立、高绩效营销策略制定等系列课程。

10. 创业运营管理实务

创业策划、创业营销、创业管理等系列课程。

除上述课程外，贾昌荣先生还可以根据企业实际需要，量身设计培训课程，为企业提供深度咨询式培训服务。